異譚綺聞 裁判夜話

異譚綺聞 裁判夜話

裁判夜話／裁判異譚／裁判綺聞　抄（1）裁判篇

大森洪太

書肆心水

本書は、大審院判事、司法省民事局長、名古屋控訴院長、大審院部長、司法次官等を歴任した大森洪太による一連の著作『裁判夜話』（一九三〇年刊）『裁判異譚』（一九三一年刊）『裁判綺聞』（一九三三年刊）――いずれも日本評論社刊――が収めるものを選別して配列しなおしたものである。本書では概ね記述量の多いものから順に配列した。

第一の分冊『異譚綺聞　裁判夜話』には裁判に関する記述に重みがあるものを収め、第二の分冊『異譚綺聞　犯罪夜話』には裁判というよりは犯罪（事件、捜査、刑罰）に関する記述に重みがあるものを収めた。なお、右記三書に、はしがき、あとがきの類は付されていない。

巻末の講演二つは、講演以外のものと重複する話題も含まれているので付録の扱いとした。

目次

異譚綺聞 裁判夜話

――裁判夜話／裁判異譚／裁判綺聞 抄（1）裁判篇

本書での表記について

一、本書では新字体漢字（標準字体）、現代仮名遣いで表記した。「劃」「聯」「輯」「亙」は旧字体ではないが、現在一般的に使われる同義の「画」「連」「集」「亘」におきかえた。

一、現在一般に漢字表記が避けられるものは仮名表記におきかえた（例、略々→ほぼ）。

一、番号付きの小見出しからは番号をはずし、番号のみの小見出しは一行空きとした（この一行空きではない一行空きはない）。

一、送り仮名を現代的に加減調整した語がある。読みを定め難い場合は元のままにした（例、直《すぐ／ただち／じき》に）。

一、句読点、中黒点を加減調整したところがある。

一、読み仮名ルビを付加した。また、現在ではなくともよいと考えられる読み仮名ルビを削除したところがある。

一、よく知られた固有名詞の英語読みを現地読みにおきかえた場合がある。

一、鉤括弧の用法は現代一般の慣例によって整理した。

一、踊り字（繰り返し記号）は「々」のみを使用し、そのほかのものは文字にした。

一、同じ語の表記を統一的に処理したものがある。

一、誤用と見るべき語表記を訂正した場合がある。

一、闕字の一字空けは省略した。

一、抄録としたこと、収録文章各篇の配列を変えたことによって参照指示の記述が意味をなさなくなった場合、それを削除した。

一、書肆心水による注記は［　］で示した。

七僧正の裁判

はしがき

七僧正の裁判、的確に云えば、一人の大僧正及び六人の僧正に対する裁判は一千六百八十八年の出来事で、一本調子な、勝気な、短気な、専横なジェームス二世の失政のほとんど最後の大団円であった。この大裁判事件はジェームス二世の退位及び亡命の直接の原因であるとも見られるし、延いて、テュウドア王朝の覆滅の端を啓いたものとも云える。この裁判は一言にしてこれを論ずれば、専制に対する自由の勝利であり、枉法を敢えてした官僚に対する司法を擁護した民衆の成功であった。さればこの事件は英国の花々しい司法の興隆史に一新時代を画した大事実であると云って宜い。その裁判の経過は甚だしく近代的であって、その手続等はほぼ今日のそれと何等径庭がない。私がかつて書いた蘇国〔スコットランド〕女王メーリーに対する審問や、ジェーン・グレイ姫に対する裁判（拙著『正義の殿堂より』参照）に比べると、すこぶる科学的であり、法律的であったが、同時に甚だ技巧的であり、形式的であって、原被両造の作戦はことごとく法律技術過重の弊に堕している。今日最もその災害が少ないと云われている英国の法廷においても、二百三十余年前のこの大事件においては、我等のひたすら眉を顰める末節拘泥論が盛んに上下せられた。（敢えて二百三十余年の昔に遡るまでもなく、今から百年程前には、英国の法廷は形式に偏して、不都合な裁判をした事が尠《すくな》くなかった。）（第一七八頁参照）

要するに、この裁判事件は政治上、宗教上の問題として、上下二千載の英国史を通じての大事実であるのみならず、司法の方面から見ても、我等に多大の興味を覚えしむるものであって、我等を激励し、我等を戒慎せしめる幾多の材料を包蔵しているのである。換言すれば、我等法曹が積極的にもまた消極的にも学ぶべきところ多き事件である。

ジェームス二世

エリザベス女王がその崩ずる際に、蘇国のジェームス六世を継嗣とせよと云うが如き手振りをして、廷臣に命令した。蘇国のジェームス六世の母はエリザベスに殺されたメーリー女王、父はメーリー女王の第二番目の夫の「青年王」ダーンレイ卿で、二人共エリザベス女王の祖父ヘンリー七世の裔である。かくて蘇国のジェームス六世は英蘇両国に君臨して、ジェームス一世となった。

ジェームス一世の英蘇君臨は一千六百三年で、これからステュアルト王朝が始まるのである。

第二代はジェームス一世の子のチャールス一世で、一千六百四十九年にクロムウェル等に捕われて、刑死した。

その後十余年間はクロムウェルの実権の下に、コムモンウェルス及び執政府の世となって、王位は欠けていた。

第三代はチャールス一世の子のチャールス二世で、一千六百六十年に王位を回復し、一千六百八十五年に崩じた。チャールス二世には寵姫が尠《すくな》からずあって、子もあったが、それはことごとく庶出であった。

そこで弟のジェームス二世が即位した。

ジェームス二世は一千六百八十五年に満五十二歳で即位した。国民は王朝に忠順であった。（一、二の例外はあるけれども、英国史の特色は国民の王朝に対する忠順である。勿論我国とは比べものにならないが、欧洲においては、たしかに群国の上に冠絶している。英国の国民は自己の権利の維持には努めたけれども、王朝に対しては、決して害意を持たなかった。例をロンドン市に採ると明瞭である。ロンドン市は一千年来自己の自治のために悪闘したけれども、歴代の国王には常に忠誠を捧げていた。）しかし、国民にとって只々一つ懸念な事は、国王が旧教信者である事であった。英国においては既に当時から約二世紀も前に、新教興隆の気配が漲り初めて、一世紀半前にヘンリー八世が第一番目の王妃アラゴンのカサリンを斥けて、第二番目の王妃アン・ボレインを迎えると云う不純な動機からではあるけれども（ローマ法王はそれを許可しなかったのである）とにかく旧教の権威を無視してから、新教の意気頓に昂って、次の幼王エドワード六世も、廃女王ジェーン姫も、熱心な新教徒擁護者であり、その次のメーリー一世の時に旧教に逆戻りはしたが、その又次のエリザベス女王の世には、新教を国教とする事が固く、根強く、樹立せられた。爾来百三十余年、新教と英国とは既に離れ難きものになっている。そこへ旧教信者の国王が君臨する事になると、国教の権威は傷つけられるのみならず、ローマ法王庁は勿論、旧教の大王国フランスや、ようやく衰運に傾いてはいるけれども、なお全く油断の出来ない同じ旧教国のスペインに、勝手にせられる危惧がある。エリザベス女王がその基を固め、クロムウェルがそれを事実に顕した世界第一国の勢望は、遂に地に堕ちんとする懸念がある。しかしながらジェームス二世は「祭政共に法律既定の事項を固守」する事を宣言したために、国民は安堵した。前国王は快活な、元気な、頓智のある君主ではあったが、その云うところに信用が措けなかった。朝令暮改はその常套手段であった、前国王の不信義には国民はしばしば閉口させられた。然るにジェームス二世はなるほど厳格な、苛酷な資質ではあるけれども、その言は確実である。一度も前言をまげた事はない。されば畏るべき君主ではあるが、その宣言は信頼すべきものだろうと、国民は先ず以て愁眉を展いた。

ジェームス二世の即位後間もなく、蘇国でアルジル侯、英国西南部でモンマウス公の叛乱が起ったが、国民の篤い忠誠に依って、直にそれ等は平定せられた。モンマウス公の敗れたセジモーア（ソマセット州）の戦は英国（蘇国を除く）における戦争らしい戦争の最後である。英国史はほとんど戦争史であるが、それでもこの百六十年間イングランドの土地では甚だしい流血を見ないのである。（蘇国にはその後も老僭王及び小僭王の乱等で惨憺たる激戦があったけれども。）そこで、ジェームス二世はようやくにしてその本来の惨忍な個性を顕わして来た。

ジェームス二世は短気な、苛酷な、厳格な、専制趣味の国王であった。他人の云う事はよく聴かないで（他人の言葉を了解する能力が欠けていたと云う）、早口で自分の思うところを繰り返し繰り返し云う癖があった。同時にジェームス二世は勇猛な性向を帯びて、自己の信ずるところを敢行するに躊躇しなかった。この気性は後年孫のプリンス・チャールス（小僭王、拙著『正義の殿堂より』の中「監獄見学の旅」参照）に依って最も的確に遺伝せられた。要するに、ジェームス二世は頑固な専制君主であった。そしてそれを補佐したのは精力絶倫な、傲岸暴戻な大法官ジェッフレイスであった。（この人の事は後に書く。）ジェッフレイスがモンマウス公の叛乱の後間もなく巡回裁判のために、その地方即ちドーセット及びソマセット二州（ロンドンの西八十マイルから百五十マイル位）の所へ出張した時、三百五十人を絞刑に処し、八百人を奴隷として追放し、笞刑苦役刑を課した数に至っては、更にそれよりも多数であった。この巡回裁判は則ちいわゆる『惨虐巡回』（“Bloody Circuit”）であって、ジェッフレイスの名は今も残酷の異名となっている。

かく桀紂趣味のジェームス二世とジェッフレイス判事（高等法院長を経て大法官となった）とが相呼応して、苛酷な行政と司法とで、国民を高圧していたのであったが、この間の消息を如実に伝える一つの逸話がある、当時の功臣チャーチル将軍はむしろ冷酷な人だったが、それでも或る日大理石の炉側を叩いて絶叫した。「この大理石でも、陛下の御気性ほどには固くないのだ。」

国民が最も怖れていたジェームス二世の旧教熱は、漸次力強く擡頭して来た。即位の際の誓約も実は一時の口実に過ぎなかったのである。前国王の不信義は軽卒な、暢気なその気質から来たものであったが、ジェームス二世はやがて反古にする事を自覚しつつ、大きな証文を書いたのであった。丁度この時フランスでは国王ルイ〔十四世〕が徹底的に新教の撲滅を図っていたが、ジェームス二世は仏国国王と細緻な脈絡を保ちつつ、いよいよ英国における旧教回復の策を立てるに至った。

ジェームス二世は先ず新教徒の大官廷臣を免黜《めんちゅつ》して、旧教徒を以てこれに代えた。即位の翌年即ち一千六百八十六年に高圧的の態度を以て議会に臨んだ。議会に対して、第一、旧教の公認は法律に反するか否やは別問題として、それは国王の意志である。議会においてこれを云為すべきものではない事。第二、新たなる常備軍の編制を承認すべき事を声明し、要求した。父王チャールス一世は議会と戦って、遂にホワイトホールで刑場の露と消えたのである。なるほどクロムウェルのような強敵は今はいないけれども、殷鑑わずかに三十七年の遠からぬ過去に存した事を、ジェームス二世は忘れたのである。否、忘れたのではない、父王は余りに手ぬるかった、犬のような国民共を人間並に取扱ったから、あの最後を招いたのだ、自分はどこまでも、こわおもてで終始しなければならぬと考えたのであった。この時の議会は国王に忠順であった。国王に楯をつく意嚮は少しもなかったけれども、この国王の要求は英国の議会に対するものとしては、余りに理不尽であり、余りに没義道であった。下院はわずかに一票の相違であったが、とにかく多数を以て、国王の要求を斥けた。上院の空気は下院以上に険悪だった。そこで議会にはそのまま休会を命じて、ジェームス二世はその政策の断行に新方法を案出した。その新方法は凡そ想像し得る総ての方法の中で、最も愚劣であり、又最も不当なものであった。それは判事を使嗾して、裁判に依って、自己の所信を貫徹しようと云うのであった。先ず法院の中心たるキングス・ベンチの判事四人（当時は四人しかなかった。今は約二十人である）を免じて（判事の地位の保障はなかったのである）腹心の法曹を以てこれを補った。免職になった判事の中で、法院長のジョーンスは厳峻ではあったが、公正な名法官だった。ジェームス二世に召されて参殿したが、ジェームス二世は自分の計画を披瀝して、自分の云う通りにしてくれるかどうかと問うた。ジョーンスは敢然として、それは出来ませぬと明白に断った。ジェームス二世は例に依っていら立って、それでは君の意見を棄てるか、地位を棄てるか、どちらかに定めてもらいたいと云い放った。ジョーンスは静かに答えた。「私は私の地位を意に介してはおりませぬ。私は多年御奉公を致して、年も老い、身体も衰弱してはおりまするが、陛下が愚昧な、不正な者でなければ出来ないような裁判が、私にも出来るようにお思召すと云う事を考えて、生甲斐なき思いを致します。」ジェームス二世は語気荒く云った。「私はこの件に就いては、私と心を協せて働く判事を十二人得る覚悟をしているのだ。」ジョーンスは更に答えた。「いかにも陛下は陛下の腹心の判事を十二人お持ちになる事は出来ましょう。しかし左様な法律家を十二人お持ちになる事は、まず困難でございましょう。」なるほど判事は辞令一本でいつでも作れるが、法律家はそうは行かぬ、勿論判事は法律家でなければならぬ、法を護る法律家でなければならぬ、法をまげる法律家は約束次第でいくらでも拵える事が出来るだろう、しかし本当の判事は一朝にして直に得られるものではない。それをジョーンスが云ったのである。ジョーンスは権勢に懼れずして、諤々の高論を簡潔な言葉で述べたのである。ジョーンスは勿論即座に罷免せられた。かくてジェームス二世は判事の入れ替えを断行して、裁判所を強要して、旧教の公認及び国王の随意に依って刑事法規を左右にし得る事を、裁判に依って実現せしめた。既に判事の地位を蹂躙したのだから、司法の公正はジェームス二世の思うがままに、無残に凌虐せられたのである。ノルマン諸王は皆横暴な君主ではあったけれども、それでも法律は尊重した。法律尊重のノルマンの伝習と、権利擁護の英国の固有の精神と、ここに融和合体して、第十二世紀の頃から世界の司法の花たる英国の法廷は、徐々にその有終の美果を結びつつあって、第十三世紀の始めにジョン王に依って、マグナ・カルタ（大特許状、大憲章）がロンドンの西約二十マイル、テムスの河の中の小島で署名せられてから、高い香気をさえ持ったのであったが、ジェームス二世の強い我執のために、憐れにも破却せられた。この計画にはジェッフレイス判事も必ずや参画した事と思われる。ジェッフレイス判事はブランディーが好きだった。野牛のように体力が旺盛だったから、ブランディーを呷らなければ眠られなかった。恐らくはそのブランディーが英国のさしも有力だった司法を蹂躙するに、あずかって力があった事だろうと想像せられる。ジェームス二世は蘇国に対しても、先ず蘇国議会の旧教公認の決議を迫って、もし決議を成立せしめるならば、英国との自由貿易を免許すると云って誘惑したが、利に聡いと云われても、同時に又素樸な山の人々は「我等豈《あに》神を沽《う》るを得んや」と云って峻拒した。そこでジェームス二世は奥の手を出して、判事を籠絡して、これには成功した。ここにおいてか、第十五世紀の上半期に、薄倖だが、聡明だった「詩人王」ジェームス一世（英蘇両国に君臨したジェームス一世の六代前の祖）に依って草創せられた蘇国司法の伽藍も崩壊した。

かくしてジェームス二世は最高会議（High Commission）を組織して、七人の会議員を任命し、ジェッフレイスを議長とした。その職責は旧教の興隆に存する。ジェームス二世の威力はともかくもその無謀な計画を着々乎として成就せしめた。ジェームス二世の党与が御世万歳と謳歌していた際に、端なくも出現したのが、則ち本篇の七僧正事件である。

七僧正事件

ジェームス二世は即位の翌年即ち一千六百八十六年の四月に、有名な宗教自由の宣言（Declaration of Indulgence）を発令した。宗教自由の宣言とは云うけれども、我が憲法の信条自由の原則と揆を一にするものではない。実は旧教及びノンコンフォーミティー（新教中英国国教に従わないもの）の公認を意味するものであって、要は旧教の回復に、ノンコンフォーミストを景物に添えただけの事である。この宣言に依って、旧教徒及びノンコンフォーミストに対し、旧教徒又はノンコンフォーミストたるの故を以て、刑罰を課する事なしと声明し、教政両方面における官吏の就任要件たる宣誓を撤廃すと公布した。即ち新旧両教を全然同一に取扱って、従来英国国教徒のみの特権であった官吏資格を拡張したのであった。元来この宣言が善いものか、悪いものか、それは言議の範囲の外にある。信仰の問題である。新教が善いか、旧教が悪いか、それは神様のみの知ろしめすところである。しかしこの宣言はたといそれがジェームス二世の旧教尊重、新教排斥の念慮から出ているとしても、少なくともその内容は開発的であって、ジェームス二世の素志には副わぬが、とにかく近代の法制に近寄っている。従ってこの宣言の発令がジェームス二世の悪政だと云うのではない。只々この宣言の貫徹のために執った方法のほとんど総てが、愚劣であり、兇悪であった。特に司法を蹂躙し、法律を無視した事は、千載の遺憾事である。

宗教自由の宣言をジェームス二世自身だけは徹底的に履践して、旧教徒を庇護し、登用し、新教徒を抑制し、迫害したけれども、世間では一向それを実行してくれない。しかし、辛辣な施政に対して、蔭で偶語をなす者はあったけれども、表面に立って抗争する士がなかったから、ジェームス二世の声威は外観上正に旭日昇天の勢いで、丁度宣言以後一年を閲し去った。そこでジェームス二世は第二の高圧に着手した。

一千六百八十八年の四月二十七日に、ジェームス二世は更に第二の宗教自由の宣言を発令した。それには一年前の宣言を繰り返して、前の宣言は確定的のものであって、それを変更するどころか、いよいよその貫徹に努める意嚮であると云う事を断言し、且つさきに議会が承認しなかった事項に就いて、重ねてその通過を図るために、遅くとも十一月には議会を召集するから、国民各自は朕の企てるこの大事業を補翼するに足る選良を簡派する事に努めよと命令した。これだけならば、昨年以上に及んでいないから、国民は別に改めて閉口する程の事もなく、新しい宣言が出ると聞いておぞ毛を震っていた連中も、ほっと一息吐いたけれども、超えて五月の四日に、英国全土を驚倒するに足る命令が発布せられた。即ちそれに依って、右一千六百八十八年四月の宣言書を今後英国内の各寺院教会の日曜の儀礼の際、二回続けて、即ち次の日曜とその次の日曜とに朗読せよと厳達したのである。ジェームス二世の一旦思い附いた事はどこまでも貫徹せずにはおかぬと云う剛健な気慨には、驚嘆すべき点もあるが、ジェームス二世は自己の威力を過大に計算した。英国国民の信念を過少に見積った。所詮余計な事をしてしまった。騎虎の勢いとは云うもの、順風に帆を揚げて、船底の下に暗礁の聳えているのに気が附かなかった。兄の先王チャールス二世のように茶気もなく、風流気もなかったから、血眼になって、熱中し過ぎた。(同じ兄弟でもこの位性質の違ったのは、先ず以て稀有だろう。自堕落な、腸気な兄と、生真面目な、変屈な弟とであった。只々一つ共通な事は二人共寵姫を持っていた事だけであった。しかしそこにも趣味の相違は歴然としていた。兄はネル・グウィンを始め、当時高名な美人を網羅していたのに反して、弟の寵姫は大抵二の町のしろ物であった。その最も愛したカサリン・サドレイも一向振わない顔色だった。当人のカサリンすら私は斯様な御多福だ、尤も私は頓智があって、洒落は得意だけれど、殿下――即位前の事である――は洒落のわかるような方じゃない、一体殿下はどうして私を斯様に可愛がって下さるのだろう、と人に云った。兄のチャールス二世は又、弟はどうしてあんな女を手に入れたのかね、おおかた坊主にでも世話してもらったのだろう、と嘲ったと伝えられている。)

　さて宣言書の朗読は勅諚に依って、ロンドンでは五月二十日及び二十七日の両日曜、その他の地方では六月三日及び十日と定まった。僧侶のほとんど全部はこれを違法不当のものとして、これに服従する考えはなかった。けだし国教は法律で定まっているのである。その法律が変更せられないで、一片の国王の宣言に依って、これを左右すべきものでない、即ち違法である。しかして彼等は国教を以て、唯一最高の教理だと信じているのみならず、伝統的に旧教を憎んでいた。そこへ旧教が国教と同一に、否むしろ事実においては、国教以上に採納せられようとするのである、即ち不当である、と云うのであって、その論理は簡明で、感想は卒直だった。

　いくら違法であり、不当であるとしても、ひとしお威力の強いジェームス二世の命令である。国王の機嫌を損じた者の悲惨な最後は、この二年来余りに多く見せ付けられている。教理も惜しいが、命も惜しいと云った工合に、多くの人々が取捨に迷ったのも無理はない。しかし反抗の気勢は躊躇の裡から擡頭して来た。ロンドンではジェームス二世に依って公認せられたノンコンフォーミストが決然として国教徒と握手した。渇しても盗泉の水は飲まぬと云うのである。

　かかる雰囲気の間にあって、先ず反抗の烽火を揚げたのは、ロンドンにおける僧侶の団体の会議である。十五人の僧侶が参会した。甲論乙駁で決し兼ねて、結局盲従と云う事に決しそうになった時、クリップルゲイトのセント・ジャイルス寺院（ロンドンのシティーの中に今もある）の牧師ファウラーは立った。

「私は卒直に申します。問題は極めて簡単で、議論をしたところで、明白になるものではなく、かえって話が紛糾するだけの事です。各自が然りとか否とか云えば、それで宜いのです。しかし予め私は多数決に束縛せられる事を拒絶して置きます。私は本会議の一致を紊す事を遺憾とは存じまするが、私は良心に顧みて、この宣言を朗読する事は出来ませぬ。」カンタベリー大寺院の副監督テイロットスン（病を推して、六十余マイルの遠方から列席したのであった）、ピーターボロー寺院の副監督兼コヴェント・ガードンのセント・ポールの教区長パトリック、テムプル（例の法学院）の学長シャイロック、ロンドン監督兼セント・ポール寺院の副監督スティリングフリードがこれに賛同したから、他の者もそれに従った。そして朗読反対の決議書が作成せられた。

　僧侶会議が雄渾な決議をしたが、世に最も重きをなすものは、云うまでもなく僧官の巨頭の態度である。僧官の巨頭は最高僧官の大僧正（Archbishop）とその次に位する僧正（Bishops）とである。これ等の人々は勿論頭を悩ませた。五月の十二日にラムベス（大僧正の住寺はカンタベリーだが、そのロンドンの官宅はラムベスにあって、ラムベスパレースと云う。丁度テムス河を挟んで、議事堂と相対している）の森厳な殿堂で、大僧正サンクロフトは憂を共にする高僧と共に額を鳩《あつ》めた。ロンドンの僧正コムプトン、エリの僧正ターナー、ピーターボローの僧正ホワイト、セント・マーティンス、パリッシュの牧師テニスン、国教維持の大檀那クラーレンドン伯が列席した。（他の僧正達は遠方なので間に合わなかった。何しろ朗読命令が出てから一週間目の事である、交通の不便な当時としては当然の事である。）チェスターの僧正カートライトは国王の腹心である。招かれないのに、間諜のために出頭した。カートライトのいる間は誰もまとまった事を云わなかったが、この探偵僧が帰ると共に、各自隔意なき意見を交換した。大体の意嚮は勅諚の反抗に傾いた。他の僧正達に檄を飛ばす事にしたが、鵜の目鷹の目の見張りを避けるのに骨が折れた。

五月の十六、十七の両日に辛うじてロンドンへ着く事の出来たのはセント・アサフの僧正ロイド、バス・エンド・ウェルスの僧正ケン、チチェスターの僧正レーク、ブリストルの僧正サー・ジョン・トレロニイで、外にいずれも信仰のために力戦することを辞せざる人々でありながら、重病又は召集状の差押えのために、ロンドンへ来る事の出来なかった者も数名あった。

十八日にいよいよラムベスで僧正会議が開かれた。会議の劈頭に熱烈な祈禱が唱えられた。僧正達の外に、数日前の十五人の会議に加わった僧官も数名参列した。会議の末に、国王に対して請願書を提出する事に決定して、大僧正親《みずか》ら筆を執った。三百余語の短いものであって、修辞は必ずしも巧妙ではないが、条理を尽した堂々乎たるものであって、国教寺院は依然として国王に対し精忠の誠を捧げるものであるけれども、議会は未だ国王に教義上既定の事項を改廃する権能を認めていないから、問題の宣言は違法である、この違法なる宣言を神明の殿堂において朗読する事は、我等の確信、名誉、良心に反するものであると云う趣旨が明らかになっている。これに署名したのは次の七名である。

カンタベリー大僧正　サンクロフト〔William Sancroft, Archbishop of Canterbury〕、
セント・アサフの僧正　ロイド〔William Lloyd, Bishop of St Asaph〕、
エリの僧正　ターナー〔Francis Turner, Bishop of Ely〕、
チチェスターの僧正　レーク〔John Lake, Bishop of Chichester〕、
バス・エンド・ウェルスの僧正　ケン〔Thomas Ken, Bishop of Bath and Wells〕、
ピーターボローの僧正　ホワイト〔Thomas White, Bishop of Peterborough〕、
ブリストルの僧正　トレロニイ〔Jonathan Trelawny, Bishop of Bristol〕、

以上七名は本篇七僧正事件の被告人である。（この事は後に書く。）当日間に合わなかったウィンチェス

ター、エクジーター、ノーウィッチ、グロスター及びサリスベリーの五僧正は後に追加署名をした。ロンドンの僧正は遅疑して署名を差し控えた。

請願書の出来上がったのは十八日金曜の夕方で、二十日（日曜）の朝には例の宣言書を朗読しなければならぬことになっている。今は一刻も躊躇すべき時期ではない。大僧正は既に参内を禁止せられていたから、大僧正以外の署名者即ち六僧正は血涙の請願書を具して、テムスを超えた。対岸は則ちホワイトホール宮殿である。ジェームス二世は直に六僧正を引見した。宮廷の方では僧正達は大抵屈服するだろうと云う情報に接していたから、ジェームス二世は晴れやかな顔をしていた。セント・アサフの僧正が請願書を捧呈した。国王は一寸見て、「カンタベリー猊下（my Lord of Canterbury）が書かれましたね」などと云った。ロイドは「左様にござりまする」と答えた。しかし読んでいる間に、ジェームス二世の顔色は変った。「これは実に意外な事だ。寺院が、特に諸君の内の或る人達が斯様な事をしようとは私は予期しなかった。これは正に謀叛の旗印だ」と叫んだ。マコーレイに依ると、この時次のような会話が交換せられたと云う。

ジェームス二世、「いやたしかにこれは謀叛の旗印だ。」

ブリストルの僧正、「謀叛などと恐ろしい事を、私共に仰せられまするな。どうしてこのトレロニイが謀叛人になり得ましょう。私の家は昔から王朝のために戦ったものでございます。モンマウスが西国で乱を起しました時、私がいかに陛下のために戦いましたか、それは御記憶の事と存じます。」（彼は由緒のある武家の生まれで、モンマウス役の功将の一人であった。）

チチェスターの僧正、「私共は先年の謀叛を鎮定したのでございます。その私共が謀叛を企てるなどと云う事は、存じも寄らぬ事でございます。」

エリの僧正、「私共は謀叛どころか、皆陛下の馬前に死ぬる事を、名誉と心得ているのでございます。」

バス・エンド・ウェルスの僧正、「陛下が万人に良心の自由をお与えになりまするように、それを私達にもお恵み下さいまし。」

ジェームス二世、「いや、何と云ってもこれは謀叛だ。たしかにこれは謀叛の旗印だ。これまで立派なキリスト教徒で王者の教法、自由の制定権を疑った者が何処にある。現に君等の内にもそれを是認するような説教をしたり、書き物をした者があるではないか。とにかく、これは謀叛の旗印だ。私は宣言書の朗読はやらせて見せる。」

バス・エンド・ウェルスの僧正、「私共は二様の責務をおびております。即ち神様に対する責務と陛下に対する責務とでございます。私共は陛下を尊信しまするが、同時に神様を畏敬するものでございます。」

ジェームス二世、「私は諸君の寺院には随分尽した積りだったが、その返礼はこれ（請願書）だ。諸君が斯様な事をしようとは思わなかった。私の思わくは通して見せる。私の宣言は朗読せらるべきものだ。諸君は騒動の太鼓持だ。諸君はここに何の用があるのだ。さっさと諸君の寺領へ帰って、私の命令がきっと行われるのを見るが宜い。この請願書はもらって置く、手放しはしない。諸君がこれに署名した事は忘れないよ。」

バス・エンド・ウェルスの僧正、「何事も神様の御心次第で。」

ジェームス二世、「神様は私に教法自由の制定を与えて下すったのだ。私はそれを固持する。」マコーレイの麗筆はジェームス二世の治世の後半期においてすこぶる佳境に入っているが、渉猟した古文書も多いのであって、美文たるが故に事実に反するものとは断定し難い。いずれにもせよ、この僧正達は皆忠誠の士であった。国王に反抗する意嚮は少しもない。只々伝灯を尚んで、教法に反する事項に異議を述べたのであった。国王には忠実であるが、既定の事項は尊重する、与えられた権利は死守するが、王者には常に従順であると云う英国人特有の心理を、ジェームス二世は解し得なかったのである。一日に一時間散歩すると定まっていれば、雨が降っても、風が吹いても、一時間は必ず戸外に出る。それが英国人の気風である。暴風雨の中を散歩しているから、彼は気違いだろうと即断したのが、ジェームス二世の失策だった。夙に英国王朝の血を承けて、殊に祖父以来英国に君臨してはいたが、不幸にしてジェームス二世は英国人を理解し得なかったのである。

とにかくジェームス二世と六僧正との問答は終った。六僧正は恭しく宮殿を辞し去った。

七僧正の熱血を濺いだ請願書も徒らにジェームス二世を震怒せしめただけであったけれども、それが民間に及ぼした影響は重大であり、深刻であった。その夜の中に請願書の全文を印刷して、町から町へ呼売した者があった。請願書は厳格に秘密にせられていたけれども、何しろ短い文句である。僧官側か国王側かの誰かがそれを覚えていて、そのまま外部に洩らしたものと見える。人々は争って購った。読売は一夜の中に数万円の巨利を博したと云う。同じ日に宣言書の朗読反対を高唱した激越な文書が、どこからともなく、普く僧俗の間に配布せられた。

七僧正の行動を壮なりとして、朗読反抗の気運が漲り亘った。ロンドンを始めとして、英国全土は粛然たる殺気に包まれた。ジェームス二世の朗読命令は云うまでもなく大きな失策だった。宣告書を朗読せしめたところで、それが旧教公認の実果をもたらす訳でもなく、旧教信者を増すゆえんでもない。要するに、さして効能のない命令を出して、強大な反対に遇ったのである。即ち細い毛を吹いて重い傷を求めたのである。

いよいよ二十日の朝が来た。ロンドンの約百箇寺の内で、宣言書を朗読したのは、わずかに四箇寺であった。しかもその四箇寺においてすら、ことごとく散々な光景であった。朗読し始めると、最初の一語が終わるか終わらないうちに、衆人は立って帰途に就いた。朗読僧は宣言書を手にしたままで、独り寺院に取り残された。午後になると、ロンドン内外の空気は緊張の極度に達して、刻一刻、黒い風か赤い血潮かが満都に溢れる思いを増した。

次の日曜即ち二十七日には更に朗読反対の熱度が高まった。ジェームス二世の朗読命令は今や完膚なく粉砕せられた。激怒したジェームス二世は第二の朗読命令を更に強硬な、更に猛烈な意味において発令しようとして、二度までも起案せしめたが、二度共それを撤回した。どうすれば最も端的に素志を貫徹する事が出来るか、それをジェームス二世は思い惑ったのである。

起訴

忠順な七僧正も信教自由の宣言書の朗読命令には毅然として反抗した。その反抗に依ってジェームス二世の面目は丸潰れとなった。ジェームス二世から見て、憎くて憎くてたまらないのは七僧正である。火刑にでも、絞り首にでもしたいのだが、真逆それも出来兼ねる。例の最高会議でその官職を剥奪しようとしたが、その年の十一月には議会を召集する事になっている。その議会は必ずこの官職剥奪の命令を無効だと宣言するに相違ないし、新大僧正及び新僧正の任命に反対することは明瞭である。そうなれば面目丸潰れの蒸し返しである。どうしたものかと途方に暮れた。温健な宰相サンダーランド伯は一つの提案を出した。それはジェームス二世が勅諚を以て、英国寺院の今回の不遜な行動は甚だこれを遺憾とするけれども、父王、先王及び自分の悲境にあった際に、英国寺院の自分等に捧げた献芹《けんきん》の誠に免じて、許すべからざる罪を今回だけは許す、恐らくは彼等も他日自己の良心に顧みて、悔い改むる時があろう、それで自分は満足する、と云う趣旨を、上下に宣布して、七僧正は不問に附する事を以て得策とすると云うのである。これには賛成者も多かったが、例の暴戻な大法官ジェッフレイスは強硬論を力説した。ジェッフレイスの意見は七僧正を治安攪乱罪（Seditious libel）で処罰しようと云うのである。その時には判事は既にジェッフレイス一派の薬籠中のものであった。陪審員の操縦威嚇も容易であった。ジェッフレイス一派に睨まれた者は、必ず罰せられた。されば七僧正を裁判に付する事は、ジェームス二世にとって最も確実な、最も有力な報復の手段であった。王廷における凝議の経過は伝わっていないが、ジェッフレイスの強硬論が勝を制して、七僧正を治安攪乱罪に問う事となった。

五月二十七日に七僧正に対して、六月八日に政庁へ出頭すべしとの命令が来た。十日余も期間を置いたのは、七僧正の全部又は一部の変心を促すためだったと云う。しかしそれは空頼みであった。六月三日はロンドン以外の地方で宣言書の朗読せらるべき第一日曜だったが、朗読したのはやはりほとんど絶無であった。

六月八日の夕刻七僧正は宮廷内の政庁に出頭した。ジェームス二世、枢密院議長以下厳然として控えていた。議長は例の請願書を大僧正に示して、「これが猊下が書かれて、六僧正が陛下に捧呈した書面ですか」と念を押した。大僧正は議長には頓着しないで、ジェームス二世の方を向いて答えた。「陛下、私は被告人としてここに立っているのでございます。私はこれまで被告人になった事は一度もなく、被告人になるなどと云うことは、少しも考えておりませぬでした。まして国王に対する罪名の下に法に問われると云うことは、夢にも思っておりませぬでした。しかしながら不幸にして一旦被告人の地位に立ちました以上、不利益になる事項に付いては、一切の問いを避け得る被告人の法律上の権利を主張致します。必ずや陛下はそれをお許し下さる事でございましょう。」請願書が大僧正の手に成った事は明白な事実で、疑問の余地はない。ジェームス二世は大僧正の手蹟を知っているし、前月の十八日に六僧正が請願書を提出した時にも、その一人が明らかにジェームス二世にその事を告げているのである。その明々白々の事実に付いて、大僧正は答弁を拒絶したのである。一寸考えると卑怯のようでもあるが、英国の刑事法の伝統の下においては、被告人は証拠調べの時に自己に有利な証拠を提供する意味において、訊問に答うる権利があるけれども、劈頭から訊問を受ける義務はない。被告人の陳述は権利である。そして答弁ではなくして、証言そのものである。最初に被告人をとっちめて不利益な事を云わしめるのは、英国の法廷においては禁物である。大僧正はこの英国固有の被告人の地位を主張したのである。七僧正は既に法律家と十分な相談も遂げていたので、この辺の事は能く弁えていたのである。尤もこの態度に就いては、一面において、英法本来の精神を固守したと云う点において、その意気の壮んな事に感ずるが、同時に他面において、大僧正は斯様な法律技術に膠柱しないで、他の教政の大きな問題で、有力に抗争した方が宜かったかとも考えられる。但しそれは観る人の心ごころに依って違う事である。花々しく戦って、散るを惜しまないのは、我等大和民族の特色である。正当に与えられた権利を尊重して、その侵害者にして一歩も譲らないのは、英国国民の本領である。この点も考えなければならぬ。大僧正の答に対して、ジェームス二世は叫んだ、「それは詭弁だ。私は猊下が自己の手蹟を否認するようなつまらない事をしないように望む。」セント・アサフの僧正は口を挿んだ。「陛下、今私共のような地位にある者が、左様な問いを避け得ると云う事は、総ての聖者も認めているところでございます。」押問答はしばらく続いたが、大僧正はもし答えろとの御命令ならば答えるが、それを断罪の資料にしない事を望むと云った。ジェームス二世は怒って、大僧正に対して頻りに激語を放った。他の僧正達は代る代るしばしば別室へ呼び込まれた。誰かから口供を取ろうとしたのである。しかし皆口を緘んだ。ジェームス二世は堪え兼ねて、答弁しろと高飛車に命令した。ジェームス二世は答弁を以て断罪の資料にしないとは明白に約束しなかったけれども、先程からの行き懸りに徴して、左様な条件の下に命令が下ったものと、何人も考えた。そこで大僧正は請願書は自分の書いたものだと云う事を認め、他の僧正達も同様な答えをした。更に請願書の内容に付いて問答があったが、その内容は十分に洗錬せられていた。どこからも突き込みようがなかった。更に請願書の漏洩及び勅諚反抗の宣伝に就いてかなり厳しい訊問があったけれども、これは実際七僧正に責のないところである。皆ありのままに知らぬ、存ぜぬと云い切った。議長は最後に七僧正に対して、キングス・ベンチ法廷の審判に付する事を宣告して、保釈金の納入を命じた。七僧正はこれを峻拒した。自分達は上院に議席を有する貴族である。本件に付いて保釈金問題の外に立つ特権を有していると主張した。益々憤怒したジェームス二世はそれでは直に牢獄に投ずると威嚇したが、七僧正は冷然として前言を固持した。そこで遽にロンドン塔に監禁する事にして、船で七僧正を幽閉の場所に送った。

以上はまず今日の起訴及び予審の手続であるが、事件が事件であり、被告人が被告人である関係上、甚だ特殊な方法に依ったのであった。

民衆は陸にも河にも充満していた。七僧正は神の王国へゆくような面持で、ロンドン塔に送られたが、河の上では、船と船との間を掻き別けるようにしなければならなかった。それ程民衆の船が輻輳していたのである。岡の人も、船の人も狂わんばかりに、大声で七僧正を祝福した。岡から水に跳び込んで祈った者も尠《すくな》くなかった。王廷ではこの壮烈な光景に愕いて、遽にロンドン塔の警備を増した。

七僧正が謀叛門（Traitors' Gate）（今も尚その醜悪な、陰森な姿を残している）からロンドン塔に入った時、そこの番兵まで跪いて祝福した。番兵等は食事の時には必ず七高僧の健康を祈って杯を挙げた。七僧正に好意を持たぬ衛士長がいくらそれを止めようとしても、止められなかった。国教反対のノンコンフォーミストすら、代表者を遣して、篤く七僧正を慰めた。ジェームス二世はその代表の連中を呼び付けて叱ったが、彼等はなるほど私共は国教信者とは争っておりましたが、同門（同じく共に新教である）の士と憂を頒つことを、私共の義務と心得えております、と答えた。

裁判

（1）第一日（保釈）

監禁一週間の後、即ち六月十五日に七僧正に対する治安攪乱被告事件の公判がキングス・ベンチ法廷で開かれた。

七僧正はむしろ静かな平和な態度でウエストミンスター・ホール（今のキングス・ベンチはストランドの高等法院内にあるが、その頃はウエストミンスターにあった）への道を進んだ。群集は沿道、特に裁判所の内外に雲霞の如く集って、頻りに祝福の声を挙げた。七僧正は群集に答えて、「友達よ、国王を尊敬せよ、祈禱の時には私達の事も思い出して下さい」と云った。群集の中には感激の余りに、大声を立てて泣いた者も多かった。

法廷において、先ず検察側の主席検事総長は起訴の事実を簡単に述べて、被告人等の申立て（有罪を自認すれば“guilty”と云い、然らざれば“not guilty”と答える）を促した。弁護人側は本件の起訴の手続に違法の廉があると抗争して、例の保釈金要請問題に就いて双方の法曹が長い議論を上下した。判事は合議の末検事総長の主張を是認して、起訴の手続は正当だと宣告した。そこで被告人等はいずれも「無罪」（“not guilty”）と申立てた。この日はこれで終ったが、いよいよ二十九日に事実の審理に入る事及び被告人等は何等保証を要せずして保釈せらるべき事が告げられた。

七僧正は八日目に監禁の戹だけは免れた。法律を知らぬ群集は七僧正が無罪放免になったと早合点して、狂濤の如き歓呼の声を挙げた。各寺院の鐘が一斉に鳴らされて、花火が諸処で揚げられた。七僧正に対する讃美と同情とは全国に亘って、刻一刻、日一日、濃厚に、激甚になった。宰相サンダーランド伯は太子の誕生（この月の十日に生まれた。後にテュウドア王朝の再興を図って敗れ、大陸で寂しい一生を終えたいわゆる老僭王 Old Pretender はこの太子であって、一時蘇国を席捲した風雲児で、後に同じく大陸を彷徨したいわゆる小僭王 Young Pretender はこの太子の長子である）を好箇の口実として、起訴を撤回するように勧説したが、ジェームス二世は頑乎としてこれに応じなかった。

（2）法　曹

事実の審理に就いて誌すに先だって、判事以下関係員に一瞥を与える。

裁判所側（キングス・ベンチの全員即ち四判事）

裁判長ライト、厳格で有名な人、その苛酷な裁判に依って栄進したと云われる人。

陪席判事アリボーン、旧教徒。

同上　ホロウェー、官僚の走狗と目せられている人。

同上　ポウエル、公正な人ではあった。

検察側（我が国の検事に当る）

検事総長サー・トーマス・ポウイス、ジェームス二世の下には、第一流の人物は仕える事が出来なかった。この検事総長も低級な法律家に過ぎなかった。

検事次長サー・ウィリヤム・ウィリヤムス、元気で喧しい議論家だが、判断力に欠けていた。余り乱暴なので、敵は多かった。

サージェント（Sergeant）トリンダー、旧教徒。これだけは相当に立派な法律家だった。

レコーダー・オヴ・ロンドン（Recorder of London）　サー・バーソロミュー・シャー。これも相当の法律家ではあったが、諄々と同じ事を繰り返し繰り返し述べる癖があって、法廷で重きをなしていなかった。レコーダー・オヴ・ロンドンはロンドン市の吏員で、ロンドン市内の裁判所では、裁判権を持っている。

弁護人側

ソーヤー（元検事総長）。

フィンチ（元検事次長）、いずれもジェームス二世に馘首せられた人で、達識な名流だった。

ペムバートン（元高等法院長）、温健な、同情の深い、立派な判事だったが、余りに寛大だと云うので、やはり罷免せられた人。

ブレックスフェン（元判事）、以前西方巡回部長で、例の「惨虐巡回」の一部を受け持って、かなり酷烈な裁判をした人である。

サー・クレスウェル・レヴニンツ（元判事）、学識においては当時第一流の名家だったが、優柔に過ぎるとの評判もあった。この事件の弁護を引き受けるのには、大分躊躇したようだったが、寄って懸って無理往生に担当せしめた。

サー・ジョージ・トリービー、元のレコーダー・オヴ・ロンドン、熱誠の人。

サー・ジョン・ホルト、やはり卓越した法曹で、この人を弁護人の内に加えるのには、ロンドンの僧正が専ら骨を折った。ロンドンの僧正は請願書には署名しなかったけれども、七僧正のためには、万難を排して、尽瘁したのであった。

ジョン・ソマース、若い弁護士で、未だ世間的には知られていなかったが、具眼の士には刮目せられていた麒麟児である。本件の弁護を引き受けた大家連の推薦に依って、この大事件に顔を出したのであった。

以上の顔触れに依って明白なのは、裁判所は既に官僚の傀儡に過ぎなかった事である。既にこの事件の起る前にジェームス二世は硬骨公正の人を黜《しりぞ》けて、自己の政策に都合の好い者を以て塡補したのである。裁判所がジェームス二世に迎合するジェッフレイス等の頤使の下にあったのは、当然な事である。

次に一驚に喫するのは、弁護人側が当時の法曹の名流をことごとく網羅していたのに反して、検察側は遥かに劣った人士に依って組織せられた事である。ジェームス二世の失政のために、逸材は斥けられて、検事総長、検事次長の栄職すらわずかに低級な法律家に依って充たされた。そして民間の良い弁護士を本件の検察側に選任しようとしたが、皆首を横に振った。本件をこの原被両造の材幹、手腕に依ってのみ判断するならば、この法廷戦は明らかに被告側のものであった。

（3）陪　審

ジェームス二世側の闘士即ち検察側の名望、力倆は甚だ以て貧弱であったけれども、ジェームス二世のこの裁判戦に対する策略は緻密であり、且つ辛辣であった。既に判事が腹心の者であるのに、更に竿頭一歩を進めて、更に悪い計画を立てた。それは則ち陪審員の不正召集である。陪審員は陪審名簿の順序に従って呼び出すべきものであるが、その呼び出しの際、自分に都合の好い者だけを選抜して呼び出す、これはパッキング（packing）と云って、陪審制度悪用中の最悪手段である。自分の味方ばかりだから、陪審の答申は自分の有利になるに定まっている。そのパッキングの方法を執ったのである。書記長のサー・サミュル・アストリーがこのパッキングの用件で、私《ひそ》かにジェームス二世に召喚せられ、検察側では陪審員候補者の内情偵察に苦心した。パッキングが或る程度に行われたことは、指名せられた四十八人の陪審員候補者の中に、宮内属と旧教徒とが数名ずつ加えられてあったことに依っても、窺い得られる。

陪審員の忌避は当事者双方の権利として認められている。しかも十二人までは無条件に忌避する事が出来るけれども、現時において、陪審員忌避の問題がほとんど全く起らない事は、英国法廷の他に誇るべき重大な特徴の一つである。陪審名簿の作成や、陪審員の選任が公正に行われて、これ等の任務に当る係官を信用する事が出来れば、陪審員忌避の問題の起る余地はない。しかし本件の場合は既にその公正を疑うべく、又事実において疑われたのである。弁護人側は十二人の忌避を申立て、検察側でも同様に十二人に対して異議を述べた。従って四十八人の候補者は二十四人に減った。

いよいよ審理の当日、十二人の陪審員が右の二十四人の中から選任せられたが、皆相当の身分のある者で、総代（フォーアマン）のサー・ロージャー・ラングレイは準貴族（バロネット）、その他は勲爵士（ナイト）一人及び郷士（エスクワイア）十人で、その内にノンコンフォーミストも数名交っていた。後にも書くが、この陪審員中最も合議に活躍したのは、大地主のトーマス・オウスティンと酒造家のマイケル・アーノルドとであった。アーノルドに就いては面白い逸話がある。彼は宮廷へ麦酒を納めている御用商人だった。彼は云った。「厄介な事になったものだ。俺が無罪だと云えば、御所への御用は止められる。有罪だと云えば、御所以外には売れない事になる。どちらにしても商売は半分あがったりだ。」

（4）第二日（審理）

（い）審理の開始

黒白死生を決する日は遂に来た。一千六百八十八年七月二十九日のウエストミンスター・ホールの附近には幾万の群衆が充満した。ウエストミンスター・ホールの中に、今や正に全英国の視聴を鍾《あつ》むるキングス・ベンチ法廷が開かれたのである。

列席係員の事は前に書いた。同じく前に書いた陪審員十二人は宣誓した。双方の法曹は死に直面するが如く緊張し、多数の傍聴人は各自ことごとく自分が裁判を受ける当人のように、轟く胸を抑えつつ、歯を喰いしばって、控えている。

法廷において朗読せられた起訴の事実は、被告人等七僧正は「ミッドルセックス州（請願書を提出したホワイトホール宮殿を管轄する州、この場所の問題が論争せられた事は後に書く）において、虚構（false）、悪意（malicious）にして治安を攪乱すべき（seditious）誹謗文書（libel）を作成し又は公表（write or publish）したものだ」と云うにある。一言にして蔽えば、誹謗に依る治安攪乱罪（seditious libel）を犯したと云うのである。

（ろ）請願書の作成問題

起訴事実の陳述に次いで、直になすべき事は検察側の証拠調べである。検察側は先ず誹謗文書即ち例の請願書の作成、換言すれば、大僧正が問題の請願書を起草した点を立証せんとした。このために数人の証人が検察側に依って訊問せられたが、明白な結果は得られなかった。英国の法廷では、最初に被告人を訊問する方法を禁ずる。従って、検察側で起訴に係る一切の事実を立証しなければならない。被告人は事件の中心であり、焦点である。外の国のように被告人の訊問を最初に行って、それに依って得た結果に従って、爾余の事実審理に移る主義においては、審理が能く事件の核心に集注して、真相を捉えるに容易であるけれども、時に依っては、被告人の訊問を過重するの余りに、被告人を追究し、詰責して、強いて真実を吐かしめんとする弊害が起らないと限らない。（諸国において左様な沿革を経て来た事は事実である。）即ちいわゆる自白強要、弱い者いじめに陥る傾向を持つ。これに反して、英国式においては、最初に被告人を訊問しないのだから、一切の事実を被告人の口からでなく、他の証拠に依って得なければならない。

即ち事件の中枢に直入しないで、遠巻に巻いて、真相に漸進する事となる。従って無駄な証拠調べをしなければならないが、被告人をいじめる惧れは少しもない。英国式では被告人の訊問は単純に被告人の権利である。自己に有利なりと信ずる場合に、自ら進んで訊問を受け得ると云う行き方である。要するに主義の相違である。どちらが宜いか、それは一概には云えない。いずれにも長所短所はある。善いか悪いかの問題は取調べをする人の如何に依って決する。公正な取調べをなすならば、甲の主義でも宜い。公正でない取調べをなすならば、この主義でも安心が出来ない。私はここに両主義の優劣を批判しようとはしないが、英国主義は英国人の自慢しているように、最も被告人を優遇するものだと云う事と、不必要（と少なくとも我等には見える）な証拠調べをしなければならぬと云う事だけは明白である。本件においても、問題の請願書が大僧正の作成に係る事はほとんど公知の事実である。しかしその点に就いては未だ被告人を訊問しないのである、訊問するかどうかもわかっていないのである。従ってこのほとんど公知の事実を法廷において明らかにするために、証人数名を取調べた。そしてその結果を得なかったのである。弁護人等は請願書作成の点に就いて、論拠がないと主張した。判事の内のホロウェーとポウェルとが同じような意見を開陳した。

請願書の作成に就いて証拠が挙らない以上――法律技術の問題ではあるが――被告人等は無罪である。傍聴していた公衆は彼等の生活と余りに隔絶している法律技術の問題の余りに空疎で、余りに無意義なのに愕く余裕もなく、ひたすら七僧正のために狂喜していた。その一刹那に、検察側は証人ブラスウェイトを引っ張り出して、局面を一転せしめた。ブラスウェイトは枢密院の書記官で、六月八日に七僧正がジェームス二世に請願書を捧呈した際に、ジェームス二世と七僧正との問答を聴いていた一人である。前にも書いたように、六月八日にはそれを断罪の資料としないと云う諒解（ジェームス二世は左様な確約はしなかったけれども、七僧正はしかく信じていたのであった）の下に、七僧正はジェームス二世の前で請願書起草の顚末は白状しているのである。その白状の傍聴者のブラスウェイトが証人として顕れたのだから、弁護人側にとっては、致命的の打撃である。ブラスウェイトは六月八日に七僧正が国王の面前で請願書作成の事実を自白した事を供述した。判事のホロウェーは検事総長に対して、「なぜ、この証人を一番先に訊問しなかったのだ。この証人で一番能く事実がわかるじゃないか。随分時間の空費をしたものだね」と云った。尤もな言ではあるが、検察側としては、成るべくはこの証人を出したくなかったのである。なるほど明約こそはしなかったけれども、六月八日の白状は、公平に観て、たしかにそれを断罪の資料にはしないと云う義理合になっている。いかに窮しても、それだけは食言したくなかったのである。しかし今いよいよ事件が検察側の不利に結着しそうになったがために、背に腹は替えられぬ始末となった。信義の問題などはどうでも宜い、大行は細瑾を顧みずと云ったような工合で、進まぬながらも、ブラスウェイトを訊問したのである。

局面はたしかに一転した。そこで弁護人側のペムバートンが重訊問（cross examination）（原告弁護士が呼んだ証人に対しては、原告弁護士が訊問 examination を試みる。その後で被告弁護士が訊問する。これを重訊問 cross examination と云う。更に原告弁護士が訊問する時は、それを再重訊問 re-cross examination と云う）の矢を放って、ジェームス二世と七僧正との問答の顚末、即ち断罪の資料にしない条件（少なくともそれらしき）の下に白状した顚末を陳述せしめた。そこで一旦有利に傾いた検察側は又不利の状態に陥りそうだった。この機逸すべからずと思って、検察側のウィリヤムスやポウイスはペムバートンの訊問が程度を超越している、即ち必要以上に亘っている事を痛撃した。しかしながら弁護人側は左様な事には辟易しなかった。弁護人側のプレクスフェンは蹶起して云った、「証人は真実、総ての真実（英国法廷における宣誓文句は「真実、総ての真実を述べ、真実以外の何物をも述べざる事を神明に誓う」と云うのである）を述べると宣誓しているのです。私共は真実の答を要求する。」ブラスウェイトもこの追究に依って、いわゆる「総ての真実」を述べるより外に仕方がない窮地に陥った。検事総長や検事次長は左様な不遜の問いは宜しく調書に記載すべしと恫喝した。ペムバートンは勇奮の士である。その位な事には頓着しなかった。「諸君の希望するがままに調書に記載せられるが宜い。私は左様な事にはびくともしないのだ。」傍聴人は夢から覚めた人のように、期せずして喝采した。裁判長のライトも、それを調書に記載せしめる事は敢えてし得なかった。ライトは官僚の走狗であり、残忍苛酷の資性は帯びていたけれども、七僧正に対する民衆の無限の同情と欽仰とに気を呑まれた。審理の間も常に左顧右眄して、もじもじしていた。先ず目に附いたのは、傍聴人中の多数の貴族である。次の議会では上院でうんと取っちめられて、結局自分も囹圄の人になりはせぬかと狼狽えた。傍聴者の遺した記録に依ると、ライトはこれ等の貴族が恰もライトの首に懸ける首架を持っていはしないかと、遅疑逡巡していたようであったと云う。とにもかくにも、検察側がブラスウェイトの訊問を最後の手段とした点に鑑み、ブラスウェイトが供述に当って困惑した実情に徴して、ジェームス二世の食言の事実は推測せられたけれども、請願書が大僧正の手に成った事実だけは明瞭になった。

（は）請願書の公表問題

大僧正が請願書を作成した事は、幾多の曲折波瀾の後に、まずは一応立証せられたけれども、他の六僧正がこれに参画した証拠は挙らない。殊に起訴事項には「ミッドルセックス州において作成」と云う制限がある——これも甚だしい法律技術の末端の問題ではあるが——、その「ミッドルセックス州において作成」と云う事の証拠がない。もともと「ミッドルセックス州において」と云う点に拘泥したのは、原被両造共に今日から見れば三百代言の臭味を脱しないが、「ミッドルセックス州において」と限定したのが、そもそも検察側の手落ちである。なるほど犯罪の同一性を明確にする事は起訴に当っての重要事項であって、犯罪の場所を明白にする事は犯罪の同一性を定めるに必要な要件である。「被告人山田太郎は五大州のいずれかにおいて遺失金一銭を横領し」では犯罪の事実が特定しないから、起訴事項にはならないが、本件においてミッドルセックス州に制限したのは不心得である。ラムベスの大僧正殿はミッドルセックス州には属しない。そして大僧正は請願書起草当時から六月八日の政庁出頭まで、ラムベス殿の外に一歩も出ていないのである。ミッドルセックス州内で起草した事実は全然無根である。そこで検察側ははたと当惑した。当惑した揚句に、「何々の誹謗文書を作成又は公表し」の「作成」を棄てて、「公表」の方で攻める事にした。請願書はジェームス二世に捧呈しただけである。請願書の抄本や、更にそれよりも以上に激越な文書が民間に流布せられたけれども、それは七僧正の関知しないところである。しかし請願書を国王に捧呈しただけでも、「公表」と云えない事もない。「公表」(publish)を極めて広義に解釈すれば、自己以外の誰かに示す事を以て足りる。そこで検察側は「誹謗文書の作成」を断念して、「誹謗文書の公表」即ち請願書をジェームス二世に捧呈したと云う事実に就いて、糺弾する方針に豹変した。

さてこの「公表」問題には検察側は苦心した。請願書は六僧正が直接にジェームス二世に手ずから捧呈したので、その時には外に誰も列席していなかった。ブラスウェイトが参列したのは、捧呈の後であった。検察側は更にブラスウェイトを訊問したが、自分が参列した時には、請願書は国王の机の上に置いてあったけれども、それが果して六僧正の捧呈したものか、どうか、それは全く自分が知らないところだ、と答えるより外に仕方がなかった。なるほど机の上にあっただけでは、捧呈の問題は解決が出来ない。六僧正以外の誰かが捧呈したかも知れない。或いは又鳥が啄んで持って来たか、風に吹かれて飛んで来たかも知れない。今日の常識で考えると、左様な馬鹿な事はないはずだが、当時の法律末節論では、斯様な議論が成り立ったのである。とにかく「公表」問題は立証が出来なかった。検察側は尚も数人の証人を訊問したが、誰も現場に立ち会った者はないのだから、証拠は終に挙らなかった。国王を証人に呼べば明白になるだろうが、それは出来ない相談である。検察側は焦立って、頻りに証人を追究したが、結果は得られなかった。余り追究が激しいので、裁判長のライトすら検察側をたしなめた。

勝負は明瞭に一決した。「公表」問題は証拠なしと云う事に帰着するの外はなかった。検察側の論告は支離滅裂だった。弁護人側では満悦の笑を洩らした。傍聴人はもとより、外部の群衆も大声を立てて歓呼した。裁判長はこれを制止する事が出来なかった。

裁判長は不承不承に説示を始め出した。いかに検察側の走狗でも、今は検察側に不利な説示を試みる外はなかった。そのまま説示が済めば、事件は簡単に無罪に解決するのであったが、弁護人中の好弁家フィンチが止せば宜いのに、一寸一言申し述べたいと立ち上った。弁護人としては一言も述べる必要がないのだが、勝ち誇ったフィンチは得意になって、長講一席を始める積りでやり始めた。全く余計なことだった。裁判長は「お述べになりたいのならば、お述べになっても宜いが、あなたはあなたの立場を御存知ないと見える」と云った。外の弁護人は頻りにフィンチの袖を引いて、無理遣りに座らせた。斯様な事で手間取っている間に、又局面一転の事由が出来した。

フィンチがやっと座に就いた瞬間に、検事次長の許へ宮廷から使者が飛んで来て、宰相のサンダーランド伯が問題の請願書の捧呈、即ち「公表」に就いて証言すると云う事を伝えた。サンダーランド伯が出て来ては一切が崩壊する。六月八日に六僧正がジェームス二世に請願書を捧呈するに際して、先ず最初にセント・アサフの僧正が総代として、サンダーランド伯に逢って、請願書捧呈のために参殿したから、国王の御都合がどうだろうかと訊ねて、サンダーランド伯の世話の下に、ジェームス二世に面謁したのである。さればサンダーランド伯が証人として立てば、捧呈の事実は明白になる。弁護人は互いに顔を見合わせた。たった一瞬間前まで歓呼を挙げていた傍聴人も、青くなって面を伏せた。裁判長は弁護人に対して、局面が展開して、さぞ御満足でしょうと、嫌味を云って、からかった。

サンダーランド伯は身体が憔悴し、意気が銷沈して、供述する言葉は震えていた。傍聴人が恨めしい目附で睨め附けるので、甚だ狼狽えた様子だった。しかしそれでも請願書捧呈の事実は知っているのだから、その事実は明確に立証せられた。

かくして局面は更に転化した。最初「作成」問題で凱歌を挙げそうだった弁護人は、それには成功しなかったけれども、次の「公表」問題では相手を正に土俵際まで押し出そうとしたところを、危く持ちこたえられて、逆に今度は真逆様に倒れそうになった。

（に）請願書の性質問題

弁護人のフィンチが一席弁じようとして手間取ったがために、勝っていた戦も負けになった。フィンチはこの意味において、怪しからぬ男だとは云えるが、実は請願書の「作成」及び「公表」は公知の事実である。それを証拠があるとか、ないとか云って争うのは、そもそも法律技術の末節で、法の真髄の翻弄であり、遊戯である。斯様な問題で勝ったところで、男子の捷利《しょうり》〔勝利〕とは云えない。

法廷戦は遂に最後の問題、即ち請願書が「虚構、悪意にして、治安を攪乱すべき」ものであるか、どうかの問題に到達した。弁護人側としては、これが最後に死守すべき堡塁である。この問題にて打ち勝たずんば、運命は明らかに「有罪」である。

弁護人は交る交る憲法論を試みて、法律を以て定まれる事項を、ジェームス二世の一命令に依って破壊すべからざるゆえんを述べ、その命令に服し難き事を力説した。請願書は正当であり、適法である事を高唱した。最後に若いソマースは立った。ソマースの弁論は極めて短いもので、わずかに五分間にして終った。しかしこの五分間の短弁論は豊富な内容に充ちていた。言々正義そのものであり、句々条理そのものであった。洗錬せられた雄渾の辞を以て、有力に本件請願書の虚構に非ず、悪意に非ず、まして治安を攪乱すべきものに非ざる事を解説した。無名の少壮弁護士ソマースはこの五分間の弁論に依って、晴れの舞台に冴えた腕を見せた。後年彼は検事総長となり、大法官となって、勲功の録すべきものが多かったが、実に栴檀は嫩葉にして蘭麝の香を放ったのである。

検察側では、検事総長の議論は短くて、手頼りのないものだったが、論客の検事次長は長々とまくし立てた。請願をなし得るは議会のみで、その以外には何人といえども請願をなし得ずと断定した。それは当時の英国においても、明らかに法律に反し、伝習に副わざる暴論であった。傍聴人は騒ぎ出して、頻りに妨害を試みた。法廷外の廊下の群衆に至っては、洶瀾の湧くが如くに動揺した。

審理はかくして終結した。

（ほ）説　示

審理が終ると直に判事の説示（審判員に対する説明）に移るのが順序である。

先ず最初に裁判長のライトが説示を試みた。しばしば書いた通りに判事はことごとく検察側の傀儡であったけれども、傍聴人を始め、法衙の内外に充ちた民衆の偉大な、強烈な反検察熱（この事件の）に怖れ戦いた。この事件の被告人を罰する事は恐らくは彼等も良心に顧みて、躊躇した事ではあっただろうが、彼等はそれを敢えてすべき使命を帯びていた。しかし今節制あってしかも激しい、理智の外に趨らないでしかも熾んな民人の示威には逡巡した。ライトは辛うじて云った。「私は国王の宗教自由の制定権に就いては何も云うまい。それを云う必要はないと私は考える。私は検事次長の議論には余り賛成が出来ない。請願は臣民の権利である。しかし本件の請願書の文句は程度を超えている。法律の精神から考えると、これは誹謗に該ると私は信ずる。」

判事のアリボーンも同じ意見を述べたが、彼が引証した法律や先例は、満廷の人に彼の愚昧を告げるだけのものであった。

判事のホロウェーの説示は一歩を進めた。彼は国王の宗教自由の制定権の問題を避けたが、自己の権利を害せられたと信ずる者は、誰でも請願をする権利がある。それだから本件は誹謗にはならぬと云った。最後の判事ポウエルは更に数歩を抽んでた。例の宗教自由の宣言は無効のものである。国王のこれに関する制定権は違法である。もし既定権の侵害を許容するならば、議会は無用の長物である。私は本件の裁断を神と諸君の良心とに委ねると云った。

要するに、四人の判事は検察側の走狗ではあったけれども、余りに大きな民衆の七僧正擁護熱に愕いた。四人の内二人はともかくも検察側に利益な説示をしたが、一人はややこれに反し、残りの一人は明らかに検察側に不利な事を述べた。(複数の判事が一法廷を構成する場合には、各自自己の意見を発表することになっている。)

説示の済んだ時には、夏の日も暮れていた。ロンドンの夏の日は永い。恐らくそれは九時頃であっただろうと想像せられる。

(へ) 陪審の合議

審判員が合議室へ引っ込んだのは、永い日も暮れた頃であった。判事も、双方の法曹も、被告人も退廷してそれぞれ家に帰ったが、被告人側の訟師(弁護士の下の法曹、ソリシター)は従僕と共に徹宵合議室の前に座っていた。検察側が陪審員を誘惑又は威嚇するのを警戒しているのである。ただに検察側の介入を怖れるのみでなく、陪審員附の廷丁をすら監視しなければならなかった。今は寛大になったけれども、以前は陪審員に火、飲料又は食物を給する事が厳禁せられていた。煙草の火すらこの時は禁ぜられた。多数の民衆は不安の面持で法廷の外に待っていた。会議室の中で大きな声で議論をするのが聞こえたけれども、勿論何を云っているのかわからなかった。一時間毎に宮廷から宮内官が様子を見に来た。翌朝の四時頃に会議室の内へ洗面の水が運ばれたが、陪審員一同はひどく喉が乾いていたので、盥へ口をつっ込んで、その水を飲んでしまった。

陪審の評議の内容は固く秘密にせらるべきものではあるが、とにかく驚天動地の大事件である。陪審員のほとんど全部が吹聴したものと見えて、後に（恐らくは事件終結の直後に）評議の経過は明細に外に洩れた。最初は十二人の陪審員中無罪説（即ち請願書は起訴に係るが如き性質を帯びずと云う説）が九人で、有罪説は三人だった。イングランドでは陪審の評決には全員の一致を必要とする。もしどうしても一致を得なかったならば、新たなる陪審を構成して、事件の審理を更新するの外はない。（イングランド以外の国は大抵過半数で決する。）しかし三人の有罪論者中二人は間もなく無罪説の軍門に降服した。

有罪説の孤塁を頑固に維持したのは、前に一寸書いた御用酒造家のアーノルドであった。終夜続いた喧しい合議の後にも尚屈しなかった。これも前に書いた大地主のオウスティンは熱心な人で、全部の証拠と弁論とを逐一傾聴して、詳細に筆記していた。それに基いてアーノルドを説こうとした。アーノルドは一本調子だった。「私は理窟や議論は不得手だ。しかし誰が何と云っても、僧正達を無罪にする事には反対だ。」オウスティンも自信の強い事においては敢えて譲らなかった。「私はこの十二人の内で、一番大きくって、太っているのだ。斯様な請願書が誹謗だと云うのなら、大きい太った私がこの煙管《パイプ》のようになるまで、頑張って見せる。」餓死を賭しても無罪を主張すると云うのである。流石の酒造家も辟易して、朝の六時に終に降参した。かくて約十時間の夜の合議の後、陪審の評決は無罪となった。

昨宵来法廷の外に待っている人々も多かった。払暁から又々増加した。今日即ち一千六百八十八年の六月三十日のキングス・ベンチの内外は昨日以上の混雑であった。陪審員の一致があったと云う事は知れたが、さて雨か、風か、吉か、凶か、それは陪審員以外の者には未だわからなかった。

（と）判　決

審理の翌日即ち六月三十日の午前十時に、法廷は再び開かれた。係員は前の通りに出席した。徹宵合議していた陪審員は陪審席に居並んだ。係員は勿論傍聴人も固唾を呑んで緊張した。

書記長は陪審員に対して訊ねた。「諸君は被告人の全部又は一部が本件の事案に就いて有罪と認めるか、又無罪と信ずるか。」陪審総代は立って答えた。「無罪。」（"Not guilty."）これで万事が解決した。英国でも陪審員は証人又は鑑定人だとか、陪審そのものが証拠だとか考えられて、従って陪審の評決も裁判所の判断の一資料にしか過ぎないと考えられた事もあるにはあったが、それは古い昔の事である。陪審員が無罪と宣告した以上、それで万事が解決したのである。

被告人の七僧正は晴天白日の身となった。陪審総代が「無罪」と云い終るか終らぬうちに、満廷の傍聴人は天も響けとばかりに喝采した。外の群衆もこれに答えた。寺々の鐘は一斉に打たれて、花火の音が頻りに聞こえた。検事総長のポウイスすら今日のような人民の狂喜の有様は、誰も未だかつて経験しないところだと嘆息した。陪審員は途々感謝せられ、祝福せられた。七僧正は巨万の群衆に歓呼せられて、かえって最寄の教会に避難するような始末だった。

民衆が声を大にして裁判所を脅威するのは、最大の醜悪事である。それが濫民政治の最初であって、最終であるが、この事件だけは特別である。裁判所の公正が疑うに足りたのである。そして民衆の声がかえって純真であり、正当であったのである。裁判所に対して民衆が騒ぐと云う事は、現時の英国には絶対にないが、この時の裁判所は騒がるべき弱点を正に具有していたのである。

ジェームス二世の治政も落日に瀕した。司法の公正を失った世が興隆した例はない。

ジェームス二世の亡命

前にも書いた如く、英国の国民性の特徴の一つは王朝に対する忠順である。稀有な例外を除けば、支那や欧洲大陸に起ったような王位簒奪とか、革命とか云うものは英国にはなかった。国民はジェームス二世には窘《たしな》められたが、王朝の安泰は斉しく切望するところであった。ジェームス二世の第一王女メーリーがジェームス二世の甥のオレーンジ公ウィリヤムに嫁している。そのメーリー及びウィリヤムを擁立する事に衆議が一決した。新教徒のオレーンジ公ウィリヤムに対しては、英国国民は篤い信望を寄せていたのであった。

七僧正の無罪釈放は国民全部の歓呼して迎えたところであった。判決の当日即ち六月三十日にジェームス二世はロンドンの西部ハンスローへ狩猟に出掛けていたが、無罪釈放の報に接して、急いでロンドンへ引き返した。ジェームス二世の親兵すらも七僧正無罪の事を聞き伝えて、一斉に喝采した。ジェームス二世は愕いて近侍を顧みた。「あの騒ぎは何だ。」近侍は答えた。「何でもございませぬ。只々僧正達の無罪になったのを祝しているだけの事でございます。」ジェームス二世は嚇怒した。「それが何でもないとは何事だ。」

七僧正の無罪になったその当日にオレーンジ公ウィリヤムと夫人メーリー（ジェームス二世の第一王

女）とを招請する使者がロンドンを出立して、ハーグに向った。

ジェームス二世の声威が全く失墜してから、徹底的に無力になったのは司法の方面だった。ジェームス二世の最も恃みとしたのはこの方面だったが、不幸にしてジェームス二世の任命した法官はほとんどことごとく低級な法曹ばかりであった。司法官憲が他の官庁又は民人に依って侮辱せられたことは、英国一千年の歴史において、恐らくは、これを以て嚆矢とし、これを以て最後とするだろう。

オレーンジ公ウィリヤムの英国入りも案外手間取った。それは旧教国のフランスのルイ王〔十四世〕が邪魔をしたからである。この間に多数の英国貴族は物資を供して、ウィリヤム公を扶けていた。

種々の故障はあったけれども、英国上下の期待に繋がれて、ウィリヤム公はこの年の十一月五日に英国西南のトー湾（ロンドンの西約二百マイル）に投錨した。ウィリヤム公の上陸と共に貴賤相率いて軍門に降った。ジェームス二世はサリスベリー（ロンドンの西約八十マイル）に邀え撃とうとしたが、親兵も最早ジェームス二世には与しなかった。落胆してロンドンへ帰ると、第二王女のアンもロンドンを引き揚げた後だった。ジェームス二世は天を仰いで嗟嘆した。「私の子供達すら私を棄ててしまった。」ジェームス二世は先ず王妃と生まれて半年にもならぬ太子とをフランスへ送った。風雨の夜、王妃は太子を抱えてロンドンを逃げ出した。ジェームス二世は十二月二十三日にロンドンを出て、同じくフランスへ落ち延びた。七僧正事件の落着後六箇月目である。

かくてウィリヤム公とその夫人のメーリーとが共同の王位に即いて、ジェームス二世を嗣いだ。ジェームス二世は復興の旗を挙げたが、成功しなかった。

共同王位のメーリーが一千六百九十四年に崩じ、ウィリヤムは一千七百二年に世を去った。そこでメーリーの妹即ちジェームス二世の第二王女のアンが王位を嗣いだ。

アン女王は一千七百十四年に崩じたが、継嗣がないために、英国国民はジェームス一世の曽孫（チャールス一世の姉エリザベスの孫、ジェームス二世から云えば従妹の子に当る）ジョージ一世を迎えた。これが英国の現王朝ハノーヴァー家の始祖である。

ジェームス二世の子のジェームス・フランシス（老僭王）も孫のチャールス・エドワード（少僭王）もいずれも蘇国の貴族士豪の助けを藉りて、ハノーヴァー王朝に対して叛乱を試みたけれども、共にことごとく失敗した。少僭王の乱（一千七百四十五、六年）は英蘇最後の血戦と云うべきであろう。

英国には支那や欧洲大陸における意味の革命はなかったと、私は前に書いた。

それを立証するために附け加えるが、現王朝はアルフレッド大王（九百一年崩）の血を承けている。現王朝の始祖ジョージ一世はアルフレッド大王から第二十六世の裔に当っている。従って現国王ジョージ五世陛下はアルフレッド大王第三十三世の孫であらせられる。

ジェッフレイス大法官の最後

七僧正事件の裏面の責任者はジェッフレイス大法官であった。彼は惨虐の権化であり、苛酷の本体であった。精力絶倫、常に火酒を呷って、訴訟当事者を罵倒し、刑事被告人を叱咤した。彼の法廷において用うる言葉は低級な職人のように下品で、悍婦の如く激烈だった。ひと度彼に恫喝せられると、誰でも即座に縮み上がった。モンマウス公の叛乱後、西部地方の巡回裁判において、千古未曽有の多数の刑罰を下した。元来頭脳の明晰な人ではあったが、怒りっぽくて、人を死刑に処する事が何よりの楽しみだった。それればかりでなく、死刑の言渡しをした後に、国王の特赦を請願せしめて、請願料と云う名義で巨額の金を手に入れた。

彼は若い時に弁護士となって、刑事事件を担任していたが、コンモンサージェント、レコーダー・オヴ・ロンドンを歴任して、三十五歳で高等法院長となり、三十七歳で大法官となった。英国の法官で彼程出世の早い者はなかったが、彼程残酷な者もなかった。

彼に死刑を言渡された者は千を以て数えなければならぬから、酷刑の例は枚挙にいとまはないが、只々一つの例を挙げる。例の「惨虐巡回」の第一日にウィンチェスター（ロンドンの西六十余マイル）で巡回裁判を開いて、アリス・ライル夫人の事件を審理した。夫人の夫はジョン・ライルと云って、かつて、判事の職に就いて、クロムウェルの下に貴族に列せられた人である。夫人は名門の出でもあり、夫の歿後も徳望を以て地方の尊敬の中心となっていた。モンマウス公の叛乱の際、叛軍に与した一人の僧侶と一人の法律家とが逃げる際に夫人の家で食を乞うた。夫人は（恐らくは叛軍の者だと云う事は知らないで）優しい同情から彼等に一夜の宿を貸した。それが謀反罪の従犯として法に問われたのである。ジェッフレイスは怒鳴り散らして、夫人に弁解の余裕を与えないのみならず、陪審員を叱り飛ばして、有罪の答申を強要した。審理の翌朝ジェッフレイスは判決を下したが、その判決はその日の午後夫人を火刑に処すと云うのである。多くの貴族達が特赦を請願したが、ジェームス二世も冷酷である。しかし即日火刑と云う事だけは変更せられて、数日後に打首の刑が課せられた。夫人は物静かに、立派な最後を遂げた。

暴戻を逞しくしたジェッフレイスも十二月になってジェームス二世の権勢が地に墜ちると共に、ロンドンの船着場のワッピングに石炭人足の服装をして、眉を剃り、石炭でわざと顔を穢して、隠れていた。ジェッフレイスの盛時、或る小金貸が貸金事件で法廷に顕れた。被告即ち借主の弁護士は「原告はトリンマー（王権党と民間党との中間党）でございます」と云った。ジェッフレイスはトリンマーが大嫌いだった。「何だ、トリンマーがここへ来ているのか。そ奴が何処にいるのだ。私はその様な化物のいる事は聞いている。そ奴は一体何で出来ているのだ。」原告は散々毒附かれて、死んだようになって退廷した。その金貸しは「私は一生あの法院長の怖ろしい顔は忘れる事が出来ない」と云っていた。その金貸は幸か不幸か、ワッピングの者であった。或る日附近を歩いていると、酒屋の窓からちょいと顔を出した男がある。その顔こそは変相はしているけれども、一生忘れられない怖ろしいジェッフレイスの顔であった。直にその筋に密告して、瞬く間にジェッフレイスは捕えられた。人々はジェッフレイスには恨みが重なっている。私刑にしそうな様子だったが、それでもようやくロンドン市長の許まで引っ張って来た。余りに民衆の激昂が甚だしいので、いつ惨殺せられるかも知れなかった。ジェッフレイスは頻りに監獄へ入れてくれと頼んだ。監獄へ入った方が無事だからである。ロンドン塔の監獄へ打ち込む事になったが、多数の兵隊が警護して行ったけれども、更に多勢の群衆はジェッフレイスを悪罵し、嘲弄しつつ、附きまとった。

ロンドン塔に幽閉せられているジェッフレイスの許へ、脅迫や侮辱の手紙が毎日のように来た。温健なロンドン市長ですら、ジェッフレイスだけはただ殺しただけでは満足が出来ない、一寸刻みに刻んで、骨を削り、肉を焼かずんば、承知しないと意気巻いた。或る日ロンドン塔の内の彼の許へ大きな樽を贈った者があった。彼は自分の大好物のグロスターの牡蠣だろうと思って、「あり難い事だ。まだ私を思ってくれる人があるのだ」と狂喜した。しかし開けて見ると、牡蠣は出て来ないで、大きな首索《くびかせ》が飛び出した。

猪のように頑健だったジェッフレイスも、入獄以来瘠せ衰えて、多年の濫酒で胃が極度に弱って来た。食餌が全然採れぬようになった。翌一千六百八十九年の四月十八日に骸骨のように憔悴して病死した。享年四十一歳であった。

要するに、七僧正事件は英国司法史の花である。我等法曹に興味の深い事実がこの事件を囲繞し、貫串している。この私の一小篇を読んで、面白くないと思われるならば、それは私の叙述の拙い結果である。

裁判夜話

ベケット尊者の遺徳

どこまで本当のことであるか、それは別問題であるが、どこまでも本当のこととして、英国において言い伝えられ、書き伝えられるベケット尊者の伝説は、事象の有無を逸脱し、史実の詮索を超越して、英国人の理想を直截端的に物語るものである。

伝説に従えば、ベケット尊者即ちトーマス・ベケットの一生（一一一八年―一一七〇年）は奇蹟に依って終始している。事実上彼は真に卓越した偉人であった。岩間の真清水のように透徹した頭脳と紅炎閃裂する熱情とを持っていた、宝玉の如き外観に羅刹の如き膂力《りょりょく》を蔵していた、宮廷においては豪奢の寵臣であり、戦場にあっては驍勇の将帥であり、しかもひと度僧房に入るに及んでは、一切の物欲を棄てて、素淡枯折の日常を繰返していた。かくの如く、あらゆる場所において、あらゆる周囲の裡において、常に第一人者であったのみならず、その死後においては、彼に対する上下老若の礼讃景慕の熱情は、彼の伝記を駆って、ことごとく霊怪奇巧を極むるものにしてしまったのである。

彼の父ギルバートは仏国系のロンドンの紳商だが、母は伝説上サラセンの王女だと云うことになっている。ギルバートが従者を連れて、聖地巡礼に出かけた途中で、主従共にサラセン人に捕えられて、王城の獄舎に投ぜられた。然るに、この王城に花の如き王女がいた。王女は私《ひそ》かにギルバートに憐憫の情を寄せて、暮夜牢獄の門を開いて、ギルバート主従を釈放した。主従はかくしてロンドンに帰ることが出来たが、王女は爾来悲恋の思いに耐えず、遂に心を決して意中の人の後を逐った。しかし、王女の知る英語はたった二つだった、即ち「ロンドン」と「ベケット」との二語の外は知らなかった。恋に狂う東邦の王女は頻りにこの二語を繰返しつつ、万里の波濤を越えて、遂にロンドンにベケットを訪ね当てた。かくして二人は夫婦となったが、その間に生れたのが、即ちベケット尊者である。ベケット尊者の生れんとするや、師走のロンドンの薄暗い空に、極光遽に五彩の色を映じ、十二の星座が燦然たる光を放った。嬰児は力強い声を挙げた。それを取上げた婦人は夢うつつのようになって、「まあ勿体ない、私は大僧正様を抱えているのですよ」と叫んだと云う。

サラセン王女説は事実ではないが、尊者の母マティルダは篤信敬虔の賢婦人で、尊者の誕生日毎に、尊者と黄金とを衡《はかり》の左右に懸けて、同量の財貨を窮民に施すことを常としたと云うことは、信ずるに足る事実らしい。

尊者はヘンリー二世の大法官となった。勢威隆々、ベケットの献策はことごとくヘンリー二世の採納するところとなって、君臣水魚の交わりは日毎に深くなった。この頃のベケットの栄華はいわゆる望月の欠くることなきものであって、その衣食の如きも、むしろ王者を凌ぐの概があった。これに就いて面白い逸話が残っている。厳寒の一日、管鮑の如く相許したこの君臣は、轡を並べて、王宮の附近を乗り廻していたが、王は寒さに慄えている一人の乞食を見て、ベケットに云った。「彼奴は温かい外套が欲しそうだね。」ベケットは答えた。「陛下の御仁慈は神様も御照覧遊ばされましょう。あの乞食には温かい外套が何物にも替え難い恩恵でございます。」王は即座に云った。「なるほどね、それじゃお前の外套をくれて遣るがいい。お前の外套は俺のよりは余っ程温かそうだ。」

その後、王権と寺院の権限とに扞格を生ずるに及んで、王はベケットを抜擢して、カンタベリーの大僧正に任命した。大僧正となるや、ベケットは翻躍一転、草葉を衣とし、木皮を食とし、棄欲捨身、一に寺院の裁判権の独立のために、ヘンリー二世に抗争し、枯骨湯血の身を以て、毒鼓鼕々《どっくとうとう》、雲霓の気を吐いた。云うまでもなく、中世の寺院には寺院特別の法廷があって、特別の裁判権限があった。この法権の伸張のために、ベケットは健闘したのである。

悪戦九年の後、国王は遂に四人の刺客をカンタベリーに送った。刺客は「謀叛人のトーマス・ベケットは何処にいる」と怒鳴って、肉薄した。尊者は決して逃げなかった。敢然として云った。「私はここにいる。謀叛人じゃない。神に仕える僧侶だ。」かく叫んだ尊者の清痩鶴の如き軀幹に、往日の勇気が湧き返って、たちまちにして、先頭の刺客を投飛ばしたが、次の瞬間に、壮士の白刃は尊者の頭顱《とうろ》を粉砕した。尊者の血の流れた箇処は、今も尚聖痕の場として、賽者の拝跪するところとなっている。私も数年前の秋晴れの一日、わざわざそこを訪ねたのであった。

尊者殉難の後、貴賤は挙《こぞ》って、遺跡の参拝に出かけ、その風習は永く数百年に亘った。いわゆる「カンタベリー巡礼」がそれであって、英国詩壇の祖チョーサーの不朽の雄篇は、その光景を舒述したものである。

伝説に依れば、ヘンリー二世は深く自ら悔いて、赤裸徒跣で、長途カンタベリーに赴き、墓前に罪を謝したと云う。これは恐らく架空の談か、少なくとも誇張の説だろうと思われるけれども、いかにも誠しやかに伝えられている。

歴史を異にし、国情の相違する我国においては、ベケット尊者の物語は何等の参考にはならないけれども、英国ではその八百年の後において、潤色賦彩の点までも、本当のことのように語り伝えられる。信仰上の意味においても、裁判尊重の意味においても。

駆落ち記念標

世の中には、随分風変りな名所が多いけれども、この駆落ち記念標の史蹟の如きは、真に奇想天外より墜つるものである。若い男女が親の許しを得ないで、終世を契って、そして、こっそりと逃げ出した。即ち、縦から見ても、横から観ても、申分のない駆落ちである。その駆落ちを後昆に伝えるために、記念標を堂々乎と揚げて、史蹟としてこれを保存しているのだから、修身の先生から抗議が出ても、不思議のないしろ物である。しかも御念の入ったことには、その場所は駆落ちに際して、女が男と走るために、自宅の二階の窓から飛降りたその窓であって、窓に記念標を掲げて、史蹟としているのである。

尤も、駆落ちと云っても、馬鹿には出来ない。駆落ちもまた婚姻の法制史上重要な役目を勤めた時代もある。太古原始の世において、夫婦の家と云うものがなくって、男は女の家に通った、――全部的には肯定が出来ないかも知れないが、少なくとも、或る時代、或る場所には左様な風習があって、後に妻を夫の家に迎える慣例に推移した。我国の古語にもそれらしき言葉がある。仮に我国はまず別問題としても、世界の中には、前後二様の異なる時代の存した場所はたしかにある。そして、前者から後者への過渡の時代に起った現象は、女人掠奪、女人売買、更に又この駆落ちである。

しかも、婚姻には古往今来儀式を挙げることを通例とする。上代においては、それは婚姻を神聖視する意味からも来たのであるが、一つは又、自分の妻たることを公示して、他人に取られないための予防策にも供したのである。かくして、駆落ち時代においては、駆落ちもまた婚姻に必要な儀式であって、現今の新婚旅行はその進化したものだと、説明する学者もある。

右の如く、駆落ち時代の駆落ちならば、婚姻史上相当に意義のあるものだから、これを史蹟として保存するのも結構なことだが、ここに述べる駆落ちは、第十七世紀の末期の英国の出来事だから、婚姻史の問題に全く交渉はない。

場所は英国ニューカッスル（オン・タイン）サンド・ヒル街第四十一号、大きな古い建物の正面の二階の窓、記念標にはこの家の令嬢ミス・サーティースがその情人ジョン・スコット・エルドンと駆落ちするため飛び降りたのはこの窓だ、と云うことを明らかにして、御丁寧にも駆落ちの年即ちそれは一七七二年だった、と刻してある。

そこへ、御丁寧にも、私はわざわざ見物に行ったものである。ニューカッスルは石炭の本場を控えた要港で、大きな造船所が附近にあり、商工業上屈指の都会だが、左様なことには私は関係がない。大正十四年〔1925〕の早春三月、蘇国〔スコットランド〕懐古の旅のついでに特にここを訪ねたのは、ジョン・ノックスの獅子吼した聖ニコラス寺院とクロムウェル時代の戦争の故地たる古城塞と、それからこの駆落ち史蹟とを探るためであった。サーティース嬢の父は銀行家だった。今はいかにも古ぼけているが（たった一つ調子外れに古びに（ママ）いる、この史蹟なかりせば、疾くに取毀れたに相違ない）途方もなく大きいから、余程の資産家だったらしい。現在では雑貨屋、駄菓子屋、貸事務所が雑居して、例の肝心の窓のところは、船員の宿泊所になっている。私の丁度そこへ行った時には、百五十年前に妙齢の住人が奔躍したその窓から、穢い大きな黒人《くろんぼ》が間の抜けた顔を出していた。

何が故に、かくの如く、駆落ちの場所を千載に残さんとするのであるか。この理由が私には最も興味がある。

この地方では駆落ちが少ないから、稀有の事象として、その場所を保存するのであるか。決して左様ではない。いかに英国でも、駆落ちの統計は出来ていないだろうから、正確な数は判明しないが、必ずしも尠《すくな》くないと推測すべき資料はある。然らば、駆落ち奨励のためであるか。勿論左様な次第でもない。

サーティース嬢はその情人エルドンとめでたく結婚した。このエルドンこそ後の大法官エルドン伯（一七五一―一八三八）である。彼はその結婚において多幸であったように、その職務の上においても真に多幸な法律家であった。弁護士として七百万円の財産を作り上げて、裁判官としては又長く令名を謳われた。

夫人は同棲五十九年にして、彼に先だって死んだ。
立派な裁判官のエルドン卿、それはニューカッスルの誇りでもあり、又誉れでもある。裁判官たる郷党の偉材を欽仰する一端として、裁判尊重の念慮が駆落ちの場所をすら史蹟化したのである。

天意裁判

近世の裁判制度は、証拠に基いて判断を下すことを以て、その特徴とする。即ち証拠に依って、事実を認定し、かくして認定せられたる事実に対し、法律を適用して、正邪黒白を宣言するのである。この証拠裁判の観念が発達するまでは、国土に依り、民族に従って、種々の裁判方法を執って、事案を決していたのであって、その手段にそれぞれ相違の点はあるけれども、ここに述べる天意裁判はほとんどゲルマン全民族に共通なものであって、その淵源は渺茫として、今日これを探る由もないが、大抵は中世期に終っている。

天意裁判は、天は正しき者を助けると云う信念の下に、至難極艱の事を原被両造に命じて、それを立派に仕遂げた者を以て、勝訴者とする制度であって、神の御心が直に個々の争訟に現れると云う観念に基いていた。この神は最初は異端の神であったが、キリスト教の弘布と共に、キリストの父たる神を意味するに至ったことは、云うまでもない。

広く天意裁判と云うけれども、その中にも種々の方法があった。灼熱した鉄棒の両端を双方に握らせて、握りおおせた方を勝訴者とする。或いは又釜の中に湯を烹え滾らせて、その中へ小石を一つ入れて置く。

その熱湯の中から右の小石を掴み出させ、その後三日を経て、腕と手とを検査し、その皮膚に何等の爛れのない者を勝利者と定める遣り方もあった。民事刑事に共通だが、刑事事件においては、告訴者と被告訴者とにこの試錬を命ずる事例もあり、被告人だけにこれを課することもあった。それは場所に依り、時代において、相異なる。この審判に立会う者も、最初は酋長だったらしいが、僧侶がそれに代り、後には裁判官がこれに当ることになった。

天意裁判の一種に、決闘裁判がある。原被両造が裁判官の前で決闘する、そして勝った方が正しい者だと、裁判せられるのである。被告が先ず自己の手套《てぶくろ》を床《ゆか》の上に投げ附けて、身を以て弁明すると絶叫する。原告は被告の投げた手套を拾い取って、身体を以て主張すると怒号する。そこで、二人は手を握り合って、悪魔の助力を求めず、妖鬼の救援に依らないことを誓う。宣誓の言葉は定型的のものだが、それが又甚だしく荘重且つ凄愴な響きを伝えて来る。宣誓と共に、彼等は剣戟を把って、死ぬまで戦う。叫喚の声を立てて、骨を摧き肉を砕く惨劇を演ずるのである。頸血は修羅の巷を彩って、敗者は土塊の如く倒れ伏す。この時、裁判官は粛然として、勝者則ち正者なりと、宣言するのである。しかし、決闘は星の光の輝き初める刻限を以て、勝敗如何に拘らず、中止しなければならない。最初は敵手の死に至るまで、決闘を続けしめたが、後に倒れて哀を請う時を以て、終結することに改められた。婦女老幼は専門の闘者を以て代理せしめることが許された。史乗に決闘裁判の事例は多いが、第十世紀の中葉において、クノーと云う騎士が皇帝オットー一世の内親王ルイトガルダと私《ひそ》かに婚約をしたと、自ら言い触らした。ルイトガルダの方では事実無根だと云い立てたから、婚約の有無が問題となって、決闘裁判が行われた。ルイトガルダのために起ったのはブルヒァードド伯である。ブルヒァードド伯は一撃の下に、クノーの右手を断ち斬ったが、この時クノーは自己の虚言を自白したから、その勝敗の結果に依っても、将た犯人の悔悟に徴しても、ルイトガルダの潔白は明白になった――と云うのは、有名な史実である。

然るに、この上代の遺物たる決闘裁判の制度が、たとい形式的にもせよ、第十九世紀の英国に現存していたのだから、面白い。一一〇〇年のヘンリー一世の特許に依って、ロンドン市民にはこの制度が撤廃せられていたけれども、一般には尚法制上消滅していなかった。かくして、一八一七年に裁判所は決闘裁判の申立てを有効適法なりと判定したから、流石の英国も翌一八一八年に法律を以てこれを廃止したのである。(後掲一八二頁「最後の決闘裁判の話」参照)

英国には七百年八百年前の法律で、今も尚効力を存しているものがある。謀叛罪に対する現行刑罰規定の本文は古代ノルマン語で書いてある。一〇四一年にゴダイヴァ姫がその夫レオフリック伯の市民に対する苛斂誅求を諫止したが、この貪慾な領主は最愛の夫人に対して、お前が素っ裸でコヴェントリーの町を乗り廻すならば、俺も税金を下げようと答えた。勿論出来ないことを見越して云ったのである。しかし、ゴダイヴァ姫はどうしても市民を救いたかった。一糸だにまとわず、豊麗な完膚を白日に曝らして、市内を一巡したが、その黄金映ゆる長い髪は全身を掩うて、尚馬上から垂れていたと云う。その温かい心と共に、ゴダイヴァ姫の長い髪は、やがて英国婦人の理想であったが、星移り物変って、今はぷっつりと根元から切って、辣韭《らっきょう》のような頭を振り立てて歩くことが流行する。然るに、英国法廷では、判事も弁護士も中世紀の遺物たる鬘《かつら》を用いている。

古物崇拝にも利弊は伴うが、伝統を固守して、格式を維持する英国法廷の気魄は、たしかに推奨に値する。

法律に依らない裁判

近世の裁判は、法律に従って黒白を決することを以て、その本質とする。刑事事件もこの原理に支配せられるから、法律の正条に規定のない限り、如何なる行為でも処罰し得ざる次第である。この制度は役人の専恣を防ぐ目的の下に作り上げられたものであって、いわゆる立憲思想と相牽連して、欧米に伝播したことは、今更言を俟《ま》たぬところである。然るに、この立憲思想はモンテスキューの『法の真髄』に負うところ多く、『法の真髄』は英国の法制に教えらるるところ多く、英国憲法の基礎となっている例の大憲章、即ち一二一五年の六月十五日に、ジョン王がロンドンの西、ウィンゾアに近いテムスの中の小島の大樹の蔭で署名した特許状に、既に「裁判又ハ国法ニ依ルノ外敢エテ自由民ヲ侵害スルコトナカルベシ」と云う条章が明掲せられているのみならず、それも別に事新しくジョン王の時に創案せられたのではなくって、ヘンリー一世以来の数個の特許を裏書したのに過ぎないから、仏国がその大革命に依って、幾百千の悲劇、惨劇、喜劇、笑劇を繰返し、数知れぬ貴い犠牲を払って、ようやくにして確立した泰西の立憲思想も、実は英国において、その六、七百年も前に、流血の禍を招かずして、出来上っていた制度の片鱗に外ならぬものだと――云えば、云い得る。かく観ずれば、これと霊犀相通ずる近代の裁判制度も、本場は英国だと云って宜いが、その本場に、比較的長い間、法律に依らざる裁判が行われていたのだから、面白い。

場所は英国の中心のロンドン、その又中心のロンドン市である。ロンドン市は方一マイルに足りない猫額の地域で、今日のいわゆる大ロンドンの東隅に跼蹐《きょくせき》しているのであるが、このロンドン市は自治の権化である。一〇六六年のウィリヤム王君臨の際における特許がその端を啓いてから、ロンドン市民は常にその維持と伸張とに腐心して、自治の花はここに開き、自治の実はここに結んだのであるが、欧洲大陸の流儀で云えば、市民の自治は王権の阻止を意味するけれども、ロンドンにおいては、国王に対する忠誠と自治の尊重とは円満に又完全に調和していた。ロンドン市民は子の如く、親の如く、恋人の如く、自治を愛すると同時に、国王に対しては常に忠良の臣民たることを失わなかったのである。

ロンドン市の自治は裁判権にも及んでいた。今日においても、或る程度において、裁判権を持っている。市長及び区長のあの猩々緋や黒天鵞毛絨《びろうど》の立派な大袈裟な式服は則ち法服である。

ロンドン市が最も完全に自治裁判権を握っていたのは、第十四、五世紀の頃である。この時代のロンドン市の刑事裁判は全然法律を無視していた。無視していたと云うよりも、法律が全然なかったのである。刑法もなければ、刑事訴訟法もない。市長や区長が勝手な手続に依って、勝手な裁判をしていたのである。いかなる行為がいかなる罪になるか、いかなる罪にいかなる刑を課するか、法律がないのだから、事件次第で、自由な判断を下した。その頃はロンドンもひと廉の都会となっていて、世界に注目せられる市場の一つになり済ましていたのだから、そのロンドンで、事件次第で宜い加減な裁判が行われていたと云うことは、不思議でもあり、馬鹿馬鹿しくもあるが、法律こそなかったけれども、裁判をする人達に正義衡平の観念はあった、常識はあった。天地の倫常に照らして、赦すべきを赦し、罰すべきを罰していたから、大過がなかったのである。

刑罰の種類は限定せられていないから、いかなる刑罰でも課し得るのであるが、ほとんど総ては首枷の刑だった。首枷に首をつっ込ませて、一時間から三時間位公衆の面前に立たせて置くのである。極めて原始的な又甚だ以て簡便な刑罰だが、それで事が足りた。詐欺も首枷、横領も首枷、窃盗も首枷、何から何まで首枷で、首枷以上の刑罰はほとんど全くなかったのである。

首枷の刑は今日から観れば甚だ非文明的ではあるが、大抵は一時間、重くて三時間位で済むのだから、当時の刑としては、極めて軽いものである。一切の罪にこの軽い刑罰を以て臨んだのには、理由がある。当時のロンドンの人口は約二十万、それが二十三区に分たれていたから、一区平均八、九千人、その中から区長が選出せられて、それが裁判をするのだから、裁判をする人も裁判を受ける者も大抵は顔馴染みである。人情上どうでも刑罰が軽くなる。又ロンドン市民は自重自制を以て得意としていた。彼等の信条は「法律、秩序及び自由に対する愛」（The Love for Law, Order and Liberty）だった。彼等の誇りとする自治は法律及び秩序を愛する念慮から出て来る自治である、根底のある自治である、堅固な自治である、放縦を排し孟浪を禁ずる自治である。かかる市民にとっては、たとい一瞬刻といえども、犯罪人として公衆の面前に立たされることは、何よりの苦痛だった。従って、軽い首枷の刑も充分に犯人を威嚇し、戒慎せしめることが出来たのである。

漢の高祖は法三章を以て能く関中を治めたと云う。然るに、これは法三章どころか、法無章である。そして首枷の刑一つで、世の中が治まっていたのである。東西法制史上の一奇である。

国運を左右した裁判

裁判は公正を以て、その根本義とする。従って、裁判官は富貴も淫せず、威武も屈せず、いわゆる千万人といえども我れ往くの気概に終始することを必要とする。されば、裁判官には独立の地位を賦与して、その権限を保障することが、制度上当然のことである。もし便宜変幻の政策に裁判官を利用するならば、正義の殿堂は無残に蹂躙せられて、国運は奈犁《ないり》の底に沈淪するのであって、この寒心すべき事例は史乗に必ずしも尠《すくな》くない。

英国のジェームス二世（治世一六八五―一六八八）は暴君であった。自己が旧教の信者であったがために、既に百数十年来確立している国教（新教）の大磐石の礎を動かそうとして、宗教自由の宣言を発令して、これを各教会において朗読せしめようとした。宗教自由の宣言と云うけれども、近代の信仰自由の観念とはその揆を一にしないものであって、実は旧教の公認を敢えて行い、延いて以て、専擅《せんせん》圧伏の政策を押し通そうとしたのである。朗読命令の電発せられるや、上下ことごとく愕然として色を失ったが、カンタベリーの大僧正サンクロフト以下七人の僧正は、悲愴な祈禱を神に捧げて、朗読中止の請願を認《したた》め、それを国王に捧呈した。七僧正はことごとく忠誠の高士である、国王に逆らう意志は毛頭もないが、国教のために、彼等の信ずる神に仕える道のために、朗読命令の実施を思い止まってもらいたかったのである。然るに、短気で頑固なジェームス二世は七僧正を謀叛人扱いにして、治安攪乱罪の名目の下に、監獄に打ち込んでしまおうとした。

この目的のために、君側の姦臣は裁判官を籠絡した。公正堅実な秋官をことごとく罷免して、凡庸の器を以てこれに充てた。即ち、法廷を不当な政策の傀儡にして、行屍走肉の徒を以て、正義の府を構成せしめたのである。しかも、陪審員をすら威嚇し買収した（これは一部分しか成功しなかったけれども）。元来、罪にならない行為を罰しようとするのだから、これだけの膳立は必要だったのである。国民はどこまでも忠順であったけれども、正義を破却する政策には耐え得なかった。一六八八年の七月二十九日、ウエストミンスターの法院に開かれた裁判において、陪審員は徹宵激論の末、翌三十日に無罪の評決をした。

ジェームス二世が英国を亡命したのはこの年の十二月の二十三日で、その失位の近因は実にこの裁判にあったのである。ジェームス二世の退位と共に、その内親王メーリーが夫のオレーンジ公ウィリヤムと共に王位に就いた。

更に又、米国の独立運動も裁判の政策化に激発せられたものだと云い得る。勿論この驚天動地の大運動を見るに至った動機縁由には種々あるが、正義を熱愛する当時のアングロサクソン系の米人には、裁判の政策化は耐え難き迫害でもあり、又忍び難き侮辱でもあった。従って、これが英本国に対する離反の重大な原因となったことは、容易に想像し得るところである。

一七三五年にニューヨーク市の『ニューヨーク週報』の発刊者ツェンゲルはニューヨーク州総督に対する誹毀の罪に問われて、起訴せられた。当時のニューヨーク州総督コスビーは失政百出、頻りに攻撃の的になっていたが、『ニューヨーク週報』の事実上の管理者たる前判事モリス等も誌上でその政策、特にその裁判所悪用の手段を論難した。ツェンゲルはドイツ系の貧職人に過ぎなかったけれども、週報の責任者たる関係上、起訴せられたが、この起訴にも随分無理があったのを、コスビーが横車を押し通したのであった。然るに、誹毀罪が成立するには、英法の下においては、当該記事の内容が虚偽たることを必要とするに拘らず、問題となった記事は事実を事実として書いたものである。解釈上無罪たるべきことが明白な案件である。しかし、検察側は勿論、裁判所もコスビーの薬籠中のものであった。公正の府が不公正の具に供せられていたのである。陪審員を巧みに誤魔化して、有罪の判決を下そうとしたのであったが、この陋策は当時全米法曹界の耆宿アンドリュー・ハミルトンに観破せられて、遂に無罪の結果を来たした。

ニューヨーク市民のツェンゲル事件に対する激昂は凄まじいものであった。従って、該事件の解決に対する歓喜の情は、極めて熱烈に発現せられたのであって、史家はこれを以て、米国独立運動の第一着手だと云っている。なるほど、そうかも知れない。英米軍の最初の衝突たるレキシントンの役は、実はこの事件の四十年の後に起ったものである。（後掲一一八頁「米国独立運動の原因となった裁判の話」参照）

ウィリヤム・ペン事件

ロンドンの中央刑事裁判所へ、正面の入口から入ると、すぐに重々しい遒麗《しゅうれい》なホールがある。それを左に折れて、右側の壁に掲げられた記念の銅標は、凡そそこに出入する者には、看過し難いものであって、又必ず誰にでも気の附くような恰好の位置に貼り附けてある。簡潔な文字で、一六七〇年の九月ウィリヤム・ペンとウィリヤム・ミードとに対する煽動罪の被告事件に付いて、十二人の陪審員が二昼夜に亘る監禁と苛酷な刑罰とを以て、激しい威赫を受けたけれども、敢えてその所信を貫いて、断乎として無罪と答えた遺蹟はここだと、書いてある。この裁判所の建物こそは新しいが、場所はロンドンにおける断罪の擅場《せんじょう》として、幾多の世紀を閲し来たったオールド・ベーレイの故地である。二百六十年の昔、いわゆるウィリヤム・ペン事件の陪審員が正しきに処して、懼るるところなく、司法のために燦然たる光彩を添えたのも、この地点である。壮烈なる史実を伝えて、永くこの同じ場所において、同じ職責に就かんとする陪審員に、同じく朗々乎たる心事を持たしめんとするこの銅標には、千万の説示訓示に勝る強味がある。

カロリング王朝の世は知らず、ノルマンにおける旧慣もここには述べないが、陪審制度の種子が図らずも英国に蒔かれてから、既に九百余年、それが英国の誇りともなり、誉れともなるまでには、幾多の曲折があり、波瀾があった。或る時代には、陪審員は証人と同視せられ、偽証類似の刑罰が認められた。又或る時代には、当局が自己の欲する答申を得んがために、刑罰を以て陪審員を威赫した。即ち、流石に偽証の観念は棄てたけれども（陪審員は勿論証人ではない、陪審の答申が当然裁判所を拘束するか否やは、別の法制上の問題としても、陪審員は判断をする者である、証拠の提供者ではない）陪審員を単に誅求のための一爪牙と心得て、頤使に副わざる場合に、それを処罰した時代もあったのである。

陪審員を糺弾の器具に使って、刑罰を以て、その答申を左右せしめんとした蛮風は、この一六七〇年のウィリヤム・ペン事件に依って、一掃せられたのである。かくして、陪審の答申は事実の判断であって、独立不羈、何人の侵犯をも許さないと云うことが、名実共に確立するに至ったのである。されば、この事件は、英国の司法権興隆の史乗に、光輝を放つ史実であると共に、陪審制度に一新時期を画した事案であって、しかも、その主犯と目せられた者がウィリヤム・ペンたるが故に、更にひとしお興趣を深くするのである。

この事件を叙するに当って、少しくウィリヤム・ペンに付いて書く必要がある。

ペンは熱烈なクエーカー宗徒である。舌端炎の如く、行止刃の如く、叱咤健号、劫火寒林を燬く趣があって、奔騰馳騁、利剣榛莽を夷《たいらか》にする概があった。されば、この清厳峻切なクエーカー宗は、その創建の功をジョージ・フォックスに帰すべく、その振興の栄をペンに負うべきものであって、ペンは真に教界の俊傑である、奇傑である、怪傑である。尤も、その後半生において、ジェームス二世と結託した事実を捉えて、彼の不徹底を攻撃する者もある。後世の史家マコーレイの如きはその一人である。ジェームス二世とペンとの交情に付いて、ペンの誠意を疑う者は、既にその当時同門の間にすら、尠《すくな》くはなかった。英国における新旧両教の争奪興亡に付いては、起伏変幻の限りを尽したけれども、エリザベス女王の時には、既に完全に新教を以て国教と定めていた。その国教の儀礼を陋として、敢然として立ったのは、クエーカーだから、クエーカーは或る意味においては、超新教である。新教のために虹霓の気を吐いたジョン・ノックスを英国宗教史上の新人とするならば、クエーカー宗の開祖ジョージ・フォックスは超新人であって、ペンはこの超新人の亜流である。然るに、ジェームス二世は旧教の執拗な支持者であって、夙に久しい前に新教国になり済ましている英国に、旧教を公認しようとした国王である。しかも、その目的のためには、威迫高圧懐柔苟合、あらゆる手段を操って、司法の公正をすら破却せんとしたのである。畢竟するに、旧人中の旧人である。かく超新人の亜流たるペンと旧人中の旧人たるジェームス二世とが水魚相許したのだから、なるほど疑惑の種にはなる。しかし、多くの史家は、ペンがこの結託に依って、当時暴戻な官憲の桎梏に悩んでいた幾多同門の士を、塗炭の苦艱から救い出したことを賞揚して、ペンの心事に掬すべきもののあることを指摘している。もともとペンの父はジェームス二世と別懇な間柄だったから、ペンとジェームス二世とも早くから個人的に親しかったのである。尤も、この問題は本篇には関係がない。ここに書く事件のずっと後の出来事である。

ペン（一六四四―一七一八）の生涯はいかにも波瀾に富んでいる。彼の父はクロムウェルの下における海軍の巨星の一人で、富裕な地所持だった。かくして、ペンは暢気な一公子として、気楽に育てられたが、オックスフォード在学中に、遽にクエーカーに改宗して、同門の熱狂児になってしまった。爾来彼は国教反対の急先鋒として、到るところに、激越な言説を試みた。勿論、ペンの父提督はそれを好まなかった。脅しもし、賺《すか》しもした。大陸へ遣ったり、アイルランドの領地へ送ったり、手を変え品を易えて、改宗を図ったが、ペンの国教反抗の態度は強くなるばかりで、演説に著述に、随時随処に、クエーカーのために活躍した。

ペンの生涯において、特筆すべき大事業は、アメリカにおけるペンシルヴァニヤ州の創設である。一六八一年、ペンが三十七歳の時、亡父提督の縁故に依って、宮廷から北米の一角における莫大な地域の交付を受け、そこを同門の士の安住の地としたのである。ペンは一六八二年に渡航して、数年の滞在の間、その地方の一切の経営に、冴えた鮮やかな腕前を見せた。これが則ち今日アメリカ文化の中枢たるペンシルヴァニヤ州であるが、この「ペンシルヴァニヤ」の名の由来に付いて、誤解をしている人が尠《すくな》くない。州の名に冠せられた「ペン」は草創者たるペンに因んだと云う説があるが、それは間違いである。同じく「ペン」だけれども、これは草創者のペンに因んだのではなく、その父の提督の姓を記念にしたものである。草創者のペンは当時同所に鬱蒼として連綴していた森林に象って、シルヴァニヤと号したかったのである。シルヴァン（Sylvan, Silvanus）はローマの神話における森の男神である。然るに国王チャールス二世はどうしても父提督の名を附けろと云ったので、結局、ペン提督を記念する森の国と云う意味の下に、ペンシルヴァニヤと云うことになったのである。

チャールス二世の晩年に、ペンは英国に帰って来た。それから一六八八年まで三年間は、ジェームス二世の治世であって、英国における失政虐政の典型的時代と云われている。そして、ペンに付いては、ジェームス二世との結託に依って、宮廷以外の人々からは、疑われもし、嫌われもした時期である。五十五歳の時、ペンは再度アメリカに渡って、滞在二年の後、英国に帰ったが、その以後の彼の生涯は極めて悲惨なものであった。既に一六八八年のジェームス二世の退位と共に、ペンは政治的にも社会的にも甚だしく迫害せられて、しばしば法廷に引っ張り出されたのであったが、二度目の帰英は、ペンシルヴァニヤ州における自己の代理人フォードの奸計のために、巨額の債務を負うに至って、六十四歳の時に借金監獄に投ぜられた。その後友人等の尽力に依って、放免にはなったが、余程衰弱していて、一七一八年の七月の三十日に、七十四歳で静かに瞑目した。彼は二十八歳の時に婚姻したが、後に死別した、先夫人の死を悼んで、彼は哀痛を極めた思い出の記を書いたが、その後しばらくして、同門の婦人を娶った。

ペンは熱血児であったが、只々狂奔に終始する空想漢ではなかった。彼は事務の方面にも勝れた材能を持っていて、青年時代に父のアイルランドにおける巨大の地所の管理に、立派な成績を挙げたのみならず、ペンシルヴァニヤにおける植民経営の成功に至っては、むしろ東西の古今に匹儔稀なところである。又、ペンを以て、葛衣木食の法師と観るべきではない。彼は富裕の家に生まれ、貴顕の間に知己を持っていた。父提督の死亡に因って、年収一万五千円の地所と、十数万円に上る恩賜金債権とを継承した。勿論、当時にあっては莫大な財産である。しかも、ジェームス二世との結託時代においては、彼の邸宅は王侯の宮殿の趣があって、訪客踵を接したと云う。要するに、彼は強い信念と鋭い頭脳と冴えた手腕とを持っていた。そして、憚るところなく、千万人に反抗して、言いたいことを言い、行いたいことを行った。真に多角型の傑物であって、もとより史乗の一異彩たるを失わない。

ペンはしばしば被告人として、法廷に立った。簡単に列挙すれば、次の通りである。

○一六六八年（二十四歳）、国教誹謗の文書を公刊した廉で、処罰。この獄中で「ノー・クロス・ノークラウン」「インノセンシー・ウィズ・ハー・オプン・フェース」を著作。

◎一六七〇年（二十六歳）、煽動罪の件で公判。

○一六七一年（二十七歳）、国教攻撃の説教をした廉で、公判。起訴事項は無罪になったが、宣誓拒絶のために、処罰。この獄中で「ゼ・グレイト・ケイス・オヴ・リバティー・オヴ・コンシェンス」を著作。

○一六八九年（四十五歳）、廃王ジェームス二世に加担した件で、謀叛罪として公判、無罪。
○同年、同じく廃王と通謀した件で、公判、無罪。
○一六九〇年（四十六歳）、陰謀罪で起訴せられたが、そのまま釈放。
○一六九一年（四十七歳）、前年の件再起訴、この事件錯綜を極め、一六九三年に至って無罪。
○一七〇八年（六十四歳）、ペンシルヴァニヤ州における管理人の奸計が原因となって、借金監獄。

以上の中、謀叛と云い、陰謀と目せられたのは、ジェームス二世との因縁が余り深かったために、同王亡命の後、代って立ったウィリヤム三世の廷臣に睨まれたからである。ここに書く事件は◎印を附した分である。裁判の物語としては、むしろ陰謀事件の方が興味が多いが、陪審史上の問題としては、勿論この一六七〇年の事件は牢記すべきものである。

さて、本篇の事件である。

一六七〇年の八月十四日にロンドン市内のグレイスチャーチ町で、ペンは同門クエーカー宗徒のために説教した。勿論、国教排斥の談義で、熱弁を振って、国教を閑緩姑息の遊戯だと痛罵した。しかも、この時既にペンはひと廉の注意人物であり、二年前にも同様の罪で投獄せられた前科者である。もとよりその筋で見遁す訳はない。敢えて見遁さないばかりでなく、むしろ雀躍してペンを逮捕した。当時ペンは二十六歳、血気盛りの年輩で、クエーカー宗徒の中でも、飛切り札附の熱血児である。それに加えて、入獄を殉教者の光栄のように心得て得る《（ママ）》のだから、官憲は勿論、国教帰依の大衆の方では癪に障って仕方がない。何とかして鉄椎を下してやりたいと思っていたが、容易に手の附けられない事情があった。それは、例の父提督の関係で、国王チャールス二世（前にも書いたが、ペンと深く結託したジェームス二世の兄）はとかくペンを庇護して、ペンの糺弾を阻止していたが、これが又かえって、官権や大衆の反ペン熱を助長したのであって、何か確かな証拠があらば、是が非でも取っちめてやろうと思っている矢先へ、ペンの方では、大胆にも、市内目貫の場所で、国禁の大演説をやったのだから、直に逮捕せられたので、むしろ検挙当局の思う壺に嵌ったのである。

罪名は煽動、詳しく云えば、不法にして且つ煽動的な集会を催して演説した罪（causing and addressing an unlawful and riotous assembly）と云うのであって、主犯はペンだが、共犯として、元海軍将校のウィリヤム・ミードも一緒に縛られた。

翌月一日、ペンとミードとはオールド・ベーレイの刑事法廷に顕れた。弁護人は附いていなかった。先ず、型の通りに、起訴事実の陳述があったが、被告人両名は起訴状の写しを請求した。しかし、服罪するかどうか、それを答弁しない限り、左様な願いは以ての外だと云うことだったので、二人はそのまま「無罪」と答えた。服罪し難い旨のお定まりの文句である。

その程度で、留置監へ下げられて、午後又呼び出されたが、法廷に空しく待たされること五時間、何の審理もしないで、監獄へ戻された。何故左様な無駄をしたのか、それは今記録上は一向判明しない。

それから、翌々三日の朝、法廷に引き出された。

市長が法廷を主宰した。ロンドン市の裁判所で市長に裁判権のあることは、云うまでもない。しかし実際の審理にはレコーダーが重に当った。レコーダーと云うのは英国特有の吏員で、弁護士だが市の招聘に依って、市の法律顧問となり、同時に市の裁判所で裁判権を委託せられている。レコーダー（図書頭とでも云うか）と云うのは、市の慣習を記録に掲げることが、その伝統的の職責の一つになっているからであろう、ロンドン市のレコーダーには、昔から、知名の人が多い。

この事件は、徹頭徹尾、法廷対ペンの軋轢で終始したが、裁判所側でも、最初から喧嘩腰だった。前にも書いた通り、ペンは蛇蝎の如くに嫌われていた。判事はいわゆる予断を以てペンに対したのである。

クエーカー宗徒は帽子を取らない。ペンとミードとも着帽のままで法廷に入って来たが、廷丁が脱帽を命じた。これには二人共素直に服従して、脱帽したけれども、市長が廷丁を叱り附けた。「勝手に脱帽させるのじゃない。元の通りにして置け。」そこで、廷丁は畏る畏る帽子を二人の頭へ載せた。

劈頭、口を切ったのはレコーダーである。「被告人はここを何処だか、弁えているかね。」

「はい。」ペンが答えた。

「ここは国王陛下の法廷だと云うことを、知っているか。」

「はい、心得ております。法廷で、そして多分国王陛下の法廷だと心得ております。」（この返答は決して皮肉ではない。英国では、日本のように、法廷の系統が単一ではない。）

「法廷では礼儀を正しくしなければいけないと云うことを、知っているか。」

「はい。」

「それならば、何故その礼儀を正しくしないのだ。」

「私は礼儀を守っている積りでございます。」

「いやさ、何故帽子を取らないかと、訊ねるのだ。」

「私は脱帽することが礼儀だとは、心得ておりませぬ。」

「宜しい、それが法廷侮辱罪に該当する。罰金四十マークを申附ける。」

当時一マークは十三シリング四ペンスで、従って、四十マークは二十六ポンド十三シリング四ペンス、換算二百七、八十円見当だが、勿論、今日とは価値の単位が違う。当時においては随分大きな額である。しかも、脱帽の命令には（廷丁の命令だったけれども）決して反抗していなかった。一度脱いだのを、又着せられて、そして、着ているから、法廷侮辱罪だと云うのは、乱暴である。ペンはこの点を抗争したが、採用にはならなかった。

そこで、陪審の構成があった。

それから、証拠調べが始まった。証人は三人、その中で警官が二人、三人いずれも集会及び演説に付いて、見聞したところを供述した。集会には四、五百人も来ていたと云うから、相当大きなものであったらしい。

ここで、ミードとレコーダーとの間に一寸押問答があった。私はミードの伝記を知らないが、或る程度の教養のある人と見える。法廷で"Nemo tenetur accusare seipsum"（何人トイエドモ自己ノ不利ノ為ニ陳述スル義務ナシ）と云う法律上の格言をラテン語で述べて見得を切っている。

ペンとレコーダーとの問答は進んで、ペンは一体如何なる法律に依って、自分達を糺弾するのだと、訊ねたのに対して、レコーダーはコンモン・ローに依ると答えた。それならば、そのコンモン・ローを見せてくれ、と云われて、あの沢山な判例が一々ここへ出せるものかと、レコーダーが応酬している。

本来、英国の法廷では、検察法曹が訊問に当って、判事が黙って聴いているのが原則だが（下級裁判所では事実上判事が多く訊問することもあるが）この事件の経過はその記録に依っても、後にペンの書いた手記に従っても、終始、法廷の主宰者たる市長の補助者であり、又自身判事の職権を有するレコーダーとペンとの問答、議論、ないしは喧嘩である。とにかく、一異例ではあるが、その理由はよくわからない。

かかる問答を繰返していたが、ペンはどうしてもその判例を出してくれろと云って、余りうるさいので、市長とレコーダーとは相談の上で、ペンに退廷を命じて、隣室の仮室に控えさせた。それは、法廷から顔は見えないが、声はお互いによく聞こえる位置にある。

法廷では、ペンに代って、ミードとレコーダーとの押問答で、これには市長も参加して、大分調子が激しくなって来た。そこで、ミードも例の仮監に下げられた。

事実の審理は簡単に済んでいた。三人の証人の訊問で終っていたのであるが、例の押問答で手間取ったのであった。しかし、被告人は二人共仮監に下げられて喧嘩の相手がなくなったので、レコーダーは説示を始めた。

陪審員は事実の判断をなすべきである、即ち本件においては、被告人両名が集会に列していたか、いないか、それだけを判断すれば宜しい、そして、それには相当の証拠が上ったのだ、と云うのが、説示の要領であった。

説示の間に、隣室の仮監から、ペンが怒鳴った。我々が闕席のままで、手続を進行するのは乱暴だ、と云うのである。これに対するレコーダーの答えが面白い。

「お前は出廷している。私の声が聞こえるじゃないか。」(You are present: you do hear") と云うのである。法廷に出席しているかどうかを定める標準は、構造の如何に依るけれども、それは別問題として、視界に依らずして、聴界に従うと云うのである。面白いことは面白いが、無理である。

陪審員は評議のために退廷した。

評議に費やすこと一時間半にして、十二人の陪審員の中八人だけ法廷へ帰って来て、全員の一致を得ることが出来ない、残っている四人と我々とは、どうしても意見が合わないと答えた。イングランドでは陪審の答申は全員一致の意見に依らなければならない、スコットランドや大陸や日本のように、過半数の評決が認められないから、全員の一致を得るまで待つか、それが到底絶望ならば、陪審を更新するの外はない、尤も、陪審の更新は非常手段で、好ましからざることであるのみならず、本件のような厄介な被告人の事案では、どうもそれが工合が悪い、そこで、残りの四人を法廷へ呼び戻した。

どう云う訳だか、四人の中で、エドワード・ブッシェルと云う小商人が理窟っぽいと睨まれて、散々に叱られた。人騒がせの骨頂だとか、厄介至極な男だとか、ぎゅうぎゅう絞られた。叱ったのは、市長、レコーダーその他法廷に列席した市の吏員で、ブッシェルは人相でも悪かったのか、総攻撃を受けたのであった。かくして、陪審員十二人は再度の評議のために、引き下がった。

しばらくして、陪審員は法廷へ帰って、「グレイスチャーチ町で演説した点は有罪」と答申した。この答申は無意味である。演説しただけでは、犯罪にはならない。従って、この答申は、単に「演説した事実を認む」と云うに外ならぬ。英国では罪責の有無を答申することになっているから、これは答申の価値なき答申である。そこで、市長は「それは、演説に依って、附近の人々を騒がしたと云う意味か」と訊ねたが、陪審長はそこまでは答えられないと述べた。

ここにおいてか、市長等は激怒して、今一度考え直して来いと、厳命した。

一時間余の再評議――実は三度目――の後、陪審員は入廷した。この時は、陪審長は書面に記載した答申書を朗読した。それは、

「下名ノ陪審員ハうぃりやむ・ぺんハ八月十四日ぐれいすちゃあち町ニ開催セラレタル集会ニオイテ演説又ハ説教ヲナシタルコトニ付キ有罪ナリト認ム、うぃりやむ・みーどハ右ノ点ニ付き無罪。」

と云うのである。ミードに付いては、明らかに無罪だと云うのだから、それは宜い。ペンの分は依然とし

て、無意味である。少なくとも、これでは有罪にはならない。

判事席では更に赫怒した。「君等はその大馬鹿者の生意気者のブッシェルに誘惑せられたのだ」とも云ったが、遂にレコーダーは厳命した。

「法廷が満足するだけの答申を得るまでは、諸君に食物、飲料、火及び煙草を禁じて、評議室に監禁する。願わくば、天の盟助に依って、相当な答申を得るか、然らざれば、諸君は餓死するのみだ。」

一寸、前後したが、答申の際には、被告人両名は法廷に引き出されていた。ペンは陪審員に対するこの威嚇的命令に反抗して、それは陪審員の意志の自由を奪うものだと絶叫した。ペンは尚もクエーカー宗徒は決して騒擾を好むものではないことを力説して、陪審員諸君は私にとっては本当の裁判官である、諸君はどこまでも辟易してはならぬと、繰返し繰返し述べ立てた。この時丁度陪審員は四度目の評議のために退廷するところであったが、二、三の陪審員は「勿論勿論」と云った。勿論辟易しないと云う意味である。この陪審員の名は判明しない。

四度目の評議に入った時は、長い日も既に暮れ初めていたが、陪審員はその夜は監禁せられたままであった。勿論一切の食物飲料は禁ぜられて、火もない、もとより喫煙は許されていなかった。

夜は明けた。

朝になって、又法廷が開かれたが、陪審の答申は、依然として、「演説をした点に付いて有罪」であった。市長は直に口を出した。「不法な集会においてと云う意味かね。」

例の嫌われ者のブッシェルが負けてはいなかった。「いいえ、閣下、答申はこれっ切りで、外に文句はちっともないのです。」

ブッシェルの叱られたこと、これに続いて、陪審員全体のお目玉を食ったことは、昨日以上であった。

又もや評議室へ追い返された。

五度目の評議の末の答申は、昨日以来聴き飽きたお定まり文句だった。

判事席からは苛烈なしかも卑しい罵倒の言葉が迸発した。十字砲火の中心は例に依ってブッシェルである。市長は「足械《あしかせ》を持って来て、その奴を床の上へ引摺り倒せ」とすら怒鳴った。

陪審員は最早再考の余地がないと云った。全員それを主張して、役目は済んだのだから、家へ帰してもらいたいと歎願した。疲れた餓えた陪審員の愁訴する有様は、むしろ物凄い位だった。顔の色は黒ずんで、目は血走っていた。

レコーダーは死灰のような陪審員を叱り飛ばして、評議室に追い込んだ。

陪審員は重ねて一昼夜断食無残の勤行を強いられた。

その翌朝、即ち陪審構成以後第三日目の午前の法廷で、陪審長は書面に基いて、答申を朗読しようとした。然るに書面にも一度懲りている、とでも思ったのか、レコーダーは口頭で述べろと命じた。

陪審長は静かに、しかしきっぱりと、ペン及びミードに付いて、「無罪」と口頭で答申した。

法廷対被告人、法廷対陪審員の長い醜い争闘もここで見事に落着した。

「諸君、諸君は適切な忠言を却けて、勝手な独断で事件を判断した。それを私は遺憾とする。願わくば私は将来諸君と何等の交渉を持ちたくない。しかし、私は諸君に対して、各自四十マークの罰金、その完納に至るまで監禁の刑を申渡す。」

これがレコーダーの最後の挨拶であり、同時に、いわゆる不当答申に対する刑罰の宣告だった。

さしもの被告事件は落着した。

残る問題は、ペンとミードとの帽子の一件並びに陪審員全員に対する不当答申罪の点で、いずれも、四十マークの罰金だが、完納に至るまでは監禁せられることになっているから、以上十四人、直にニューゲイト監獄に投ぜられた。

陪審員に付いては、例のブッシェルが百方に奔走して、ヘビアス・コーパス・アクト（人身保護律 Habeas Corpus Act）に基く裁判所の命令を得た。この命令に依って、レコーダーの処置が取消されたから、陪審員全員に対する刑罰は無効となって、彼等はようやく青天白日の身となった。

ヘビアス・コーパス・アクトは英国憲法の根底であり、近世の立憲思想の淵源と云われる大特許（大憲章）、即ち一二一五年の六月十五日に、ロンドンの西郊ウィンゾアに近いテムスの川の中の小島で、ジョン王が署名したマグナ・カルタの中の雄渾を極むる一節、「自由民ハ何人トイエドモ貴族ノ裁判又ハ国法ニ依ルニ非サレハ逮捕、監禁、没収、追放ソノ他一切ノ処罰ヲ受クルコトナシ」と云う条項に依拠したもので、英国法制の誇りの一つであることは、ここに云うまでもない。

被告人が判事になった話

真っ青になって、被告人席に顫《ふる》えているのは、今年十九になる百姓の倅である。人殺しの嫌疑の下に、法廷に引き出されたのであるが、証拠調べの結果は自分に不利益だった。親が貧乏だから、近所の人達にも疎まれて、自分の素性に付いても、強情だとか、なまけ者だとか、憎まれ口をきく証人はあったけれども、誰一人同情のある供述をしてくれる者はなかった。云いたいことは多いけれども、咽喉が硬ばって、言葉が出ない。重苦しい法廷の小さい窓の外には、初夏の鮮やかな彩りが微かに見えるが、故郷の牧場で、朝から晩まで、身体いっぱいに浴びていたあの日の光も、自分のためには最早輝いてはくれないのである。所詮死刑は免れないのだ――被告人席にしょんぼりと腰を下ろした少年のやつれた見すぼらしい姿は、死の影のようだった。死の影から幽かな嗚咽の声が絶え絶えに聞こえる。

少年は情婦殺しの嫌疑の下に、法廷に立ったのである。第十八世紀の前半期の田舎の若者は、現代の青年に比べて、情事には早熟だった。しかし、いくら早熟の時代でも、十九になるかならないうちに、若い娘と親に言えない間柄になっていたのだから、これだけでも既に好ましからざる印象を人に与えるのだが、その娘は少年の胤を宿していた。若い恋人同士の優しい恋の戯れか、遣る瀬ない心の縺れか、但しは又腹の中の子の始末に付いての紛紜か、二人はよく喧嘩をした。或る晩、二人は大きな声で言い争いながら、田圃道を歩いていた。それを実見した人は数名に上る。その翌朝、娘は附近の小川から、溺死体となって、浮んで出た。ここにおいてか、村の人々は勿論、警察当局は少年が娘を川に投げ込んだ、即ち殺害の目的を以て、溺死せしめたものだと、確信したのであった。

法廷では証拠調べが済んで、検察法曹が論告を試みた。英国——この物語は今から二百年程前に、英国の或る巡回法廷で起った事実譚である——には検事と云うものがない。法廷で検事の役目を勤めるのは弁護士である。弁護士が国家の委託を受けて、一事件毎に検事の役目を勤めるのである。従って、検事側も弁護士、弁護人は勿論弁護士、法廷の論戦は弁護士と弁護士との太刀打である。検事側の弁護士を王冠法曹（Counsel for the Crown）と云う。つまり政府の依頼を受けた弁護士と云う意味である。ここには仮に検察法曹と書いて置く。

この検察法曹は軀幹傲岸、駱駝の骨に猪の肉を附けたような恰好だったが、その声は獅子のように慓悍で、豚のように煩擾だった。しかも彼は精力絶倫、数千万言を費やして、絶叫し、怒号し、咆哮して、完膚なく被告人をやっつけてしまった。元来上品な弁論は英国法廷の特徴である。アメリカ式の激越な調子は英国法曹の採らないところだが、この先生だけは例外だったと見える。とにもかくにも、この検察法曹の弁論には熱があった。しかも、空疎放漫なでたらめでもなかった。百畜を威圧する獣王のように、この検察法曹の一言一句は陪審員を始めとして、満廷の人々を首肯せしめたのであった。

検察法曹の有力な論告に比べると、その次に立った弁護人の弁論は、余りに貧弱で、余りに粗笨で、いかにも極端な対照だった。貧乏だから、良い弁護士は頼めなかった。辛うじて頼んだ弁護士は、細い声ではっきりしないことを、少しばかり述べただけであった。

被告人を有罪なりと論告する声の大きく強かったのに反して、被告人を無罪なりと弁護する言は小さく且つ弱かったのである。勝敗の数はおのずから明らかである。

最後に、判事の説示がある。

英国の判事は大抵老体である。一定の年間弁護士として実務を執った人の中から、徳望識見の勝れた者を簡抜して、判事に任命するのだから、若いほうでも五十歳見当である。これを歴史に徴するに、九十歳を超えて、能く重責を全くした名法官もいる。七十八十の人々はむしろ珍しい方ではない。

この事件の判事も老体だった。

老判事の声は、静かに落着いて、聖者の言葉のようであった。検察法曹の論告のように、舌端火を吐く熱はないが、弁護人の弁論のように、無意義のものでは勿論ない。穏やかな調子の裡に、何人も否み難き権威があった。音もなく降り来る春の小雨が、万物を育む力を持っているように、優しい言葉に強い内容が包まれていた。

老判事は云う——

「陪審員諸君、若い男女が口論をした、喧嘩をした、それは、女にとっては、最後の夜で、女は翌朝屍骸になって、川に浮んでいた。二人とも無智無経験な連中で、殊に真に当惑すべき事情に直面していた。これだけは証拠上明白である。検察法曹の見解に依れば、一時の憤怒の余に、男は女を川に投げ込んだと云うのである。

しかし、陪審員諸君、私は特にこの点の御注意を喚起するが、女の身体には、摑んだ指跡もなければ、打った傷もないのである。男が暴力を加えたという痕跡は、女の身体には残っていないのである。

斯様な事案においては、相愛の男女が一旦は別れた、別れた後で、不幸な女が只々一人家路を辿るその途中で、何しろ悲歎の思いに沈んでいる女である、夜は更けている、途は暗い、足許もしどろもどろになって、踏み外して、淵に落ちたか、それとも永劫の苦悩を一瞬に棄てるために、自ら奔流に投じたか、要するに、女自身の過失か、はた又自殺か、二つの中の一つだと観ることが、むしろ穏当ではあるまいか、いや、適切ではあるまいか。左様な事例は決して珍しいものではない。現に私自身も――」

老判事は「現に私自身も」と云って、遽に言葉を落した。そして、思い出深い昔の夢の跡を逐うように、法廷の一角を凝視した。満廷は粛然として、今は被告人の嗚咽の声も聞こえない。聖者のような老判事の両眼に露の珠の宿るのが微かに見えたが、やがて又説示を続けた。

「陪審員諸君、現に私自身も、かつてこの事件と同じような悲劇の中心に置かれたことがある。」

それから、老判事は、要するに、本件においては、直接の証拠がない、斯様な事案において、被告人を有罪なりと判定することは、決して英国の正義の要求するところではない、公正なる裁判を信条とする英国の正義は、今諸君の合理的な判断を期待する、と云って、説示を終った。

つい今まで、被告人を有罪だと確信していた陪審員は、判事の説示で吃驚した。吃驚したけれども、判事に対しては、絶大な尊敬と信頼とを捧げる英国人である。合議瞬刻にして、「無罪」と答申した。（日本では、陪審員は事実の有無だけを答申するのだが、英国では、進んで罪責の有無を判定する。従って、その答申は「有罪」か「無罪」である。）

老判事は自分自身が無罪の宣告を受けたように喜んだ。そして、莞爾として裁判を言渡した。

「陪審員諸君、当職は徹頭徹尾諸君の答申に同意する。被告人、お前は即座に放免する。」

少年被告人の頬には、だらだらと熱い涙が流れた。幾度か唇が動いたようだったが、言葉は出て来なかった。ようやくにして、絶え入るような泣き声で、「閣下のためにお祈り申します」（"Good bless you, my Lord."）とだけ云った。少年は嬉し泣きに泣き崩れながら、千万無量の感謝の心をわずかにこの一語で洩らしたのである。

老判事の名をスペンサー・クウパーと云う。名門の家に生まれて、夙に法曹界の俊髦と称せられたが、彼の兄ウィリヤムも傑出した法律家で、大法官となり、伯爵を授けられた。

本篇の老判事、この物語の主人公スペンサー・クウパーの優しい情味は、右の説示においても十分に窺い得られるが、この情味はその孫のウィリヤム・クウパーに完全に継承せられた。薄幸多病の詩人、英国詩壇の上下を通じて、自然を讃美し自然に同化した点において、第一人者と称せられる詩人ウィリヤム・クウパーは実にこのクウパー判事の孫である。

クウパー判事は、前に掲げた説示において、「現に私自身も、かつてこの事件と同じような悲劇の中心に置かれたことがある」と云った、その悲劇は真に悲しい悲劇であった。それをこれから書く。

話は更に三十年の昔に戻る。

ロンドンの中心から北へ約三十マイル、低い丘陵の起伏する平明な風光の境地に、ハートフォードと云う小さい町がある。私は中古の史蹟を探るために、しばしばこの辺に杖を曳いたことがあるが、この町の人口は今は一万内外、第十世紀の頃に出来た古い城が残っていて、リー川に臨んだ穏やかな小綺麗な町である。この物語の当時、即ち第十七世紀の末の頃も、やはり同じ位の町であったろうと思われる。人口の点はとにかく、昔はハートフォードシャイア州の中心で、交通の要枢に位していたから、或いはその重要性において、今日以上だったかも知れない。

そのハートフォードの町にスタウトと云う家があった。スタウト家は未亡人と令嬢一人とだけで、女中一人を使って、裕福に暮らしていた。

このスタウト家はクエーカー宗に属していた。

令嬢の名をセラーと云う。清厳素朴を旨とするクエーカー宗徒として、人為の粉飾は嫌ったけれども、天稟の麗質は隠すことが出来なかった。年頃に及んで、美人の誉れ高く、「美しいクエーカー」（"Fair Quaker"）と云えば、近郷で知らない者のない娘であった。

セラー・スタウトは美しい娘だった。痴情を罪悪とするクエーカーの家に生まれて、謹厳に身を持ってはいたが、既に年頃である、清楚な着物で包まれた胸の奥には、若い血潮が漲っていた。内気な淑女がその愛欲を抑えていて、しかも、それが抑えきれなくなった時には、恋の炎がそこから閃裂する。

この謹厳な妙齢の美人、クエーカー娘のセラーが悲劇の女主人公である。

英国には巡回裁判と云う制度がある。毎年ロンドンから一定の時期に、判事、弁護士、書記が地方に出張して、その地方の裁判事務を処理する、即ち移動裁判所である。甲の町で裁判を済ますと、乙の町へ行き、乙の町から又丙の町へ移る。この巡回裁判の制度は英国の自慢である。一定の時期毎に裁判所が移動して来るのだから、その時期までは、裁判がない。従って、事件の処理が遅れると云う弊害はあるけれども、ロンドンから立派な判事や有能な弁護士が出張して、裁判をしてくれるのだから、辺陬の地にして、尚且つ第一流の人の裁判が受けられる。これが巡回裁判制度の長所である。

巡回裁判で判事が出張するのは、王権を代表して、その地方に臨むのだから、厳粛な乗込の儀式がある。威儀三千、鹵簿粛々乎として、その町へ乗込むのだが、この儀式は今も或る程度に保存せられている。

さて、前述のハートフォードは巡回裁判の出張地になっていた。従って、毎年一定の時期に、裁判所の一行がロンドンから乗込んで来て、一週間か二週間その地方の事件の裁判が済むまで、そこに滞在することになっていた。

巡回裁判の一行が毎年一定の時期にハートフォードに滞在するが、何しろ、小さい町である、ホテルも立派なものはない、そこで判事を始め職員の一同はそれぞれその町で名望のある家に分宿する慣例になっていた。

スタウト未亡人もいつもこの巡回裁判の分宿を承っていた。この物語の当時、即ち一六九〇年代には、巡回裁判附属の弁護士スペンサー・クウパーがスタウト家に泊ることになっていた。

スペンサー・クウパーはやはりこの地方の出身である。準男爵の名門に生まれて、兄のウィリヤムも弟のスペンサーも弁護士になって、ロンドンで働いていたが、弟のスペンサーはハートフォードへ巡回裁判の一行が出張する毎に、附いて来た。もともとスペンサーは有為な青年法曹であったのみならず、前にも書いたように、この地方の名門の出身だったから、この地方の事件を取扱うのには、余程工合の好い地位にあったのである。

スペンサー・クウパーは丁度三十歳、眉目清秀、行止閑雅、誠に申分のない好紳士だった。このスペンサーは既に結婚している。夫人もやはり同じ地方の名流の令嬢だった。

スタウト家は素性正しい裕福な家で、スペンサーは多幸多望の少壮法曹である。いかにも、賓客たるに適し、接待者たるにふさわしい好一対で、共に同じ地方の名門である。

スタウト未亡人はスペンサーが出張して来る毎に、息子が帰って来たように、喜んで迎えた。スペンサーも勿論居心地が好い。

スタウト家はクエーカー宗徒である。クエーカー宗徒の常として、簡素を以てその信条としていたから、どこもかしこも小ざっぱりとして、変化もなければ、風情もないが、その白木造のような無趣味の家に、花のような令嬢がいた。前に書いたセラーがそれである。クエーカーの伝統に従って、色鮮やかな着物は着ていなかったけれども、何しろ、類稀な美人である、無雑作な装いはかえってその麗質を限りなく美しく見せたのであった。

このセラーが兄に対するが如く、スペンサーに仕えたのである。

セラーは厳格な家庭に生まれて、厳格な教養で育てられた。欲望を制止することが美徳であり、感情を抑圧することが正当だと教えられていた。しかも、元来内気な性質だったから、これまでは勿論男女の愛にはまるで無関心だった。若竹のただ上へ上へと伸びるように、わき目もふらず、真っ直に、清く気高く、乙女になったのであった。

しかし、年頃である。セラーにも恋心が萌え出した。純真な乙女の恋は熱烈である。漲り来る潮流を抑えていた堤が遽に崩れて、奔湍一時に洶湧するが如く、このクエーカー娘が恋を知るや、熱は火を伴い、火は炎を生んで、今は万物を燬き尽す強い力になってしまった。

その強い恋の的は、誰あろう、妻帯者のスペンサーであった。

セラーは最初はスペンサーを兄のように大切にした。それが今はスペンサーを終生の伴侶と思い募るに至ったのである。スペンサーが妻帯者であることは、セラーは熟知している。スペンサーもその夫人もセラーと同じ地方の人達である。セラーは妻帯者と知りながら、スペンサーを恋い慕ったのである。妾でもいい、妻たる栄誉は望まないが、とにかく一緒になりたいと、思い焦れたのである。

スペンサーは勿論浮気な男ではない。セラーの恋を持て余した。セラーの恋は受けることが出来ない。自分がまだ独身だったら、喜んでセラーと結婚するけれども、既に妻帯している以上、セラーの望みを叶えるわけにはゆかない。悪女の深情と云うことはあるが、これは、美しい清い乙女の強い恋である。スペンサーは全く当惑した。

もしスペンサーが一刀両断的に、スタウト家との関係を打ち切って、外の家に泊ることにしたならば、それはむしろ賢明な方法だったろうが、何しろ、それまで巡回毎に泊っていた縁故がある。自分も同じ地方の出身で、もともと両家は知合い同士だと云う情誼もある。それに、ハートフォードは小さい町である。スタウト家を断って、外の家に泊ることになると、かえって妙な噂の種を蒔いて、セラーの風評を悪くする虞れがある。色々に思い悩んで、スペンサーは気まずいながらも、依然として、スタウト家を定宿としていた。これは無理ならぬ次第でもあったが、悲劇は遂にこの優柔の裡に起ったのである。

スペンサーはもしセラーに好い相手が出来るならば、セラーは勿論自分を思い切るに相違ないと考えた。そこで、セラーに結婚（勿論誰か外の適当の者と）を勧めるのが上策だと心得て、兄嫁即ち前に一寸書いたウィリヤムの夫人に相談した。ウィリヤムの夫人も同じ地方の人であった。夫人は勿論これに賛成で、早速結婚勧誘のために、セラーを訪ねた。

夫人はセラーを誘って、郊外を散歩した。ハートフォードにはリー川が緩やかに流れている。大きな河ではないけれども、魔も棲むかと思われる紺碧の淵がところどころにある。初夏の風薫る午後であった。濃緑の葉影から洩れる日の光を受けて、セラーの顔は青く見えた。セラーはこの日はいかにも寂しそうだった、悲しそうだった。以前からセラーを知っている夫人は、セラーの様子を気遣った。

セラーは淵を眺めながら云った。

「私は近頃何だか悲しくって、悲しくって、仕方がないのでございます。この淵をこうして見ていますと、この水が、真っ青な綺麗なこの水が、私を呼込んでくれるような気持がするのです。この水の中へ入ってしまえば、悲しいことも忘れてしまいましょうし、胸の悩みも消えてしまいましょう。家にいてさえ、時々私は窓から飛降りたいような気持になるのです。奥様、あなたはその原因を御存知にならないでしょうけれどもねえ。」

とぎれとぎれに、細い消え入るような声ではあったが、その言葉には哀切な調子が籠っていた。夫人は結婚の勧誘どころか、吃驚して、ロンドンへ帰って来た。

次にスペンサーは同僚の独身者マーシャルと云う青年をセラーに紹介したが、マーシャルと結婚させようとした計画は、セラーの峻拒に依って崩壊した。しかも、セラーはスペンサーの術策を看破して、激しくその無情を喞《かこ》ち怨んだ。

斯様なこともあった。

スペンサーの父の老当主が、セラーを晩餐に招いたことがある。（両家が知合いの仲だったことは前にも書いた。）セラーはスペンサーに逢えるのを楽しみにして、喜んで出かけて行った。しかし、晩餐の席上で、スペンサーが来ないと云うことを聞いて、セラーはふらふらと席を立った、そして、庭の方へふた足み足歩み出したが、そのまま倒れてしまった。失望の余り、卒倒したのである。その翌朝、セラーはスペンサーに宛てて、怨みのかずかずを書き送ったが、その手紙には「生にてもあれ、死にてもあれ、妾《わらわ》は御許様よりは断じて離れ申すまじく候。」（“Come life, come death, I am resolved never to desert you.”）とあった。


一六九九年の五月に又もや巡回裁判の時期が来た。

スペンサーは今度はスタウト家には泊るまいと決心した。そして兄ウィリヤムの注意に依って、兄の定宿（兄も法律家であったことは前にも書いた。巡回裁判に一緒に出張するはずだったが、外の公用のために中止したのであった）へ行くことにした。

判事の乗込の儀式は例に依って賑々しいものだった。判事に随って、スペン サーも馬に乗って、ハートフォードの町に入った。

町の人々は一行を歓迎している。群衆の中にセラーがいた。セラーはスペンサーの馬前に進み寄った。

「すぐいらしって下さいまし。用意はとっくに出来ているのでございますよ。」

スペンサーはこれは困ったと思った。

「いや、私は開廷式に列席しなければならないから、いずれ、後から何とかお知らせするよ。」

スペンサーはとにかく一時を糊塗するの外はなかった。

スタウト家では晩餐の用意がすっかり出来ていた。セラーは一瞬を一日のように、一年のように、待ち詫び、待ち焦れたが、スペンサーは来ない。来ないはずである、兄の定宿の方へ行ってしまっていたのである。

スタウト家の女中がようやく探し当てて、スペンサーを引張って来た。


夜も更けた。

スペンサーは兄の定宿へ帰ると云った。

セラーは両手をスペンサーの肩に投げ掛けて、泣き崩れた。

「どうか今晩は泊って下さい。私はただあなたのお側にいたいのです。私はどうしてもあなたと離れたくはないのです。今お帰りになるのは、それは本当に惨酷です、殺生です。」

「いや、私はもう再びここへお邪魔をしないように決心したのだ。さようなら、お休みなさい。」

セラーは真っ青になった。今はスペンサーを引き留めようとはしなかった。そして、細いしかしはっきりとした声で云った。

「クウパーさん、それがあなたの最後のお言葉ですか。」

「そうです、これが最後のお別れです。こうしてお別れをする方が、あなたのためにも、私のためにも、宜いのです。年がたったら、あなたにもそれがわかって来るでしょう。セラーさん、さようなら。」

別れに際して、スペンサーはセラーの前額に接唇した。優しい兄が可愛い妹に対する接唇である。セラーの前額は氷のように冷やかだった。

瞬きもしないで、セラーは去り行く人を見送っていた。


翌朝、リーの流れにセラーの屍骸が浮んでいた。


セラーを殺害した――川へ突き落して溺死せしめた――と云う嫌疑の下に、スペンサーは逮捕せられた。

当時英国の政界はホイッグ党とトーリー党とに分れて、激烈な争闘を続けていた。スペンサーの家即ちクウパー家はホイッグ党の錚々たるものであった。ここにおいてか、トーリー党はクエーカー宗徒と提携して、スペンサーの処罰を要望した。実はスペンサーの処罰を力説することに依って、クエーカー宗徒を自己の勢力範囲に引き込もうとしたのである。

しかし、正義は党争の外にあった。

スペンサーに対する殺人被告事件は、陪審員の「無罪」の答申に依って、終了した。

事件の経過に徴すれば、この答申は正当である。スペンサーには全然責任がない。セラーは単純な自殺に依って死んだのである。

セラーの死は返す返すも気の毒である。しかし、スペンサーに嫌疑を懸けたのは間違っている。それは、トーリー党の党勢拡張の奸手段の犠牲になったのである。

被告人となったスペンサーはその後刻苦して、立派な判事になった。

この物語の劈頭に書いた憐れな少年被告人に対して、同情ある説示を試みて、「現に私自身も、かつてこの事件と同じような悲劇の中心に置かれたことがある。」と云った老判事スペンサー・クウパーは、セラー殺害の嫌疑者として、被告人となったスペンサーその人である。

陪審制度夜話

昭和三年〔1928〕十月一日陪審法実施の日の前数日、東京日日新聞の請に因りて同紙に掲げたるもの

陪審法の実施に直面して

陪審法の実施は真に目睫の間に迫って来た。我国にも陪審制度を迎うるの秋《とき》は遂に来たのである。陪審制度を採用すべしとの論議は既に明治初年の頃において、或る一角に起ったそうであるが、公式に問題となったのは、大正八年〔1919〕の七月である。即ち原首相が臨時法制審議会に対して、陪審法制定の可否を諮問したのに始まる。その時には、正に空谷に跫音を聴くの観があったのである。なるほど陪審制度採用の可否に付いては、論陣に、講莚に、しばしば議論は上下せられたけれども、波に漂う根もない小草のように、寄る辺定めぬものであったが、突如として、台閣の高処にその声が挙ったのである。然るに、この声には反響があった。陪審法を制定すべしとの議が、すらすらとまとまって、大正九年〔1920〕の十二月には成案を得るに至ったのである。かくて一議会で流産の憂目は見たが、大正十二年〔1923〕の四月には、立派に法律として公布せらるるに至った。

陪審法は僅々百十余箇条から成る渺乎たる一小法典である。しかし、この一小法典こそ我国を陪審制度の国とするものである。我国の裁判制度に曠古未曾有の大変革をもたらすものである。その意義において甚だ深刻であり、その価値においてすこぶる重大なものである。由来法律の改廃には相当長い歳月を必要とする。現に陪審法と相前後して公布せられた新民事訴訟法は、改正準備に着手して以来、三十余年の星霜を閲している。然るに、しかく深刻な意義を有し、重大な価値を持つこの陪審法は、四年たたぬ内に法律になってしまったのである。全く以て一箇の奇蹟である。陪審制度は結構なものだからと云えば、それで済むが、要するに時代の反映である、時勢の賜物である。

陪審法には五箇年の実施準備期間が附せられていた。公布当時私は或る法律上の用務を帯びて、ロンドンにいたが、一瀉千里式の陪審法の成形に驚いた。尤も実施準備期間が五年もあるから、その間には何とかなるだろう、又何とかしなくてはなるまいと考えた。勿論朝野の間において、準備期間は空費せられてはいない。私も大正十五年〔1926〕に帰朝して以来、上司の命を受けて、諸所を講演して廻った。しかし、過ぎてしまえば、五年もむしろ一瞬刻である。今その実施に直面して、足元から鳥が飛び立つ思いはする。

大正十四年〔1925〕の秋、私は秩父宮殿下の御伴をして、ロンドン中央刑事裁判所を訪ねたが、その時、サー・アーネスト・ワイルド氏（ロンドン市のレコーダーで同裁判所の判事の職に就く）が法廷において宮殿下に対し奉り、荘重雄麗を極めた御歓迎の辞を申し上げた。その内に次の一節があった。

「当法廷は英国随一の巡回裁判所である。従って、ここに外国の貴顕をお迎え申すのは、敢えて珍しい事ではないが、我等の斉しく畏敬する大日本帝国の天皇陛下の第二皇子にておわします秩父宮殿下が親しく駕を枉《ま》げさせ給うと云うが如き大なる光栄は、我等といえども未だかつて荷い得ざりしところである。この大なる光栄は満廷の諸君と共に永く肝に銘じて忘れざらんことを、私はここに誓いたい。殿下の我等にこの大なる恩寵を垂れ給いしその御心に至っては、もとより私の推し奉る由もないところであるが、ただ拝察を許し給わるならば、日本は既に陪審法を公布して、近くそれを実施すると云うことである、しかして、わが英国は八百年来陪審制度を採用し来たって、幸いにして、それが今我等の誇りともなり、誉れともなっている。これが即ち殿下が当法廷に今日光栄を下し給いし御動機ではないかと、畏れながら忖度し奉る。満廷の諸君、この光栄の機会を一大機縁として、しかして東西の両島帝国が同じ陪審制度を択んで、同じ道を進むことになった機会を一大機縁として、従来兄弟の如く親しかったこの両国は、更に強く固く握手して、世界の正義のために、貢献したいと思う。けだし、陪審制度は凡そ人智の案出し得る最大且つ最善の裁判制度であるからである。」

この御歓迎の辞と共に、満廷粛然として殿下に深甚の敬意を捧げたのであった。

陪審制度がワイルド氏のいわゆる「凡そ人智の案出し得る最大且つ最善の裁判制度」たることに付いては、私はもとよりそれを疑わない。勿論それを疑わないけれども、それは陪審制度の善用善能を尽して後の事である。善く用うれば大いに善くなるが、悪く用うれば甚だしく悪くなるのである。善か悪か、吉か凶か、今や正に我等は陪審制度の正邪両道の岐路に立っているのである。

陪審制度の歴史

一概に陪審制度と云うけれども、国に依り、時に従って、差異はある。しかしながら、国民が裁判に参与すると云う基本においては、もとよりいずれも同一である。尤も近代ドイツの発明した参審制度（これを古代ドイツの遺風であるという学者もあるが定説ではない）も国民をして裁判に参与せしめるものではあるが、陪審制度においては、陪審の意見即ち国民の声が独立せる一箇の意見として法廷に現れるのに反して、参審制度にはそれがない。国民参与の点に付いては、陪審制度は遥かに参審制度に比して徹底的である。ここには参審制度のことは述べない。

陪審制度の淵源は実は明瞭ではないのである。古代のゲルマンにあったと云い、支那が元祖だと説き、スカンディナヴィヤが発祥の地だと争い、英国のアルフレッド大王が創案者だと論ずるが、いずれも有力な根拠はない。勿論、洋の東西を問わず、輿論が裁判を動かした事例は存するだろう、明君賢吏が事を断ずるに当って、努めて民意を察した史蹟はあるだろう。しかしそれだけでは、陪審制度の存在していた証拠にはならない。裁判に民意を迎えようという思想は、恐らくいずれの世いずれの国にも存していただろうが、それだけでは勿論陪審制度の行われていた証拠にはならないのである。

今日まず確かだと思われる説に依れば、フランク族のカロリング王朝（その内で第八世紀の中葉から第九世紀の末頃まで）に、陪審制度の萌芽が探り得られる。この王朝においては、時々国民の中から任意の者を呼び出して、政務に関する諮問をした。政務とはいうものの、訴訟関係の事項、糺弾関係の事情が重に諮問の目的となったのであるが、この慣例がノルマン地方（今の北仏）に残って、ノルマン諸公に依って継承せられた。

西暦一〇六六年のノルマン公ウィリヤムの英国君臨は、英国の歴史に一新時代を作り上げた。爾来ノルマン王朝（一〇六六—一一五四）の世に頻りにノルマンの文物が輸入せられ、右の諮問の制度もいつしか一緒に流れ込んだのである。そしてそれが徐々にしかし力強く英国に植付けられて、花を開き実を結んで、いわゆる「英国の誇りたり誉れたる」陪審制度になったのである。

従って、英国は陪審制度の原産地たる光栄を荷うことは出来ないけれども、陪審制度の本場たる名誉はそのほしいままにし得るところである。

何が故に英国で栄えたか、それには種々の原因がある。

英国人は自己の権利を尊重することにおいて、極めて頑固な国民である。妥協や懐柔では誤魔化されない国民である、その国民に、たとい英国王朝の血は承けているものの、外国から来て君臨しようというのである。所詮一筋縄では行かないから、ノルマン諸王は法律を厳格に励行した。当時のノルマン族は法律万能の権化だったから、お手のものの法律で威厳を示したのである。そこで、法律励行に附随して、自己固有の陪審制度の種を根強く根深く植込んだのである。

種子の力も強かったが、これを迎えた土も陪審制度には極めて適当なものであった。自己の権利に大なる執着を持つ英国国民、しかも地方的勢力を土台にして発達して来た英国国民（これが英国における自治制度及び議会制度の振興の主因である）即ち、自己のために、自己の地方のために、自己の国家のために、正義を熱愛する英国国民には、陪審制度は何よりも結構なおみやげであったのである。これをもたらした動機は知らず、彼等は歓呼してこれを迎えた。少なくとも、結果において、彼等自身のためには、貴重な贈物となったのである。

更に考うるに、当時英国においては、今日のいわゆる証拠裁判が未だ発達していなかった。我国の上古に行われていたくがたち（盟神探湯）のような天意裁判、殊にその一種たる決闘裁判が行われていた。悪魔の力を借らず、地獄の助けを求めず、我は我が身を以て争う、と云う物凄い誓いの言葉を、判事の前で叫んで、原被両造は刃を交えるのである。星の光の輝き初める刻限を以て、決闘の最後とする。それまでに勝った者が、即ち勝訴者と宣告せられる、斯様な野蛮な裁判制度が、既に啓蒙期に達していた当時の英国国民に嫌われたのは云うまでもない。そこへ乗込んで来たのが陪審制度である。これもまた歓迎せられた一原因であろう。

爾来英国は唯一の陪審制度の国となっていたが、仏国は大革命以来、合衆国は建国以来、その後諸国は相ついでこれを採用した。

現在陪審制度を採用している国の数は多いけれども、何と云っても英国は陪審制度の第一国である。英国に咲き匂うこの花は、外の土へ移せばたちまちにして枯れ萎む高山植物の如きものであろうか。我国における培養の日はこれから始まる。

正義の殿堂奉仕

陪審制度に依って、国民は裁判に参与する。元来国民もまた勿論国家の構成分子である以上、国家の重要務中の重要務たる裁判に、国民をして参加せしめるのは、至当である。当然過ぎる程当然のことである、明白過ぎる程明白なことである。理窟ではない、事実である。掩い得ざる大きな第一義である。

陪審制度にも短所がある。しかも、大きな制度だから、次第に依っては、随時随所に厄介な病弊が簇出する。勿論、その病弊は予防もし、撲滅もしなければならないが、とにかく毒菌の携帯者である。その兇暴を逞しくする日が来ないとも限らない危険はある。しかしながら、かかる危険を包蔵するにも拘らず、尚且つ歓呼してこれを迎うべき重大な理由がある、即ち、陪審制度には広大無辺な霊験がある。国民が裁判に参与するのだから、国家の正義は直接国民に依って維持せられ、保障せられ、尊重せられ、伸張せられることになる。勿論これまでといえども、国民は国家の正義を愛し且つ敬ってはいたけれども、それは不幸にして裁判官のみに託せられていた。敬愛の念いかに篤しとするも、要するに対岸の事象であった。然るに、それが自分のものになったのである。裁判官と国民とが共同して擁護すべきものになったのである、自己のものだという執着を持つことになったのである。母の如く、父の如く、子の如く、恋人の如く、自分のものとなったから、自分のものとして愛し且つ敬うことになったのである。正義の殿堂今日からは賽者遽に殖えて、光華たちまちにして彩りを鮮かにすることになったのである。生まれて聖代に逢い、この祥事を迎う、めでたくもまたかたじけないことである。

国民に国家の正義に対する愛着の念が強くなる——これが陪審制度の効能である。陪審制度の長所は外にもあるが、これが肝心のものである。これ以外のことは述べるに及ばぬ、これ以上のものは想像が出来ない。陪審員たる権利及び義務とよく云うが、権利だとか義務だとか云う文字を用いることは、この場合にはいかにも水臭い、国民として当然持つべき愛国心の発揚である。一旦緩急ある時は、命を鴻毛の軽きに比して燄火の巷に突進する、その愛国心を裁判の方面にも迎えるのである。陪審員となって、出廷して審理を聴き、評議をして答申する、勿論それは厄介なことである。しかしそれが国家の正義のためである。愛国の至情を以てこれに当らなければならないのである。一千六百八十九年の七月二十九日、英国王廷裁判所におけるいわゆる七僧正事件の裁判は、英国の司法史に燦然たる光彩を放つ壮絶快絶の物語である。時の国王ジェームス二世は冷酷で、強情で、国民に対すること犬豖《けんし》に臨むが如きものがあった。由来国王に忠順な英国国民にもとても辛抱の出来ない命令を強制しようとした。それは有名な宗教自由令である。宗教自由令とは云うけれども、実は旧教公認の命令である。当時英国は熱烈な新教国になりきっていた。然るにジェームス二世自身は旧教信者だったから、斯様な命令を下したのであって、その命令書を寺院で朗読せしめようとした。これに対してカンタベリーの大僧正以下七人の僧正が朗読取止めの請願書を捧呈したのを、君側の姦臣が敢えてそれを治安攪乱罪に当るものとして、糺弾したのである。七僧正はことごとく忠君愛国の士であった。その行為は勿論犯罪にはならないのである。それを官憲の一派が陥害しようとしたのである。しかし、そこには陪審員がいた。官憲はあらゆる手段を尽して籠絡もし威迫もしたが、彼等は富貴に淫せず、威武に屈せざる者であった。尤も官憲の息の掛かった者は数人いた。なかんずく二人は頑強に御用振りを発揮したが、遂に正論派の軍門に降参した。それまで、暑苦しい夏のひと夜を密閉せられた室の中で熱論を闘わしたのである。彼等は徹宵評議したのであった。当時は陪審員に火、飲料及び食物は厳禁せられていた。食わず飲まずの大激論である。翌朝洗面の水が運ばれた時に、十二人が十二の口を盥に突込んで、その水を飲んでしまった。答申は勿論「無罪」であった。（前掲一一頁「七僧正事件」参照）

この意気が必要である。

素淡の心

陪審員は事実の有無を答申する、事実の有無に付いて陪審員の意見を徴する。ここが陪審制度の特徴である。事実の有無は無垢な素直な心に依ってのみ、看取せられ得るのである。されば、陪審員には学識も無用であり、事実の有無、経験も不用である。学識に拘泥して出て来る結論や経験にこんがらかって捻り出される意見は、歓迎したくないのである。重ねて云う、陪審員には学識や経験を要求しない。左様なものは時にはかえって邪魔になる。ただ望むところは、清純なる心の境地である。汚されず、煩わされざる脳裏である。陪審員は色が付いていてはいけない、息がかっていては困る。例えば、拭われた鏡には物の形がはっきりと写るように、清く澄んだ秋の水には物の姿がそのままに浮ぶように、陪審員の心が清ければ清い程、澄んでいれば澄んでいる程、換言すれば、少しでも曇りがかっていなければいない程、事案の真相が正確に、端的に、如実に陪審員の胸に反映する。

陪審員は事前にこ奴怪しいなと疑ってはいけない、どうも気の毒だと考えてはいけない。一切の予断を去り、凡百の忖度を棄ててしまって、法廷に臨まなければならない。陪審員に望むところは、透徹せる「空」である。清明なる「無」である。陪審員に学識がないと困ると云う人もある。いわゆる陪審尚早論者の中に、更によく教育の普及するまで陪審法の実施を延期せよと主張する悲観派がある。しかし、学識があれば、むずかしい書物は読めるかも知らないが、事実の判断は必ずしも出来ない。学識大いに結構だが、陪審員となるには、先ず以て無垢無累の、空っぽうな、白紙のままの心が必要である。実はそれだけで沢山である。私は滞英四年の間しばしば彼の地の法廷に出入したが、驚いたことは、陪審員の中に文盲な連中が少なくない。簡単な文句の宣誓書が読めないのであって、左様な連中はいつも小さな声で、眼鏡を忘れて来ましたと弁解する。誰が発明したのかは知らないが、巧妙な言い草である。これ等の目に一丁字なき先生達が、どの様な判断をするかと聴いていると、答申は天晴れ堅実なものである。炳乎として日月の如き観察を下している。ここが味わうべきところである。

又或る人々は陪審制度の長所は人情を以て事件に臨むからだという。その真意は解し難いが、人情を予め用意して置いて、それを通して、事件を覗くと云う意味ならば、甚だ以て穏かならざる言分である。神の御心ならばいざ知らず、事実の判断をする前置としては、人情も獣情も無用である。もとより憐むべきを憐み、許すべきを許すのは、当然のことであって、寛仁は断獄の要諦ではあるけれども、それは最後に判決を下す裁判官の職分である。陪審員としては事の真相を観るのが本務であって、愛憎の念に依って、黒白を左右にするが如きは、以ての外の次第である。愛憎の念既に絶つべし、まして道路の噂や人の評判の如きは、法廷に入ると共に、さらりと棄ててしまって、透徹した「空」に還り清明な「無」に拠って、事件を観なければならない。英国では新聞雑誌等に被告人の素行経歴等陪審員に予断を与うべき一切の記事を掲げることを厳禁し、それが的確に励行せられているから、この弊害はないが、陪審員はとにかく道聴途説に膠着してはいけない。法廷に出頭して、今日は何某窃盗被告事件だと云うことを知らされる。何某、聞いたような名前だね、ああそうだそうだ、誰かに聞いたが、これは前科十犯、強窃盗の常習犯で、親不孝で女たらしだそうだ、と云ったような事を思い浮べては、正当な事実の判断は出来るものではない。その噂に聞いた事柄は一切棄てて、蟠《わだかま》りのない心を以て、事件に臨まなければならない。

論語にいわゆる坦而蕩々《たんにして》、これが陪審員必須の心得である。

正者不懼

陪審制度にも短所がある。これを過去の歴史に照らし、現時の実情に徴するに、甚だ以て顰蹙すべき点が尠《すくな》くない。しかし、これ等の短所は国民の自覚に依って、ことごとくこれを匡救し得られるものであって、又どこまでもこれを匡救せざるべからざるところのものである。正義の殿堂に奉仕する勇猛不退転の精神の前には、所詮何等の力なき小さい障礙たるに過ぎない。さもあらばあれ、私の最も懸念に耐えないのは、面倒臭い、どうでもいい、自分が意見を述べないでも、誰か十二人の中には音頭を取る人があるだろう、総てはその人に一任する——と云ったような投遣りな気持が、陪審員の評議の席上に漂いはしないかと云う点である。英国においても、昔の世には、箸を机の上に立てて、右に倒れると有罪、左だと無罪(我国では犯罪事実の有無に付いて答申するのみであるが、英国では進んで有罪無罪の評決をする)と一決した馬鹿馬鹿しい事例もあったそうである。今でも評議が長引いて、終列車の刻限間際になると、乗遅れては大変だ、早くどちらかに定めよう、とぬかす不所存者も稀には出て来るそうである。

人任せにする、いい加減にお茶を濁す、これが陪審制度における衆悪の府である。陪審員の評決が即ち健全なる国民の声である。国民の信望を荷負し国家の正義に翼賛するに当って、自己の所信を陳ずるに吝《やぶさ》かなるが如き者は、真にこれ背信背任の賊である。そこへ行くと、とにもかくにも英国の現情には感心すべきものがある。簡単な事件だと、判事の命に依って、陪審員はそのまま法廷で評議をする。それを見ていると十二人ことごとく発言している。千九百二十年以来婦人にも陪審資格が公認せられて、大抵一事件に二、三人は婦人陪審員が出ているが、婦人でも決して黙ってはいない。時には婦人が最も多くしゃべっている。柳眉をさか立て紅唇を振わせて激論している光景は、正に文明の盛儀、現世の壮観である。更に云う。陪審員は国家のために正義翼賛の大任務を帯びている。陪審評議室は実に国士健闘の擅場《せんじょう》である。自己の所信に忠なるべく、千万人といえども行くの気概が必要である。因循怯懦は大禁物である。正に処して懼れざる浩々乎たる精神を信条としなければならない。某国で当時全土に跳梁していた怪賊団の一人を審理した時に、同じ団員の一人が傍聴者に紛れ込んで入廷した。この男は特に獰悪凄愴な形相をしていた。審理の要処要処で、恐ろしい目で陪審員をぐっと睨む。陪審員はふるえ上って、有罪の評決が出来なかった。又某国で義賊の名高い大泥棒が捕えられた。義賊とは云うものの、殺人十数件、強盗、放火、掠奪無数と云う稀有な兇漢だった。恐怖の極、陪審員が出て来ない。出て来ても何時の間にか帰ってしまう。裁判所でも持て余して、管轄指定の方法に依って、事件を南から北へ、東から西へ、諸所の裁判所に移して、辛うじて有罪にした実例もある。繰り返して言う。「正に処して懼るるなかれ。」これ実に陪審員の三省すべき一句万了の金言である。

素淡の心を以て事件に臨み、不退転の気概に依って所信を貫く。正義の前に懼るることなく、正義のために惜しむことなかれ。これが私の陪審員諸賢に対して切望するところである。

我国の司法の威信今日の如くなるは、我等の先輩大先輩の辛苦の賜物である。我等は前者の遺功を受けて、礎固き正義の殿堂に鼓腹の楽しみを続け来たったが、陪審制度の実施と共に、再び我等の額に汗すべき秋《とき》は来た。先進の労に答え、またいささか以て国恩に酬ゆべき時は来たのである。陪審制度是耶非耶、その実施に直面した今日、私は端なくもゲーテの小歌を想い起す。

Freudvoll　喜びに充ち
Und leidvoll,　悲しみに満ち
Gedankenvoll sein;　ただ思いに沈む
Langen　望みと
Und Bangen　憂いと
In schwebender Pein;　果てしなき悶えかな
Himmelhoch jauchzend,　大空翔けて歓べば
Zum Tode betrübt;……　死に打ち沈み嘆くなり……

これは、恋する人の或いは喜び或いは憂い、悲喜相交錯する遣る瀬なき心を歌ったものである。恋ではないが、今迫り来る陪審制度に対して、私は同じ思いに惑うのである。悪果に想到すれば、この九月の残炎尚且つ膚《はだえ》に粟を生ずるけれども、善果を翹望すれば、心も躍る思いがする。国民諸賢と共に善用を期し且つ望み、手を挙げ、声を揚げて、陪審法の実施を迎う。

中古のロンドン市の首枷の刑

　刑罰の種類や方法は時代に依り、場所に従って異なっていた事は云うまでもなく、桀紂の遠い昔は知らず、ノルマン諸王の酷刑は問題外としても、頸を締め、四肢を断ち、臓腑を出し、首を橋の上に曝すと云う複雑で惨虐を極めた死刑の方法が、中世末期の英国に行われていた。悪魔に魅せられた婦人の身体にはどこかに痛みを感じない箇処があると云うので、身体の全面を錐で突くプリッカーの刑（刑と云うよりもむしろ拷問の方法だが、これで死んだ者が尠《すくな》くないらしい）と云うのが、中古の蘇国〔スコットランド〕にあった事は、立派に記録に残っている。要するに、東西古今を通じて、刑罰の種類方法は恐らくは千差万別であった事と考えられる。

　東西古今を通じて、刑罰の種類方法は千差万別であっただろうが、その千差万別の刑罰の中でも、首枷の刑は恐らくは過去において、各国共通の事例であったと想像せられる。けだし首枷の刑は手枷足枷の刑と同様に、人の自由を拘束する最も簡単なしかも有力な方法であるからである。従って別に事珍しく首枷の刑に就いて云為する必要はないのであるが、ここに私は中古におけるロンドン市の首枷の刑に就いて、少しく記述してみたいと思う。それは刑罰としての首枷を論議するのではなくして、当時のロンドン市において、首枷の刑を択ぶ事になった経過を考えてみたいからであって、その経過を知る事は、敢えて一片好事の問題ではなく刑政の上において、閑却し去るべきものではないと信ずるからである。

ロンドン市に付いての事であるが、第十四世紀の中頃から第十五世紀の最初の二十年間位、大略七、八十年間の事を中心として書く。ロンドン市は今も現存するCity of Londonで、今のいわゆる大ロンドンの東部に、方一マイルの地域を占めている固有の伝統的のロンドン市を指すのであって、今でも勿論取引の中心ではあるが、銀行会社が多くなって、定住者は一万二、三千に過ぎないようであるが、ここに問題とする時期においては、まず二十万位の人口を持っていたらしい。

ロンドン市及びロンドン市民がその信条として厳守し、その特色として誇号するところは、「法と秩序と自由とに対する愛」“the Love for Law, Order and Liberty”である。法を尚び、秩序を重んじ、しかもそれと同時に、自由を愛するがために、当然自治と云う事が生じて来る。自治と云ったところで、只々絶対に他力の干渉を排斥すると云うのではない。法と秩序とを愛する念慮から迸り出たものであるが故に、根底の有る自治である。締め括りのある自治である。放縦を抑制し孟浪を禁圧する堅固な自治である。この自治は幾度かの国王の特許Chartersに依って漸次に賦与せられ、市民の信念に依って力強く維持せられた。

特許の経過を一瞥する。

ロンドン市に対する国王の特許のまず最初とも云うべきものは、ウィリヤム・コンクェラーの特許である。ウィリヤムがノルマンから侵入してイングランドに君臨する事の出来たのは、センラックにおける捷利《しょうり》〔勝利〕とロンドン市の臣従の誓いとのお蔭である。そこでウィリヤムはロンドン市民は法に依って保護せらるべき事及びロンドン市においては子供は親の相続人たり得べき事を宣言した。極めて簡単な特許である。そして甚だ以て平凡な文句ではあるが、この平凡な文句にはすこぶる重大な意義が包蔵せられていた。それはロンドン市は諸侯のいずれにも隷属せず、換言すれば、国王直属の独立市だと云う事を意味したのであった。かくして、この極めて簡単なしかも平凡な外形を帯びた特許から、時に盛衰はあり、消長はあったけれども、爾来一千載、連綿として尽きざるロンドン市の自治は萌え出《い》で匂い出《い》でたのである。それは一〇六六年の事である。ロンドンの起源は古い。紀元前既に商賈が集団していた史乗の証左はあるが、ロンドン市の立憲的の発達はこの特許を以てその第一歩とする。

ヘンリー一世はその即位に際して（一一〇〇年）、甚だ有力な特許を与えて、ロンドン市の自治を鞏固にした。この特許の内容は多様であるが、重要なものは左の通りである。

（1）ロンドン市民固有の特権及び慣習を承認する。
（2）ロンドン市民は市外の法廷に断罪のため呼出だされる事がない。
（3）ロンドン市民にはロンドン市民が特別に命ぜられる外、他の一般の例に依る租税を免除する。
（4）いわゆるオーディールの方法として、争訟の当事者に決闘をやらせて、敗者を以て敗訴者とする。恰も我国上古の探湯の裁判に類似するものが当時尚存在していたが、ロンドン市民をその適用外に置く。
（5）ロンドン市民に一定の場所において狩猟するの権利を与える。
（6）ロンドン市民は市外にある債務者の財産に対して差押えをなし得る。
右の内（2）（4）及び（6）がロンドン市の自治裁判の重大な発達原因となった事は云うまでもない。

ノルマン王朝の末期において、ロンドン市民は魔王スティーヴンに味方した故を以て、マティルダのために全然旧来の特権を剥奪せられて、エセックス伯の管下に置かれたけれども、スティーヴンに代って立ったヘンリー二世（マティルダの子）はロンドン市の従来の特権を承認した（一一五四年）。尤もこの時には、お礼やお願いの意味で、巨額な献上物を強いられたのであった。（莫大な献金と交換的に特許を得た事例はしばしばある。）

リチャード一世（一一八九―一一九九）は例の「獅子王」the Lion-heartedである。ロンドン市はこの獅子王に依って、テムスの河の管理権を賦与せられた。

獅子王に次いで立ったジョン王は大特許（大憲章Magna Charta, Greate Charter）を発布した国王である。一二一五年の六月十五日に、ウィンゾアに近いテムスの中の小島の大樹の蔭で、不承不承に国王が署名したこの大特許は英国の不文憲法の根幹となったのである。尤もこの大特許の内容は必ずしも新しいものではなかった。その骨子は既にヘンリー一世やヘンリー二世の与えた特許に則っているのであるが、直截明快に不磨の大則を宣明して、範を永く後昆に垂れたのは、この大特許である。「自由民ハ逮捕、監禁、剥奪、追放ソノ他一切ノ侵害ヲ受クコトナシ。即チ朕ハ貴族ノ裁判又ハ国法ノ命スル外、敢エテ自由民ヲ侵害スルコトナカルヘシ」（"No freeman shall be seized or imprisoned, or dispossessed, or outlawed, or in any way brought to ruin; we will not go against any man or send against him, save by legal judgement of his peers or by the law of the land."）「朕ハ何人に対シテモ権利又ハ正義ヲ売リ或イハ拒ミ或イハ阻ムコトナカルヘシ」（"To no man will we sell or deny or delay right or justice."）と云う条章の如きは、実に英国司法の根底であり又核心である。大特許は勿論ロンドン市の特権にも言及している。その文句は短い、短いけれども要領を得ている。「ロンドン市ヲシテ水陸両方面ニ於ケルソノ一切ノ固有ノ自由ヲ享有セシムヘシ」（"Let the City of London have all its old liberty and its tree customs, as well by land as by water”）と云うのである。ジョン王は大特許の外に、ロンドン市に一、二の特権を与えている。それは水上の管理権や市吏員の選任権に関する事項である。

ヘンリー三世（一二一六―一二七二）もロンドン市に特権を与えたが、特許料は実に苛酷なものであった。ヘンリー三世のロンドン市に対する誅求政策は極度に達して、市民の所有品にして、価額の十五分の一の租税を課した。十五分の一と云えば六分六厘である。家屋、什器、貯金、商品、凡そ一切の財産の六分六厘を徴収したのである。恐らくは東西の史乗に稀有な重税であろうが、それでもロンドンの市民は黙々乎としてこれに応じた。それは固有の特権を失いたくなかったからである。固有の自治の特権を承認して下さるならば、「黄金と鮮血とを以て」（“with money and blood”）王者に対する忠誠の実を挙げると云うのが、ロンドン市民の信条である。この六分六厘の重税は一度ではない、二度も取られた。「国王陛下の御機嫌をなおす」と云う名目で、二十万円納めた事もある。しかし自治の権限は危く持ちこたえた。

次のエドワード一世（一二七二―一三〇七）もエドワード二世（一三〇七―一三二七）もしばしば献金賦課を命じ、しかも時にはロンドン市の特権を蹂躙しようとしたけれども、とにかく従来の特権の外に、更に数箇の特許を与えた。かくしてロンドン市の自治は徐々にしかも貴重な犠牲と交換的に、漸次大きく強く固くなって来た。

その次のエドワード三世（一三二七―一三七七）の特許はロンドンの自治を極めて徹底的のものにした。即ちロンドン市の自治はこの時代に至って、縦から見ても横から観ても、首尾一貫した鞏固のものとなった。エドワード三世の特許は種々の点に亘っているが、重要なものは左の諸点である。

（1）ロンドンの市長は判事となって、ニューゲイトの法廷（今の中央刑事裁判所の前身）において、刑事事件の裁判に当る。

(2) ロンドン市民は内捕権 Infangtheft を有する。その意味はロンドン市内において逮捕した泥棒を自己の法廷で審判する事が出来ると云うのである。

(3) ロンドン市民は外捕権 Outfangtheft をも有する。その意味はロンドン市外で逮捕せられた泥棒を市内の法廷に移送せしむる事が出来ると云うのである。

(4) ロンドン市は有罪と決定した犯人の財物を没収する権利を有する。

(5) ロンドン市民は外国の商人に対してその搬入した貨物を四十日以内に売却すべき事を強制的に命令するの権利を有する（物質調節、特に売惜しみを禁圧するためである。）

(6) ロンドン市外七マイルの範囲内には市場を設けない。

以上は本稿首枷問題の当時に至るまでの特許の概要であって、要するに、ロンドン市の自治発達の経過の一方面を述べたものである。

さて、本稿において述べんとする時期、即ち第十四世紀の中葉から第十五世紀に亘る七、八十年の間のロンドン市の裁判を観ると、

(一) 裁判権の範囲が甚だしく広汎で、今日の観念を以てすれば当然行政上の問題たる事項までも、裁判所の権限に属せしめていた事（例えば物価の決定までも行っていた）。

(二) 裁判に当る吏員が甚だしく一般から尊敬せられていたのみならず、裁判の尊厳の保持のためには、何事をも仮借せず、何人をも寛容しなかった事（これは敢えてロンドン市のみに限らず、英国法廷の大伝統である）。

（三）事実上の極刑は市外への追放で、市外へ追放せられると、市民の特権は勿論喪失する、そして多くは商売が出来なくなる、そこでほとんど死刑と同様に考えられていた事。
（四）流言蜚語が重大視せられて、厳罰を以てこれに臨んだ。信義を重んずる商業には流言蜚語は大敵である。ロンドン市民が流言蜚語を憎んだ事は、容易に想像せられるが、文献に徴するに、余程この点には神経を悩ませたものと見えて、冗談のようなお饒舌で、刑罰を科せられた者が尠《すくな》くない事。
（五）しかも罪過の如何に拘らず、刑罰の如何を論ぜず、一旦刑に処せられても、お詫びをすれば、ほとんど無制限に許していた、即ち法廷における特赦が盛んに行われていた事。
等が、その顕著なる特色である。

当時のロンドン市の自治裁判は前述のような特色を持っていたが、今一つ閑却すべからざる大きな特色がある。それはこの裁判所には刑法も刑事訴訟法もなかった事である。何が如何なる罪になるか、如何なる罪に如何様の刑を科するか、規定は全然なかった。全く事件毎に定めて行くの外はなかった。正義衡平の観念に照らし、常識から割出して、悪い事件は有罪となり。悪くない事件は無罪となったのである。刑罰も金刑から死刑まであったが、何が金刑になって、何が死刑になるか、これまた事件次第であって、予定せられた範疇も限度も全くなかった。原始太古の世ではない、ロンドン市の商業が日一日と隆盛になって、既に世界の覇者たらんとしつつあった時である。イタリアに芽生えが出来て、ニーザーランドで花が咲いた商事会社の制度が、ロンドン市で立派な果実を結んでいた頃である。その時代において、英国の中心のロンドン市に刑事法がなかったのである。法制史上の魔訶不思議だと云えば云われる。
刑罰の種類が限定せられていないのだから、如何なる刑罰の方法を執ってもいいのであるが、この時代のロンドン市における刑罰は、その当時の他の国々に比べて、しかも又この時代以後の英国の刑罰に較べて、著しく寛大だった。異端者を火刑にする風習は未だこの時代のロンドン市には来ていなかった。残忍な各種の拷問の方法も幸いにして未だ発明せられていなかった。鼻殺《そ》ぎ、耳殺《そ》ぎの刑や、焙印の刑も知られていなかった。（惨酷な刑罰は英国固有のものでなく、ほとんどことごとく大陸から輸入したものと思われる。有史以前のドルーゾDruidsの宗教的刑罰は別問題として。）要するにこの時代のロンドン市の裁判所の科した刑罰は極めて簡単なものであって、ほとんど総てが首枷の刑であった。

ロンドン市の当時の裁判所では、ほとんど総ての犯人に首枷の刑Pilloryを科した。首枷の刑は今日から考えると、随分野蛮なものではあるけれども、多くは一時間位で終ったのである。泥棒も詐欺師も美人局も、何でも彼でも、一時間ないし二、三時間の首枷で済んだのである。第十八世紀の英国では馬泥棒や五シリング（二円五十銭）以上の窃盗は死刑になった。然るにその四百年前には、一万円の泥棒でも首枷で片が附いたのである。

そこで、何が故に左様に広汎な範囲において、この比較的軽微な首枷が行われたか、それには相当の理由がある。そしてその理由の中には、我等の顧みて然るべき――学ぶべき点もあると少なくとも私は考えたい。

先ず考うべきは、この裁判所の裁判に当る人々である。それは市長Mayorは勿論、各区から選出せられる市参与（区長）Aldermenである。しかしてロンドン市は前にも書いた通りに、わずかに方一マイルの地域で、当時の人口は二十万である。（地域に比して人口の多いのは、道幅の狭いためである。張出し窓から手を出すと、向い側の家の人と握手が出来たと云う事である。）それが当時二十三区（ほとんど今と同様である）に分れていた。勿論区に依って大小はある。一三三九年の各区の掛け金の表を見ると、コードウェーナー区の二千百九十五ポンド三シリング四ペンスが最高で、オードゲイト区の三十ポンドが最低だから、最高が最低の七倍以上だけれども、人口を平均して考えると、一区八千七百人位のものである。だから区長――と云っていいか、とにかく各区から選出せられる市参与は大抵被告人の顔を知っている。要するに同じ町内の人が裁判官（官と云う字は相当しないが）にもなり、被告人にもなるのである。同じ町内の者を罰するのだから、勢いその刑が軽くなるのは、人情として当然の事である。敢えて人情ばかりではない。犯人の悪い方面も知っていれば、善い方面も知っている。悪い方面は法廷で十分に取調べが出来るけれども、善い方面は町内の有識者でないとわからない事が多い。区長ならばそれを知っているから、刑罰も自然に軽くなるのである。

次に、前にも述べた通りに、刑罰の方法は限定していないのである。即ち選択刑の範囲が無制限に広いのである。選択刑の範囲が広ければ広い程、実際に言渡される刑の軽くなる事は勿論である。例えば、現時の英国では殺人既遂の法定刑は死刑だけであるが、我が刑法では、死刑をもまた有期、無期、懲役をも選択する事が出来るし、場合に依っては減軽の上執行猶予にする事も出来るから、実際において、殺人既遂に該当しながら、死刑の言渡しを免れる者が尠《すくな》くない。これと同じ理窟で、法定刑がないがために、自然に軽い刑が選択せられて、何でも彼でも首枷と云う事になったのである。

更に又、当時のロンドン市民は廉恥の念に富んでいた事も有力な原因である。首枷の刑は公衆の面前で行われた。公衆の面前で、たとい一時間でも、首枷を附けて立たされる事は、至大の苦痛であった。従って犯人を懲戒し矯治するのには、一時間二時間の首枷の刑で尚且つ十分有効であった。我が国の武家時代の武人の借用証書に、期限に返済が出来なければ、公衆の面前で笑って下すっても宜しいと云うのがあったと云う。恥じしめられる事を嫌忌する廉恥の念があるならば、それが最も有意義な保証である。

以上の理由に依って、首枷の刑はほとんど総ての事件に適用せられた。何でも彼でも首枷の刑であった。一切の犯罪に対するほとんど唯一の刑罰として、首枷の刑が執行せられた。尤も例外も絶無ではない。オーモンド伯の落胤だと詐称して、田舎の物持ちから金品を詐取した男に対して、三時間の首枷の刑を執行した後、被害者に償却の出来るまでの期間、監獄に打ち込むと云う言渡しをしたのもあった。しかし些少の例外を除く外、大抵は首枷の刑で事が済んだ。

当時の犯罪の一端を窺い、且つ首枷の刑の広く行われた事実を徴するために、二、三の実例を挙げて見る。

○品質粗悪の弓弦を詐欺的に販売した件、一時間の首枷の刑、不正商品焼却。
○王廷大膳寮の酒類係と詐称して、醸造業者から金員を騙取した件、一時間の首枷の刑。
○靴屋某、この罪は複雑で滑稽で、しかも随分たちの悪いものである。或る名家の夫人の貴重品が紛失した。そしてその嫌疑が或る女にかかった。そこで嫌疑を受けた女が本件の靴屋へ相談に行った。靴屋は早速引受けて、自分は占いが出来るのだ、本当の窃盗犯人も自分にはよくわかっている、嫌疑を受けている女は実は本当の犯人ではないのだ、そして被害者たる夫人は無辜の女に嫌疑をかけたのだから、天罰を受けて一箇月内にはきっと死ぬるのだと公言した。夫人の方では、この薄気味の悪い予言に神経を悩ませて、本当に病気になって危篤に陥った。然るに、一切は靴屋のでたらめだったという事が判明して、夫人は全快、靴屋は一時間の首枷の刑。

○右と同様の例が外にもある。或る窃盗事件の真犯人を占いで当てて見ると云って、占いの道具として、ナイフやパンを物々しく飾り立てて、でたらめの事をしかつめらしく述べ立てた。迷惑を蒙ったのは、犯人だと名指された者である。そこで偽占者は一時間の首枷の刑、但し占い道具の小刀やナイフを首に懸けられた。

○偽医師某、この男の犯罪もたちが悪かった。裸馬に乗せ、鳴物附で市内引廻しの上、一時間の首枷の刑。

○偽造証書に依って一千二百ポンド詐取の件、一千二百ポンドは一万二千円であるが、最上等の牛一頭が一ポンド（十円）位の時代である、一千二百ポンドは非常な巨額である。その詐欺既遂がやはり一時間の首枷の刑。斯様な大犯罪でも首枷の刑で済んだのである。これが四百年後だったら、勿論死刑に処せられている。

○前項の分と随分権衡上の差異はあるが、パン屋が目方の軽いパンを売った廉で、一時間の首枷の刑、しかも嘘つきだと云うので、砥石を首に懸けられた。

○国王の使者だと云って、ノーフォーク伯夫人を訪ねて、お使い賃として三シリング四ペンスもらった件、これは一時間の首枷の刑に市外追放。市外追放がほとんど極刑であった事は、前に書いた。

○腐った鳩の肉を売った件、一時間の首枷の刑。

○詐欺賭博の件、同上。

○市長が投獄せられたと云う流言を伝播した件、同上。

○慈善病院の集金人だと詐称した件、同上。

○ローマ法王の上諭文を偽造して金銭を騙取しようとした件、同上。これは後世では勿論死罪になった案件である。

実例は枚挙にいとまがないのであるが、要するに、ロンドン市の首枷刑に就いては、学ぶべきところも、考うべきところも多い。（勿論今日この刑を復活しようと云うのではないけれども。）

ロンドン市の自治裁判の特色として、法権を尊重して法権に背戻する罪を重大視した事と、謝罪に依って万事を解決する風習のあった事とを説いた。その顕著な一例を挙げて、この稿を終える。

反物商のジョン・ゲドニーと云う人が市参与（区長Alderman）に選ばれた。この職掌は市長に次いで裁判権を持っているのである。然るに、ゲドニーは重責に耐えずとの理由を以て辞退した。裁判所はこの職責は辞退が出来ないのだと云う事を諭示したけれども、ゲドニーは頑強に断った。そこで裁判所はゲドニーを牢獄に投じ、その店舗を閉鎖して、貨物を没収した。重罪軽罪ほとんどことごとくが首枷の刑で済んだ時代としては、極めて厳重な刑罰だが、法権尊重のために、法衙の重責の辞すべからざる事を宣明するがために、断々乎として言渡されたのであった。流石のゲドニーも降参して、謝罪した。謝罪と共に、直に赦されて、ゲドニーは牢獄から出て来て、市参与の職に就いた。しかも、数年後に彼は市長に選ばれた。

米国独立運動の原因となった裁判の話

米国も一日で出来たのではない。英国の羈絆から脱して、暁の明星の国となるまでには、幾多の曲折もあった、悲劇もあれば、喜劇もあった。独立運動の動機や経過は随分錯綜を極めているのである。

米国の独立は、云うまでもなく、米国の成功、即ち英国の失敗であるが、この英国の失敗には、種々の原因はあるけれども、統治の手際の悪かったことが、その主要なものであって、もし春秋の筆法を借りるならば、米国を独立に導いたものは、ワシントンに非ず、フランクリンに非ず、ジェファーソンやパトリック・ヘンリーでなく、当時米国に駐在していた英国の官憲である。

その頃、米国統治の中心になっていた各洲駐在の総督の連中は、多くは貴族の出身で、本国では家格に相当した栄職にあり附けない、そこで植民地へ行く、ロンドンを離れるのは、つらいけれども、米国では勝手気ままなことが出来る、威張って暮らされるだけが取柄だと心得ているような手合だった。勿論例外はあったけれども、大抵は植民地の事情に理解もなければ、熱心もない、まして、同情どころか、当初から軽蔑してかかっていたのであった。甚だしいのになると、本国で借金が嵩んで、首が廻らなくなって、負債償却の資金を得るために、総督を拝命すると云ったような者も、尠《すくな》くはなかった。総督既に然りだから、その配下の属僚に至っては、番場の忠太、鷺坂伴内、全く以て鼻持ちのならない先生方も多かったのである。

　しかも、彼等は同じく威張るにしても、その相手を誤った。米国は諸国の移住民を包擁しているから、その原籍は多様であったが、その大部分は英国人とオランダ人とだった。そこで、英本国の対米策としては、英国人を擁護してオランダ人から誅求する、即ち、英国人を懐柔して、オランダ人を高圧することにすれば、よかったのである。オランダ人には気の毒な次第だが、国策としては、その方がよかった――米国を英本国の財源とする方法としては――と史家は説いている。然るに、英本国は米国にいる一切の人間を税金の泉だと考えていた。オランダ人と同様に英国人からも搾取し得るだけの黄金は、搾取しようとした。ここにおいてか、米国在住の英国人の間に、本国頼むべからず、同胞信ずべからずとの嘆声が起るに至った。しかも、彼等が代表する第一流の人士は、多くは、自由を熱愛して、新天地に安住を求め来たった清教徒の末裔である。父祖の自由の血は彼等の傲岸な躰軀に漲っていた。しかも、第十八世紀は人道主義自由主義の最高調せられた時代である。米人に加えた英本国の圧力が、これに逓加倍蓰《ばいし》する反撥の気勢を帯びて、米人の英本国に対する憎悪の感情を醸成したのであった。

　更に又、この当時における英本国の対米策――と云うよりもむしろ米国駐在の英国官憲の政策の中で、最も愚劣であり、最も兇暴であり、しかも最も不手際だったのは、裁判を高圧政策の具に供した一事である。清教徒の子孫は勿論アングロサクソンの血を承けている。アングロサクソンは正義を重んずる種族である、正義を誇りとする民衆である、かつて詩人ハイネは仏人は恋人の如く、英人は女房の如く、独人は祖母の如く、自由を愛すると云った。各国人の自由に対する愛着の程度を、面白い比喩で道破したのであるが、自由の点はとにかく、正義に対しては、アングロサクソンはこれを恋人の如く、女房の如く、祖母の如くに愛するものである。その正義を維持し保障する裁判を、政策のために悪用しようとしたのだから、アングロサクソン系の米人は遂に決然として奮起したのである。問題の当時を遡ること約五十年、英本国において、ジェームス二世がその専制政策の横車を押し通す方便として、裁判を利用したがために、たちまちにして勢威を失墜した生々しい殷鑑（本書一一頁「七僧正の裁判」参照）を英国の駐米官憲は忘れていた。これがそもそも米国独立の真原因の一つである。

英国の駐米官憲はアングロサクソン系の米人即ち同胞の米人に高圧を加えた。それが宜しくない。相手が悪い。しかのみならず、高圧策に裁判を利用した。それが最大の失敗である。正義を根幹とし中枢とする裁判を、便宜変通の政策の奴隷とした点において、許すべからざることを敢えてしたのであって、幸か不幸か、この愚策の対象は正義を熱愛するアングロサクソン系の米人であったがために、当然来るべき破綻は、余りに早く、余りに鮮やかに、起ったのであった。

米国独立運動の原因の重要なものの一つは、裁判の政策化であったことは、前に書いたが、その直接の動機となった裁判事件、即ちここに述べるツェンゲル事件は、実は大したものではない。事案そのものは一向つまらないものであって、ジェームス二世の亡命を招致した七僧正事件の悲壮にして雄大なのに比べると、これはいかにも空疎なものである。その被告人に付いて云っても、彼にありては、カンタベリー大僧正以下七人の高位の人であったが、これにおいては、市井の一職人である。その内容において、霄壤《しょうじょう》の差異はあるが、裁判の独立が疑われた時、そこに著大な変動を惹起したことにおいては、両者全く同一である。

そのツェンゲル事件をここに書く。

ヨハン・ペーター・ツェンゲルはその名の如く、ドイツ系の移住民で、ニューヨークの小さい印判屋の主人であったが、このツェンゲルがニューヨーク州の総督ウィリヤム・コスビーを誹毀したと云うのが、事案の内容である。

コスビーがニューヨーク州総督として赴任したのは、一七三二年のことである。コスビーは陰鬱な、恐ろしく無愛想な、しかも、我ままで慾の深い性格で、私財の増殖はその唯一の目的でもあり、又唯一の道楽でもあった。前任者の死に因って、コスビーが他から転任して来たのであったが、前任者の死亡後、コスビーの着任まで、数月の間、オランダ生まれのヴァン・ダムと云う者が総督事務の取扱いを命ぜられていた。事務取扱いの期間中、それ相当の俸給は勿論ダムに支給せられたのであるが、コスビーはそれは自分に支払わるべきものだ、即ち、自分が就任すると同時に、前任者死亡の当時に遡って、一切の俸給は自分の権利に帰属するのだと主張して、ダムからそれを捲き上げようとした。この主張は勿論不当である。判事モリスは果然この請求を棄却した。

そこで、コスビー総督はモリス判事を罷免した。総督は判事の罷免権を持ってはいたけれども、乱暴至極の沙汰である。

次に、コスビーはダムを叛逆罪として起訴し、ダムが既に逃亡して、行衛不明だと云う偽証を作り上げて、例の俸給は勿論、ダムの財産一切を没収しようとした。然るに、ダムは逃亡どころか、ニューヨークに立派に住んでいたのである。滅茶なことを滅茶な裁判でやろうとしたのである。今日それを考えると、全く想像にも及ばないことだが、コスビーはそれを平気で押通そうとしたのである。

今日のニューヨーク市は人口七百万を包擁する大都会であるが、この当時は戸数千五百、人口約一万を有するに過ぎなかった。

当時のニューヨーク市は人口一万に過ぎなかったけれども、総督の駐在地であり、ニューヨーク州最大の市場である。そのニューヨーク市に新聞と云うものがなかった。否、あることはあったけれども、たった一つ、くだらない週刊新聞があったばかりで、ニューヨークの市民はこれには勿論甚だ不満であった。

そこへ相当有力な新聞が一つ顕れた。「内外最新報導ニューヨーク週報」（"The New York Weekly Journal, containing the Freshest Advices, Foreign and Domestik."）と云う長い名の新聞である。

この新聞の創立者はニューヨーク市の三人の代表的人物モリス、アレキサンダー及びスミスである。モリスは前に書いた免職判事、アレキサンダー及びスミスの両人はニューヨーク州における最も有能な弁護士である。この三人の創立者は自ら執筆し、自ら編集の任に当ったが、印刷の方を引受けたのは、貧乏だが勉強家の印判屋、本件の被告人ツェンゲルで、新聞はツェンゲルの名において、発刊せられたのであった。

ニューヨーク週報の売れ行きは宜かった。時には三版を発行するような勢いだった。この新聞紙上で、三人の創立者等は手酷しくコスビーの遣り方を攻撃した。コスビーの名は指さなかったけれども、「法令を無視する官憲」とか、「陪審制度を蹂躙する政策」（コスビーは陪審員を籠絡して、裁判を左右しようとした。期せずして、前に掲げたジェームス二世の暴戻な手段とその揆を一にしている）とか云ったような文字が盛んに使用せられた。

新総督コスビーに反感を抱いていたニューヨーク全市の人々は、手を拍って喜んだ。注文は殺到する、激励の手紙は山積する、やるべし、やるべし、材料は俺が提供すると云ったような投書は潮来する。馬のように働いて、牛のように疲れを知らないドイツ生れのツェンゲルは、てんてこ舞いになって、印刷機と相撲を取った。

困ったのはコスビー総督である。

折角陪審員まで籠絡して、細工は流々仕上げに近づいていたダム事件は、中止せざるを得ざるに至った。

勿論、コスビーは激怒した。

ツェンゲルは自分を誹毀したものとして、六頁に上る長い起訴状を書いて、手続を執ったが、一七三四年の一月及び十月の両回に、起訴陪審は起訴に同意しなかった。

コスビーはツェンゲル退治をどうしても断念し得なかった。

当然の法制に依れば、米国各州には三つの機関があった。総督（Governor）と参事会（Council）と州会（Assembly）とがそれである。総督を内閣とすれば、参事会は貴族院のような、枢密院のようなものだが、参事会員は総督に依って任命せられた。州会は勿論議会の地位にある。そこで、コスビーは参事会員を使嗾して、議会にニューヨーク週報焼却命令及びツェンゲルに対する起訴命令の提案をなさしめたが、議会ではそれを握り潰した。

ツェンゲル退治が失敗すればする程、コスビーの方では躍起となった。しかしながら、斯様な成行の下においては、躍起になればなる程、無理が嵩じるのは、むしろ当然のことである。

コスビーは参事会を動かして、参事会自身の権限に依って、ニューヨーク週報の焼却命令を出させ、その焼却には市長及びその配下の吏員に立会わしめることにした。コスビーの考えでは、市の有司全員参列の大儀式を挙行して、威儀三千、昭々乎たる白日の下に、ニューヨーク週報を焼却せしめて、総督の権威を万民に慴伏せしめるはずであったが、市長及び市の吏員は参列を峻拒した。そこで、とにかく、焼却は行われたけれども、参列者はいない。執達吏とその奴隷（当時は未だ奴隷制度が行われていた。奴隷制度の撤廃せられたのは、この頃から約八十年の後、リンカーンの果断の賜物であることは、云うまでもない）の黒人がこれに当った。恰好の悪い黒人がうず高い新聞紙をよたよたと持ち廻る光景は、むしろ甚だ滑稽だった。森厳に挙行しようとした儀式が、一場の茶番狂言に化し去ったのである。コスビーはやはり失敗したのであった。

コスビーは更に最後の高圧策を執った。裁判官を操縦して、ツェンゲルに刑の言渡しをなさしめる、即ち彼の奥の手を遂に出したのである。

コスビーの命に依って、参事会はその権限に基き、遂にツェンゲルに対する起訴手続を執って、拘留状を発令した。

ツェンゲルの拘留せられると共に、週報創立者のアレキサンダー及びスミスの両名は弁護人として、保釈願を提出した。この両名が市内屈指の弁護士であることは前に書いた。然るに、この保釈に付いても、コスビーの裁判所に対する干渉が如実に現出した。ツェンゲルは渺乎たる一印判屋である。ニューヨーク週報の景気は大したものだけれども、それは別箇の経済で、ツェンゲルは週報社の一職人たるに過ぎない。裁判所でツェンゲルの財産調査を試みたが、融通し得る財産としては、わずかに四百円しかないと云うことが判明した。この貧職人に対する保証金が驚くなかれ、八千円と計上せられた。現今の英米における保釈の保証金は我国の実情に比して、すこぶる高い。しかし、本件は今を去る百九十余年の前のことである。要するに、八千円の保証金の決定は保釈不許可を意味するものに過ぎなかった。勿論保釈は実現しなかった。

一七三五年一月の二十八日、起訴陪審は起訴に同意しなかった。それに依って、ツェンゲルは釈放せられたが、重ねてツェンゲルは告発せられ、逮捕の上、事件は遂に法廷に持出された。

係判事は二名、ド・ランセイ及びフィリップスである。この両判事、特に前者はコスビーの勢力圏内の人だったと云われている。弁護人は例に依って、アレキサンダー及びスミス。

法廷の争論は最初から猛烈なものだった。それも、検察側対弁護人の争いではなく、判事対弁護人の喧嘩だった。法廷を正義の殿堂と礼讃する英本国では到底見られない穢い醜い激しい論議が、ベンチの上と下とで交錯せられた。法廷と云うよりは、むしろ居酒屋の口論である。法律を研究した八公熊公が、こん畜生を連発するようなものだと云っても、敢えて甚だしく酷評ではない程度のものであったらしい。

弁護人スミスは先ず判事の権限を否定した。両判事は総督に依って任命せられた、然るに、州法に依れば、判事の任命は参事会の協賛を得て総督これを行うことになっている。両判事の任命に付いては、参事会の協賛を得ていないから、正式の判事ではない、従って、本件に対して裁判権を持っていないと云うのが、その主張であった。

激論の末、ド・ランセイ判事は叫んだ。「結局、僕達がベンチ（判事席）を出るか、君等がバー（弁護士席）を出るか、二つの内の一つである。だから、僕達は君等を除名する。」

これで、当該問題だけは落着した。アレキサンダー及びスミスの両人は弁護士資格を剥奪せられたのである。

ツェンゲルの弁護人は官選に依って、チェームバースと云う若い温和な人物が任命せられた。

陪審の構成に付いては、又々紛議が勃発した。コスビー意中の人々を以て、陪審を構成したからである。

これには流石のド・ランセイ判事も怒ってしまって、陪審の構成を更新することにした。

厄介者のアレキサンダーとスミスとは逐っ払った。新しい弁護人は経験のない先ず以て毒にも薬にもならない人物で、その操縦は容易である。陪審の構成もまずはひと通り批難のないように遣り直した。これで、ようやく思ったように裁判が出来る。満廷既に与み易しと云ったような態度で、ド・ランセイ判事は傲然として、法廷を睥睨した。

ド・ランセイ判事は、凱旋将軍のように、人気役者のように、泰然且つ悠然として、法廷を瞰下していたが、たちまちにして、ド・ランセイ判事は愕然として色を失った。ド・ランセイ判事の風貌に遽に狼狽の色が見えて、その態度に突如として極度の困憊の様子が顕れた。それは、法廷の戸が音もなく開かれて、静かに一人の白髪の老人が入って来たその一刹那であった。この白髪の老人こそ、八十の齢を超えて、脚部に重い痛風を憂い、いたいたしげに弱ってはいるけれども、全米法曹界の第一人者として、朝野上下の信頼畏敬の的となっているアンドリュー・ハミルトンその人であった。ハミルトンはかつてペンシルヴァニヤ州の検事総長、フィラデルフィヤ市のレコーダー（市の要職で、その権限には判事の職をも含んでいる）、ペンシルヴァニヤ州会議長の地位を経て来た人である。法律の智識においても、法廷の弁論にかけても、ド・ランセイはもとよりハミルトンの敵ではない。そのハミルトンが人知れずいつの間にかツェンゲルの弁護人として、出廷する事になって、フィラデルフィヤからニューヨークまで出張して来たのであった。

検察側の作戦計画は、ツェンゲルがニューヨーク週報を印刷し発行した事実を、証人に依って立証し、その事実の点のみに付いて、陪審員の答申を求め、記事の内容が誹毀になるか否やの点は判事に一任する、即ち、ツェンゲルが印刷し発行したことは、証拠上明白だから、陪審員も否定はしない、その事実が確定すれば、直にそれが誹毀罪に該当するものとして、判事は刑の言渡しをする——と云うように、順序は的確に予定せられていた。この予定通りに行けば、事件は簡単明瞭に片附く。この予定計画は総督の懐柔に依って、官選弁護人のチェームバースも同意したと云う風説が高い。果して然らば、朝野法曹馴合いの茶番狂言である。全く以て沙汰の限りである。

斯様な工合で、検察側では印刷発行の事実を立証する証人だけしか用意していなかった。尤もそれだけは十分に用意してあったが。

しかし、流石のハミルトンはその手は喰わなかった。ハミルトンは立って、ツェンゲルの印刷発行の事実を綺麗に自認した。

これで、検察側では全くあてが外れて、しばらく呆然としていたが、ようやくにして、既に印刷出版の事実が明らかになった以上、陪審員は宜しく有罪の答申をなすべきものだと弁論した。

ハミルトンは直に立った。印刷出版の事実が明白になっても、それだけでは本件事案が誹毀罪に該当するものとは云われない。記事の内容が虚偽で（false）誹謗で（scandalous）煽動的（seditious）たることに依ってのみ、本件の犯罪は成立する。検察側は先ずこの点を立証すべきものだと、主張した。これは英法の下においては、正論である。

正論に従えば、検察側は記事の内容の虚偽なことを立証しなければならないのだが、それは不可能なことであった。問題の記事には多少の誇張があったにしろ、とにかく、事実を事実として、報導し論評したまでのことであって、それでは、英法上誹毀の罪を構成しない。この犯罪の成立を肯定するがためには、記事の内容が虚偽だと云うことを立証しなければならないのだが、それは、出来ない相談である。検察側の進退はここに全く谷《きわ》まってしまった。

四苦八苦の末、検察側は立証する代りに、弁論で虚偽だと云うことを縷述した。しかし、弁論は証拠ではない、結局、起訴は崩壊し去る外はないのである。

ハミルトンは流石に役者が上だった。検察側が立証を要せずと云うならば、自分の方で、反証として、進んで、記事の内容が真実だと云うことを証明すると、云い出した。

記事の内容が真実だと云うことが、立証せられては、大変である。そうなると、コスビー総督の非政非行が法廷において明白にせられることになる。それでは、まるで犯人を転換するようなものである。ここにおいてか、総督派の一同は真っ青になった。

何はさて置き、ハミルトンの立証を阻止しなければならない。ド・ランセイ判事は急遽審理の終結を宣して、双方に弁論を命じた。

犯罪構成の要件が立証せられないのだから、事案の運命は既に決している。しかも、全米法曹界の耆宿、八十幾歳の老弁護士、ハミルトンの弁論は周到荘重、堂々乎として、真に襟を正さしめるものがあった。後世の米国式でなく、静かに落着いた雄弁だった。

陪審員の評決は瞬刻にして終った。答申は勿論無罪である。

法廷の内外に雷霆の如く起った喝采の声を聴きつつ、憮然として判事は退廷した。

ニューヨーク市はハミルトンの労に酬ゆるために、市民権を賦与し、且つ見事な黄金の函を贈呈した。ツェンゲル事件に対するニューヨーク市民の熱情は、独立運動の最初の発現であった。独立戦争の第一の犠牲の血は、この後四十年、レキシントンで始めて濺がれたのであった。

政権を覆した博奕打の話

真偽の程は知らず、第二十世紀の初頭において、ニューヨークの市政、殊にその警察の方面は極度に腐敗していたと云うことである。政党は黄金に依って、その暴威を逞しくし、その暴威を逞しくする根源の動力たる黄金を得るがためには、一切の手段を尽し、あらゆるものを犠牲にして、尚且つ悔ゆるところがなかった。市政の当路者は市民の幸福や公共の安寧を考えないで、何よりも先ず、自己の政党のために闘った、否、それよりも、取り敢えず、第一番に、自己自身の利益を主眼とした。されば、賄賂の収受は公然の秘密であって、巡査が犯罪を覚知しても、上司は犯人の逮捕を禁止する。犯罪の前に、既に黄金が警察の首脳者へ廻っているからである。従って、万引にしろ、博奕打にしろ、婦女誘拐業者にしろ、甚だしきに至っては、強盗団にしろ、それぞれ組合を組織して、組合長から警察の高級吏員へ、犯罪公許の税金を納めていた。酷吏は虎よりも猛しと云うが、虎はとにかく、ニューヨークの市政の中心人物は本職の悪党よりは、一枚上の悪党だったのである。例のルーズベルトが一八八〇年代から九〇年代にかけて、ニューヨーク市の警察本部に陣取って、花々しい活動を続けていた頃には、廓清の曙光も見えたのであるが、一九一〇年頃から、又逆戻りをして、むしろ以前以上に、弊風は市役所に横溢した——と云うことである。

一九一一年にラインランダー・ウォードウがニューヨーク市の警察総長になってから、専ら警察界の禍根を除くことに腐心した。禍根と云えば、賄賂だが、賄賂提供の大口は賭場経営者である。法度の博戯は勿論、いかさま賭博は云うまでもなく、婦女誘拐、詐欺恐喝、凡そ魔の都の闇に巣くう一切の兇悪の策源地は賭場で、賭場の経営者は概ね博徒の親分であり、泥棒の首領だったが、これが又警察のドル箱になっていたのである。そこで、ウォードウはこれ等の賭場経営者を検挙することにした。

賭場経営者の検挙に当って、殊勲を立てたのは、特別高等部長のチャールス・ベッカーであった。ベッカーは機敏で熱心なのに加えて、部下の精鋭を指揮するのに、非凡の腕前を持っていたから、鬼に金棒で、朝に一城を挙げ、夕べに一塞を抜くと云った調子で、著々乎として、大検挙の功を奏した。

しかし、賭場経営者はまだまだ残っていた。殊にその親分中の大親分、ドイツ系のユダヤ人で、ヘルマン・ローゼンタールの賭場に手を触れなかったことは、竜を画いて、点睛を欠くの憾みがあった。警察界の廓清を翹望している公正な人達にとっては、これが何よりも歯がゆいところだった。そこでウォードウ警察総長はベッカー部長に対して、今ひと息のところだ、しっかりやれ、と激励した。

ここにおいてか、一九一二年四月の某夜、果然、博徒の大巣窟、ローゼンタールの賭場に手入れがあった。踏み込んだのは、勿論ベッカー部下の精鋭である。しかし、ローゼンタールはいなかった。その甥の青年と外一名が逮捕せられた。賭場は完全に閉鎖せられた。

間もなく、ローゼンタールは奇怪な事項を、文書を以て、公表した。いわゆる怪文書である。怪文書の要領は次の通りである。

自分の賭場は警察の手に依って閉鎖せられた。自分は敢えてこれを以て警察吏員の不信行為だと断言する。法の命ずるところに依って、賭場を閉鎖するのは、当然だろう。自分はそれには苦情はない。自分がここに天下に訴えて、公明な判断を仰ぎたいのは、自分に対する警察吏員の不信行為である。自分の賭場は実は某警察高級吏員X氏と自分との共同経営である。共同経営と云っては、当らないかも知れない。正確に述ぶれば、X氏は出資者、自分は営業者である。X氏は千五百ドルを出資して、賭場の設備一切の上に担保権を取得し、上り高の二割を受ける約束で、自分は右出資金の受領以来、二割の配当を、確実にX氏に渡している。然るに、その後、X氏が自分に向って、君の賭場が総長に睨まれている、自分も背に腹は代えられないから、君の賭場へ乗り込む、悪しからず、承知してもらいたい、と云った。自分は、それは乱暴です、あれは私の賭場と云うよりも、あなたと私との組合賭場です、それをあなたが検挙すると云うのは、不都合です、と答えた。しかし、X氏の部下は突如として、何月何日の晩に、賭場の手入れをしたのである。その時検挙せられた青年は、自分の妻の甥で、偶然来会わせていた者である。少々の罰金で事済にしてやる、と云うことであったが、自分はそれを断った。更に、X氏は自分に対して、千五百ドルの出資金は御迷惑を掛けた賠償として、君に進上する、と云って来たが、これも自分は峻拒した。自分は飽くまでもこの事実を明白にして、天下万民の裁断を仰ぎたい。斯様な告白をすれば、豺狼の如きX氏は必ずや自分に手痛い迫害を加えるだろう。今や自分は死を賭している。この公開状を書くことは、恰も自分が自分自身に対する死刑執行命令を作成するようなものである。死の迫害は免るべからず、しかも、自分は事実を事実として、天下に訴えたい。

この怪文書がニューヨーク市は云うに及ばず、合衆国全体を聳動したことは、勿論である。

次に、ローゼンタールは市の治安裁判所に、X氏を告発して、逮捕を申請した。しかし、治安判事（市の吏員）は、認むるに足る証拠なし、と云う理由で、申請を却下した。

ローゼンタールは辟易しなかった。更に第二の怪文書を公表した。

第二の怪文書は前回に比べて、事実を具体的に、明細に挙示して、X氏こそ、ニューヨーク市の警察部内の錚々者流、賭場経営者大検挙の殊勲者、警察界廓清の大立物、特別高等部長のチャールス・ベッカーその人である、と明記し、ベッカーは自分に対して、賭場検挙は止むを得ない、と云って、自分の諒解を求めたが、自分は承諾しなかった。しばらくして、ベッカーは当惑していたようだったが、話はそれ以上には進行しなかった。その時は、ベッカーから、郊外に近い或るカフェーを指定して、そこで会いたい、と云って来たので、自分はそこへ行って、ベッカーと二人で、ゆっくり食事をしていたが、その不在に乗じて、当夜、賭場の手入れがあったのである。勿論、ベッカーがその腹心の部下に命じて、手入れをさせたのである。――と附加してあった。

ローゼンタールは「死を賭して」事実を天下に訴えると云う。彼はドイツ系のユダヤ人である。徹底を期するドイツ魂と頑強執拗なユダヤ根性とが、彼の全身に漲っていた。粘り強く、ひっつこい彼は、親戚友人の諫止を斥けて、どこまでも黒白を明らかにすると云った。勿論、警察側から、威嚇もあり、懐柔もあったが、彼は断乎として、所信を貫く、と揚言した。

怪文書は満天下の耳目を愕かしめたが、ローゼンタールの素性は悪い、彼は博徒の親分であり、暗黒界の覇者である、彼の告白の全部を信用することは出来ないが、しかし、警察界の腐敗は余りに明白な事実であり、警察界を支配する市の政党幹部が黄金のために狂奔していることは、誰知らぬ者なき公然の秘密だった。ローゼンタールの怪文書は信用することが出来ないとしても、ローゼンタールの指摘したような警察高級吏員の醜行は、たしかにありそうなこと、否、あるに相違ないことでもあった。

この問題に対して、ひそかに、注視を怠らなかったのは、州検事長のウィットマンである。恰も好し、ローゼンタールはウィットマンに宛てて、告発状を提出したから、ウィットマンはローゼンタールを召喚して、事実の説明を聴取し、且つ、大陪審（起訴陪審）に対して、一切を陳述するように、命令した。ローゼンタールは欣然として、この命令を受諾した。これが一九一二年七月十四日のことである。


ローゼンタールは検事局を出て、多くの友人達に逢って、検事長の命令のことを語ったが、それに附け加えて、悄然として、彼は云った。「折角、検事長があんなに云って下さるものだから、自分は喜んでお受けしたが、それまで（大陪審に説明する機会までの意味）、自分が生きていられればよいが、自分はきっと殺されるよ。」

その夜、ローゼンタールはニューヨーク・ブロードウェーに近い屈指の料理店、メトロポールで、友人達と会食した。ここは不夜城である。満都の華美をここに鍾《あつ》めて、花やかなシャンデリヤの輝く影に、シャムペンの泉が湧き、葡萄酒の滝が流れる。政客、俳優、相場師、博徒（勿論、親分手合ばかりだが）の群れ興ずる間を縫って、腕もあらわな浮かれ女が、派手な笑を投げて走る。

翌朝午前二時頃、草木も眠る刻限だが、ここは今歓楽の頂点期である。ローゼンタールのテイブルへ、一人の大きな男が進み寄った。ウェッバーと云うやはり悪党仲間である。ローゼンタールを見て、「やあ、大将、えらい景気だね」と云って、軽く肩を叩いて、立ち去った。

やがて、このメトロポール料理店の玄関の向い側に、大きな灰色の自動車が止った。その中から、一人の男が飛び出して、メトロポールへ入って行った。しばらくして、その男がローゼンタールと連れ立って、メトロポールから出て来たが、玄関を去って数歩、大道の並木の下で、ローゼンタールには知れないように、右手でローゼンタールの帽子をつつくような手振りをした。これが合図だったのである。三、四人の若い男が、ばらばらと駆け寄って、一斉に、ローゼンタールに向けて、拳銃を発射した。深更とは云え、白昼を欺く電灯の下である。しかも、ニューヨークの目抜きの場所、大料理店の玄関先である。通行人も多かった。その殷賑の街頭で、ローゼンタールは殺されたのである。

ローゼンタールが斃れるや否や、ローゼンタールをメトロポールから連れ出した男と、ローゼンタールを殺した三、四人の若者とは、例の灰色の自動車に飛び乗って、どこかへ消えてしまった。殺人の現行を見た人も多かったが、あっと云う間に殺して、あっと云う間に下手人は逃げてしまったのである。

ローゼンタールの発表した怪文書ですら、満都の耳目を聳てたのだから、そのローゼンタールが怪文書を発表してから、間もなく、ニューヨークの栄華の中心において、白昼を欺く燦爛たる電灯の下で殺されたことが、公憤を閃裂せしめたことは、勿論である。なるほど、ローゼンタールは好もしからざる人物ではあった、市民にとって、望ましからざる存在ではあった。しかし、彼は極度に腐敗している警察に対して、端的に、直截明快に、攻撃の矢を放っていたのである。しかも、死を賭して、警察と云う巨大な勢力にぶっつかっていたのである。そのローゼンタールが殺されたのである。前後の事情から推測し、特に、犯行の態様から忖度して、下手人はたしかに警察の使嗾を受けて、組織的な計画の下に、この大罪を敢えてしたものだと云うことは、容易に想像せられるところであった。公憤の矢面に立ったのは、警察の高級幹部及びその上に采配を取っている市長のウィリヤム・ゲーノーであった。

市長は文書を以て、又、演説に依って、頻りに弁解を試みたが、政党の勢力でさしも堅固に築き上げられた市長の勢威も、今は全く落ち目に瀕して来た。区長の連中が先ず市長に離反した。虎視眈々として、市長及びその党与の言動に注目していた検事長ウィットマンも、いよいよ活動の決心を固めた。

検事長ウィットマンの活動も種々の支障にぶっつかった。云うまでもなく、警察の幹部、政党の巨頭の犯罪の証跡を挙げるのだから、警察を検察の手足に使うことは、極めて困難だったのである。しかし、私立探偵も利用したし、凡そ一切の方法を尽して、捜査はとにかく進捗した。

例の灰色の自動車――犯人を乗せて来て、ローゼンタールを殺すと同時に、犯人がそれに乗って逃げた自動車――の番号に依って、その持主がジャック・ローズと云う男（外一人との共有だが）だと云うことが判明したが、このローズも暗黒界では相当に名の売れている方で、賭博と婦女誘拐との常習犯だが、うまく警察の幹部にわたりを附けて、法網を潜っている男である。このローズを説得して、起訴しないことを条件として、真実の供述をさせることにした。

不起訴を条件として、真実を供述せしめることは、面白からざる捜査方法ではあるが、英米の実際において、時々見受けるところである。勿論、普通慣行の手段ではない、やむを得ざる場合の方策である。主犯Aの犯罪事実を明らかにするには、従犯Bの自白を待つの外はない、その以外には、絶対に証拠を挙げる途がないと云ったような場合に、Bを起訴せざる約束の下に、Bをして自白せしめるのである。大の虫を殺す方便として、助くべからざる小の虫を助けるのである。

ローズの自白は驚くべきものであった。或る人は果せるかなと手を拍った、或る人はまさかと思ってはいたが、さては左様だったかと、愕然とした。ニューヨーク市警察特別高等部長、警察幹部のうちで、最も有能だと目せられていたチャールス・ベッカーこそ、この怪事件の張本人で、ベッカーがローズを脅迫して、ローゼンタールを殺させた。尤も、ローズが自ら手を下したのではないが、ローズの指図で、四人の悪漢がローゼンタールを殺した。されば、下手人は四人の悪漢だが、その元締はローズで、更にその上の総元締はベッカーだ——詳しく云えば、ローズの共謀者は外に二人ある、ローズ外二人の元締格は不起訴を条件として、真っ直に、一切を白状した。

四人の下手人は皆二つも三つも綽名のある無頼漢だった。これ等は相ついで捕縛せられた。

チャールス・ベッカーは起訴せられた。

ベッカーがもし有罪になると、ニューヨーク市の警察を囲繞する悪政治家の団体も崩壊するの外はない。彼等はベッカーを救うために、莫大な資金を醵出した。尤も、ベッカー自身も余程の金持である。或る一銀行における彼の預金は十三万円に上っていた。彼はもともと貧乏な男だったし、いくら高級幹部でも、警吏の俸給はわかっている、それがこの一両年のうちに、斯様な預金を作り上げたのであって、彼の財産は外にも出来ていた。しかし、事件は既に法廷に持ち出されたのである。金の力では、どうにもならない。

金の力では、どうにもならないので、又一つ、外の悪い力が用いられた。それは斯様である。

「大きなジャック」と云う綽名のツェリックと云う男が、町の真ん中で、「赤毛のフィル」と云う綽名のダヴィッドスンと云う男に射殺された。都大路の衆人環視の下に、殺人の行われることは、アメリカでは、市井の瑣事かも知れないが、このツェリックはベッカー被告事件の検察側の有力な証人で、公判開廷の際には、劈頭第一の証人として、ベッカーの非行を明細に陳述するはずになっていた。そのツェリックが突如として殺されたのである。検察側の有力な証人をこの世から葬り去るがために、否、むしろ、凡そベッカーに対して不利な陳述をなす者は、まずこの通りと、範（？）を示して、一切の検察側の証人の気勢を事前に殺ぐがために、この殺人が行われたことは、何人も容易に想像し得るところであった。

ツェリックの横死は検察側にとって、大変な打撃だった。四人の下手人はツェリックの選抜に係るもので、四人の下手人とローズとの関係は、最もよくツェリックが知っている。ローズとベッカーとの関係は、ローズ自身が供述するだろうが、四人の下手人とローズとの関係は、ツェリックの証言に依って、明白になるはずだったのであるが、そのツェリックが殺されたのだから、ベッカーと四人の下手人との連鎖関係が、一寸曖昧になる。これには検察側も余程閉口したようである。

公判はいよいよ十月の七日に開始せられた。判事はゴッフ氏、検察法曹はウィットマン検事長、補助としてモッス氏、弁護人はマッキンタイヤ氏。

アメリカにおいて、大きな事件では、必ずしも珍しいことではないが、陪審の構成に付いて、頻りに苦情が出て、それが甚だしく長引くと云う弊風がある。かつてアメリカの法曹団が英国の法廷を見学した時、陪審の構成が僅々数分のうちに片付くのを目撃して、一斉に驚嘆していた。「全く、おったまげたよ」と吃驚して語るのを、現に私は聴いたことがある。

第一日にはようやくにして、たった一人の陪審員が選ばれた。弁護人のマッキンタイヤ氏が小うるさく苦情を附けたからである。判事も怒り出して、こんなに異議があるのなら、徹夜をしてもいい、とにかく、陪審の構成だけは済ますと云ったが、結局、一人の陪審員が出来ただけで、その日は終った。

第二日には十人の陪審員が出来上っただけであった。第一日と併せて十一人、定数に達せざること一人にして、この日も終った。

第三日に至って、十二人の陪審員の選定が終って、いよいよ審理は始まった。

証人が順々に訊問せられたが、ローズの供述が最も重要なものであったことは、当然である。

公判は十月二十四日、即ち、七日に開かれてから、十八日目に、最後の落着に到達した。この日、陪審員が評議のために退廷したのは、午後の二時頃だったが、表決をもたらして法廷へ戻ったのは、深更十二時少し前で、約十時間を評議に費していたのである。

陪審の答申は「殺人罪として有罪」。

判決は勿論死刑の言渡しである。


死刑の言渡しを受けてから、ベッカーは凡そ利用し得べきあらゆる法条の末節の限りを尽して、判決に抗争した。かくして一度定められた死刑執行日が延期になって、一九一四年の五月十一日、別の判事に依って、再度の審理が開始せられた。

再度の審理は五月の十一日から二十三日に亘って、詳細な証拠調べを繰り返して行われたが、陪審の答申はやはり「有罪」。この時の評議時間は二時間弱だった。

ベッカーに対する最初の審理終結の後、再度の審理開始の前に、別件として、四人の下手人に対する殺人被告事件が審理せられ、いずれも死刑の言渡しを受けて、電気刑を執行せられた。

ベッカーは更に数次の抗争を続け、大審院に対して、判決取消及び即日釈放の申請を提出したが、これはヒューズ判事の主任事件となって、一九一五年の七月十一日に却下せられた。

ベッカーの異議は手段を変え、方法を替えて、次から次へと持ち出されたが、遂に、一九一五年の七月三十一日、電気刑に依って、生命を奪われた。最初死刑の言渡しを受けてから、一年九箇月の後で、英国では勿論、アメリカとしても余程遅い刑の執行で、これはベッカーが種々の抗議を提出したためである。

＊

ウィットマン検事長はニューヨーク州の知事になって、市長に有能なミッチェル氏を挙げ、さしも腐敗していたニューヨーク市の政界はこの事件に依って、廓清の実を挙げた。

大思想家を渦中に捲き込んだ裁判の話

第十九世紀の英国は鴻儒碩学彬出《ひんしゅつ》して、論陣に、芸苑に、百花繚乱の観を呈したのであって、郁々乎としてさかんなること、正にエリザベス朝を凌ぐものがある。なるほど、第二のシェークスピヤこそ出なかったけれども、科学の振興に付いては、ヴィクトリヤ朝の英国は真に世界的に画期的時代を作り上げたのである。それ等思想界、芸術界、科学界の名流巨匠が一刑事事件を環って、卍巴の大混戦を演出した事例がある。俗社会の人気を煽り立てた事件は多いが、一代の偉人をほとんどことごとく渦瀾の裡に捲き込んで、竜攘虎搏の論戦を続けしめたことにおいては、この事件はけだし前代未聞である。アイル総督事件が則ちそれである。

事件の主人公はエドワード・ジョン・アイルである。

アイルは一八一七年に中部英国の一牧師の家に生まれた。十七歳の時に四千円の金を持って、濠州へ出掛けたのが、彼の活社会への第一歩であった。

アイルは間もなく総督府の小役人になって、後に民選行政委員に挙げられたが、手堅い真面目な性質で、殊に難局に当って、骨身を惜しまないから、何処でも、誰にでも、一方ならず調法がられた。しかも、先住土民と移住英人との利害の調和に至っては、アイル独特の擅場《せんじょう》であって、この方面に付いては、アイルは全く必須の人物になってしまったのであった。

二十三歳の時、奥地探険に志したが、榛蒙の鬱林と砂礫の曠野とが相参差する千里の果てを窮めることは出来なかった。しかし、その途次、トレンス湖を発見した。これは長百二十マイル幅四十マイルの半鹹半淡の湖水である。トレンス湖に棹さしつつ、北へ北へと進んで、更にアイル湖を発見した。その広袤はトレンス湖に次ぐもので、これは全く鹹湖である。この湖水に発見者の名が冠せられて、アイルの名は永く濠州の一角に印せられているのである。

三十歳の時ニュージーランドに移り、総督府部長に抜擢せられたが、ここでも、立派な手腕を見せた。慓悍な土民を慰撫し感化し懐柔する点においては、アイルは真に第一人者だったのである。

尋《つい》でアイルはセント・ヴィンセント及びアンティグワ島の総督に任ぜられた。これは西インド諸島の東南隅の小領土ではあるが、四辺に諸国の領土が交錯している関係上、その統治には随分骨の折れる場所であった。然るに、アイルはこの新任地においても見事な治績を挙げた。

セント・ヴィンセント及びアンティグワ島の総督たること七箇年にして、アイルは遂にジャマイカの代理総督に挙げられた。それは一八六二年、彼の四十六歳の時であった。前任地において冴えた手腕を見せたとは云え、それは要するに蕞爾たる小島嶼であった。総督と云う名称は大きいが、権限の範囲は弾丸黒子の小地域に限られていた。然るに、ジャマイカは西インド諸島の英領中最大の区域であって、東西百七十マイル南北六十マイルに亘り、敢えてその幅員や人口の上からのみでなく、政策上軍策上の方面においても、カリビヤン海に居然たる地位を占めている。されば、その代理総督既に顕要の重職たるのみならず、朞年《きねん》ならずして、本職の総督に補せられたから、アイルの栄進は当時ほとんど破天荒の簡抜であったが、彼の力量に照らして、何人もそれを非議するものはなかった。

ジャマイカ総督は勿論甚だ重大な地位である。（退任後は貴族に列せられることが恒例になっている。）首府キングストンの官邸は壮麗正に大国の宮殿に比すべきものがある。その官邸の主人公たるアイルは、四千円の金を持って、本国を飛び出してから既に三十春秋、今は初老の齢を超えて、鬢《びん》に霜を帯びては来たが、鞍馬遠く不毛の異域を探った往年の意気は、尚その眉宇の間に消え残ってその恪勤の日常には壮者も三舎を避けるのであった。

物語はこれから始まる。


ジャマイカ島の住民は概ね黒人であって、白人はその三十分の一にも達していなかったが、その黒人が奴隷状態から解放せられて、自由な市民となってから、まだ間もないのであった。遽に一人前になった黒人は、一挙にして白人から全権を奪い去ろうとした。従前酷使虐遇せられた反動として、白人駆逐の声を諸方に挙げた。昨日まで白人から受けていた苦痛を、今日は白人に与えようとしたのである。

しかしながら、黒人の大部分は依然として、未開の状態を脱しなかった。彼等はほとんど自由の価値すらも解しなかったが、同胞の宣伝には極めて端的に雷同した。されば、少数の熱狂者が痛烈な演説を試みると、彼等は直に兇器を手にしてこれに随った。かくして、叛乱の火の手は燎原の勢いを以て、燃え立ち燃え拡がって、それが何を意味するか、それが何を将来するかを知らない黒人の大衆に依って、白人の家は焼却せられ、白人の子女は殺傷せられた。

丁度、そこへ、アイル総督が任を受けたのである。アイルは暴徒の鎮圧に全力を竭《つく》したが、常に黒人の味方をするバプティストの一派に対しても、痛棒を加えることを忘れなかった。バプティストの一派が黒人に同情したのには相当の理由がある。奴隷時代の黒人の地位は余りにも悲惨なものであったのみならず、奴隷に自由権を与えた後においても、その無智に乗じて、尚前日の態度を改めない白人も尠《すくな》くはなかったから、黒人を庇護し後援することは人道上当然の事であった。しかも又その反面において、アイルがこのバプティストの一派を攻撃したのにも相当の理由がある。英本国からジャマイカに伝道に来たバプティストの牧師の中には、黒人に同情して、黒人を虐待する白国人を嫌忌するの余り、感傷に流れて、理智を忘れ、黒人の暴動を必ずしも罪悪視しない傾向を帯びた者があって、彼等は黒人がその自由のためには、如何なる方法をも執り得るの権利を有するものと考え、従って、白人はその過去の黒人酷使の罪業の報いとして、黒人の兇暴を忍ぶの義務ありと信じたのであった。アイルとしては、暴徒鎮圧が当面の問題である。無制限に黒人に後援するこのバプティスト一派の態度が気に喰わなかったことは勿論である。

暴動はジョージ・ゴルドンの蹶起に依って白熱化した。

ジョージ・ゴルドンは砂糖採培を業とする英人を父とし、黒人を母とする混血児であった。ゴルドンは母の国籍に属して、最初は奴隷になっていたが、一生懸命に働いて、自由民となり、農場主となり、民選行政委員となり、立法府議員となって、父に孝養を尽し、弟妹を能く扶導した。

ゴルドンはかくの如くジャマイカ島における模範人物ではあったが、彼もまた白人に対しては決して好感情を持っていなかったのみならず、警察官憲に対しては常に反抗を続けていたから、総督府は遂に彼に対して二十年間民選行政委員たるの資格を剥奪した。ここにおいてか、彼は奮然として総督府及び特にその警察官憲の横暴を高唱した。期せずして、黒人の暴徒は彼の傘下に蒐集した。

戒厳令が布かれて、ゴルドンは軍隊の手で捕えられ、軍法会議の裁判を受けることになった。

軍法会議の裁判官は三人で、その中二人は海軍の青年尉官、一人は同じく若い陸軍の少尉候補生だった。ゴルドンの罪名は謀叛及び暴徒煽動と云うのであったが、証人はわずかに三人、しかも、その二人は挙証の上は釈放すると云う条件で、監獄から連れて来た黒人であった。(共犯事件において、共犯の一人を起訴せざることを条件として、同じ共犯の他の被告の事件の証人とする事例は、英国においては必ずしも珍しいことではない。) しかし、証人からは証拠が上らなかった。二人の黒人は又監獄へ追返された。証人に依っては、証拠は上らなかったけれども、或る書類がゴルドンの犯罪を証拠立てていると云うことで、即決で死刑が言渡され、言渡し後三十時間にして、死刑は執行せられた。死刑の執行には丁度上陸して来た陸戦隊の水兵が当ったが、何分不慣れな仕事だから、手際が悪くて、ゴルドンは絞首台の上で大分苦しんだ。屍体の処置にも何か行違いがあって、車軸を流す驟雨の中に、終日遺棄してあった。

ゴルドン処刑の当否は別問題として、その審理は余りに粗笨で、その死刑の執行は甚だ以て疎略であった。しかし暴動はこれでとにかく終熄した。

果然、英本国において、ゴルドン事件の不当審判、延いては、ジャマイカ総督府の圧迫政策が問題となった。殊にゴルドン事件の審理に付いては、いかに軍法会議とは云え、青年将校が死刑の言渡しをしたと云うことが、人道論者の激昂の基となった。何しろ、老人でなければ裁判は出来ないものだと確信している国民である、青年将校の裁判に対して反感を持ったのも、無理からぬ次第である。そこへ又、元来アイル総督を嫌っていた英本国のバプティスト派の人々は盛んに総督攻撃の火の手を揚げたものだから、輿論は期せずしてアイル総督排斥に傾いた。

英本国において、民間に「ジャマイカ問題調査会」(“Jamaica Committee”)が組織せられて、徹底的にアイル総督の非違を糺弾することになった。

ジャマイカ問題調査会の会長に推されたのは、謹厳重厚の哲人ジョン・ステュアルト・ミルである。ミルが会長として起つに及んで、ジャマイカ問題調査会の気勢は頓に挙がった。そこで政府でも捨てて置けなくなって、政府自身が調査会を任設した。その調査会の報告はアイル総督に不利であった。即ち、アイル総督の暴徒鎮圧の功績はこれを認めるけれども、アイル総督が暴徒鎮圧に付いて相当以上の厳格――体裁の好い言葉ではあるが、要するに、苛酷であったことは、掩うべからざる事実だと云うのである。

かくして、英本国政府はアイル総督を罷免して、急遽帰朝を命じた。

アイル前総督は悄然として四面楚歌の場裏へ帰ったが、ジャマイカ問題調査会はアイルの免職位では満足しなかった。

ジャマイカ問題調査会の告訴に因って、アイルは殺人被告として法廷の判断を受けることになった。それは一八六七年の三月の事である。

アイルを告訴する前に、ジャマイカ問題調査会の告訴に因って、ゴルドンの死刑執行の指揮書に署名した駐屯武官長ネルソン将軍と軍法会議の裁判長ブラント中尉とが同じく殺人被告として起訴せられたけれども、これは起訴陪審において握り潰されたのであった。殺人と云うのは、ゴルドンを殺したことを指すのである。

アイル前総督が被告となった。ここにおいてか、アイルに対する同情者が奮起した。その会名を「アイル弁護財団」（"Eyre Defence Fund"）と云う。敢然として、その会長となったのは誰あろう、トーマス・カーライルである。財団にはたちまちにして一万六千円の喜捨金が集まった。

ミルを会長とするジャマイカ問題調査会とカーライルを宰領とするアイル弁護財団とが対立した。

ジャマイカ問題調査会の重立った人々には、会長ミルを始めとして、進化論のハックスレイ教授、『トム・ブラウンのラグビー時代』の著者として知られ且つ救貧事業の先覚者たる法曹トーマス・ヒュース、歴史の教授で米国の南北戦争において北方の有力な後者だったゴールドウィン・スミス、哲人ハーバート・スペンサー等が控えている。

アイル弁護財団の方には又カーライルを筆頭として、歴史の教授でキリスト教的社会主義の泰斗チャールス・キングスレイ、芸術の擁護者ジョン・ラスキン、桂冠詩人アルフレッド・テニソン、クリミヤ戦争のバラクラワの突撃において血涙の六百騎を率いたカーディガン卿、物理学の大家でアルプス連峰のワイスホルンの最初の登攀者ティンドル教授等が揃っている。

いずれも一代の巨匠ではあるが、ミルとカーライルとの対立は如何にも面白い。

ミルとカーライルとはその思想において、その性格において、その経歴において、甚だしい径庭はあるけれども、お互いに親しい仲である。或る意味においては、ミルはカーライルの大恩人である。カーライルをロンドンに紹介したのはミルである。カーライルがその名著『仏国革命史』の第一編の原稿をミルに貸したが、ミルの女中がそれを反古だと思って、ストーヴの焚き附けにしてしまった。ミルは非常に気の毒がって、原稿再成の間カーライルの生活費を支弁しようと申し出たが、カーライルはわずかに千円だけもらって、又始めから原稿を書出したと云う話は、何人も知るところである。

ミルに付いては多くここに書く必要はない。父ジェームス・ミルの熱心な薫陶に依って、三歳の時からギリシャ語を読み初めたと云う俊秀である、その功利論は永く東西の哲学史に重要な地位を占むべきものであって、英国人の哲学を完成したのが則ちミルだと云わば云われる。彼は順境に生まれて、順境に名を挙げた。カーライルがスコットランドの片田舎の数学教師を振出しに、貧しい父を養い、弟達を扶けて、あらゆる人世の苦難を嘗めたのとは、大いに趣を異にしている。されば、年こそカーライルよりは若いが、社会的には遥かに優越な地位にいたのであって、カーライルがロンドンに顔を出した時にも、又ロンドンに永住するようになってからも、ミルはいつもカーライルを世話する方の立場にいたのであった。

カーライルに至っては、更にここに何事をも書く必要がない。彼は歴史家であり文明批評家であり思想家であるが、彼の真髄は要するに一箇の予言者である。しかも、彼は山の国に生まれて、貧しい生活をした。平静円明な英国の思潮には親しみが薄かった。彼は決然としてドイツ思想に趨り、ドイツ思想に依って東邦思想と霊犀相通ずるものがある。這般の消息は彼の名著『サーター・レサータス』が有力に物語っている。彼はシラーに私淑し、ゲーテを崇拝した。ゲーテがその逝去の少し前に、英国における欣慕者から贈物を受けて悦んだが、その世話人はカーライルだった。カーライルは又その後自分の八十の賀の時に、ビスマルクから鄭重な祝詞を受け取って喜んだ。ビスマルクがカーライルに祝詞を送ったのは、『フリードリッヒ大王伝』の著者に対して敬意を表する意味であったのである。ゲーテに対するカーライル等の贈物、カーライルに対するビスマルクの祝詞、共にその揆を一にする美談である。カーライルがビスマルクから祝詞を受けた前年、即ち一八七四年にドイツ政府はカーライルにプロイセンの大勲章を贈った。勿論『フリードリッヒ大王伝』に対するお礼の趣旨である。カーライルはそれを受けたが、同じ年に時の英国の宰相ディスレリから、バス勲章及び年金又は勲爵士《ナイト》の称号を与えようと云う申出があったけれども、それをカーライルは拒絶した。

カーライルは元来直接公共の方面に手を出したことがなかった。晩年未曽有の大多数を以てエディンバラ大学の名誉総長に推された事と七十一歳の時にロンドン図書館の創立に関係した事との外には、社会的事業の表面に顔を出さなかったのであるが、アイル事件には断乎として蹶起したのである。
アイル後援の首脳者として、カーライルは独得の激越な言辞を盛んに迸発した。ジャマイカ問題調査会を「黒奴贔負の偽善団」(“A pack of nigger philanthropists”)と痛罵し、アイルを賞揚して「公正仁慈にして勇敢の士」(“A just, humane and valiant man”)と云い「死刑に値する黒人の放火犯人を死刑にして、西インドを救ったのだ」(“saved the West Indies on hanging one incendiary mulatto, well worth the gallows”)と称した。

ジャマイカ問題調査のアイルに対する追窮も徹底的なものだった。彼等は手を代え品を替えてアイルを告訴した。告訴は二度地方廷で敗れたが、三度目の告訴に付いて、一八六七年六月にロンドン中央刑事裁判所において審議せられることになった。告訴に係る事項は二十有一、殺傷凌虐の重罪事件である。係判事もまた当代の名流であった。この時即ち起訴陪審において起訴の当否を決するに当って、今日の実際の如き単数の判事でなく、複数の判事が掌理した。判事の中には、ブラックバーンがいた、コーバーンがいた。いずれも法曹界の巨人である。ブラックバーンの起訴陪審員に対する説示(Charge)は雄渾なものであった。彼は云った。

「アイル君は難局に当って、公正に、完全に、卒直に万事を処理したのである。あの暴動、黒人共が謀叛の目的のために敢えてしたあの暴動や虐殺を考えると、私は断言する、あの場合に戒厳令を布いたのは、何等咎むべきところがないのみならず、もし、あの場合に戒厳令を布かなかったとすれば、その理由の下においてこそ、アイル君は処罰せらるべきものである。」

雄渾な説示は英国法廷の伝統的長所であるが、この位雄渾な説示は余り多くはない。起訴陪審は勿論起訴すべからずと答申した。

ジャマイカ問題調査会では更にアイルを訴追した。今度は黒人フィリップスの不当処罰問題に付いてである。この事件は一寸面白い話である。やはりジャマイカの暴動に参加したフィリップスと云う黒人が捕われて、鞭百回の痛い刑罰を受けた上、「女皇陛下万歳、黒奴糞喰らえ」（"God bless Queen Victoria, and God damn the Blacks!"）と叫ぶことを命ぜられた。然るに、笞刑に関する規定はあるけれども、「女皇陛下万歳、黒奴糞喰らえ」と叫ばしめる罰則は、いくら複雑な英国の法典にもない。そこで、法定刑以外の刑を課したと云う廉で、アイルは告訴せられたのであるが、アイルはフィリップスの処罰を全然関知していなかったから、この事件も問題にはならなかった。

かくの如く、幾多の曲折はあったが、アイルは遂に青天白日の身となって、政府はアイルに年金を支給し、且つ事件の費用を支弁した。

アイルは一九〇一年に逝去した。

植民地関係で刑事問題を惹起した巨頭の人々は、英国には、この外にもある。クライヴは自殺したが、その少なくとも一因は、自己に対する審査の席上で、プラッシー男爵の追窮が余りに酷しかったのを憤慨したためだと云われている。西部アフリカの総督ウォールは死刑に処せられた（拙稿『不思議な犯罪の話』五七頁以下参照）。古いところでは、サー・ウォーター・ラレイの悲しい物語がある。太陽の没する余地なしと云われる英国の植民地の獲得も、それぞれの犠牲は払っているのである。敢えて英国だけではない、植民地開拓の先覚者で悲惨な最後を遂げたものは尠《すくな》くない。コロムブスは貧賤の裡に死んだ。太平洋の発見者ドン・バルボアは長官に殺された。スペイン王に「王が父王より相続した村々の数よりも、多き国の数々を王に捧げた」コルテスは乞食となった。（雑誌『脳』第三号拙稿「吸血鬼コルテスの人物」参照)。スエズ運河の完成者レセップスは有罪判決を受けたが、老病の故を以て、保釈を許してもらっているうちに死んだ。しかしそれ等はここに書くべきことではない。英国人の裁判事件に熱心な一例として、私はこのアイル事件を紹介したのである。

殺人権の裁判の話

急迫不正の侵害を受けた者が、その侵害を防止するために、侵害者を殺した場合において、侵害者を殺す事が、その侵害を防止するに相当であり、必要であった時は、その殺人行為に付いて、罪責はない。これは各国共通の自明の事理である。

更に一歩を進めて、自分の生命を維持する必要の下に、侵害者に非ざる他人を殺す事は正当であるか、どうか、自分の生命と他人の生命との軽重、それが刑罰法規の上において、どれだけの関係があるか、私はここで刑法の議論を試みようとするのではない。只々英国において、この問題を解決した大事件、換言すれば、この困難な問題に対して、権威ある公定解釈を下して、英法不可動の大原則を樹立した興味ある事件を、ここに紹介する。

自己の生命を全くする必要上、他人の生命（侵害者に非ざる）を奪っても宜いか、どうか。この問題に対して、従前英国においては、十分な解説をした者はなかった。只々わずかにベーコンがその『マキシムス』において、二人の水に溺れた者が木の破片につかまったが、その木の破片は人間一人だけは支える事が出来るけれども、二人は駄目だと云ったような場合に、一人が他の一人を突き退けても、その行為は正当であると教えた。これはローマのキケロが『デ・オフィチィス』において、ヘカートの説を引用して説いている問題である。

ベーコンの説例は、本問題にはぴったりと符合していないけれども、とにかく似通ったものである。ベーコンの言説の正当なりや否やは別問題として、ベーコンの史上における地位を先ず以て一瞥する必要がある。

ベーコン（Francis Bacon, Lord Verulam and Viscount St. Albam 1561-1626）は英国中世の偉人である。哲学者、文学者、法律家、政治家として、一世に傑出した人である。

ベーコンがもし哲学の方面にのみ精進したならば、恐らくは世界の哲学は彼に依って一新生面を開いたかも知れない。彼は英国における実証論派の基礎を固めた。しかも多くの実証論徒のように、哲学を無味乾燥のものにはしなかった、彼の説くところには優しい暖かい香りがあった、彼はどこまでも大自然の忠僕である事を自認した。後世のホッブスやロックやヒュームは彼の言説を祖述し唱導したに過ぎないものだとも云える。又ベーコンが文筆の方面に直往したならば、恐らくは同時代のシェークスピヤと比肩する事が出来ただろう。否、むしろ或いはシェークスピヤを凌駕したかも知れない。田舎役者のシェークスピヤと、顕門に生まれて、自由自在に研究も思索も出来たベーコンとを比べると、詩壇の環境もまた同日の談ではない。定説ではないけれども、もとより一流の揣摩に過ぎない言説ではあるけれども、シェークスピヤの実在を疑う人々がある。詳しく云えば、シェークスピヤと云う人間は存在していたかも知れない、少なくとも存在していた証拠は残っている。（最も有力な材料は今も残存するシェークスピヤの手に成った訴状と遺言書とである。訴状は少しばかりの金を請求したもので、遺言書には机や釜の事まで詳しく書いてあるが、自分の原稿や書物の始末には少しも言及していない。）しかしいわゆるシェークスピヤの作物はこのシェークスピヤの書いたものではない、誰かがシェースクピヤの名を藉《か》りて書いたものに相違ない、何となればいわゆるシェークスピヤの作物には、ストラットフォードの田舎者――しかも学歴の徴すべきものなき興行者兼役者のシェークスピヤには到底わかるはずのない法律語や宮廷語が沢山出て来るからである。然らば誰が書いたか。ベーコンの外にはこの栄冠を頂くべき適当な候補者がないと云うのである。私は勿論この説に左袒する者ではないが、斯様な評判も立ち得るだけ、それだけベーコンの文才は尋常一様のものでなかった事だけは、十分に推知せられる。しかして又ベーコンが純粋な一法曹として終始したならば、彼はたしかに英法界千古の大立物として、永く人々に渇仰せられたに相違ない。彼の法院グレイス・インにおける経歴は花々しく目ざましいものであって、しばしば儕輩を抽んでて、異常な速度を以て、重要な地位に就いていているのである。

要するに、ベーコンは最も鋭い頭脳と最も確かな文筆とを持っていた。これが後世「最も偉大にして最も賢明なる人」（the greatest and wisest of mankind）と云われるゆえんであるが、同時に彼は一つの大なる――しかも余りに大なる欠点を持っていた。それは権勢にあせり過ぎた事である。政治上の勢力を得るがために、総てのものを犠牲として惜しまなかった事である。これが則ち後世「最も偉大にして最も賢明」なると共に「最も陋劣」（the meanest）とも云われる理由である。尤も当時はエリザベス女王及びジェームス一世の時代であって、権勢の争奪はむしろ尋常茶飯の事であったから、今日の徳義の標準を以て、褒貶し去る事は必ずしも相当の事ではない。しかもさまでにあせった彼も、政界においては、必ずしも順調には行かなかった。そして彼の失墜の時期は余りに早く来たのみならず、その原因は甚だ以て芳しからぬ破廉恥問題から突発したのであった。

ベーコンは一五六一年にロンドンのストランドで生まれた。父は枢密顧問官、母はカルヴィン派の篤信者で、立派な厳格な模範的婦人だった。エリザベス女王の下における政界の大立者バーレイ伯は母方の叔父だった。ベーコンは少時ケムブリッジ大学に入り、グレース・インで法律を勉強して、俊秀の誉れが夙に喧伝せられた。パリへも二、三年行っていたが、十八歳の時に父が死んだ。名門の出ではあったがむしろ貧乏の方だったので、ベーコンは金銭の方面では一方ならぬ苦労をした。夙に弁護士となり、二十三歳にして代議士となり、或いは叔父のパーレイ伯にすがり、或いはパーレイ伯の反対勢力の代表者、エセックス伯に手頼って、ひたすら宮廷内に地位を得ようと焦心したけれども、ベーコンのこの必死の努力は報いられなかった。これには種々の理由もあったのだが、或る時ベーコンが下院で試みた増税反対の演説が、ひどくエリザベス女王の逆鱗に触れたのが、最も有力な原因だったらしい。この増税には実は女王が最も乗気になっていたのであった。

ベーコンは代議士として議会と王廷との調和に努力した。王権と議会の権能との調節融和を図る事は、ベーコンの政策の根本だったのであるが、一つには王廷に取り入って、立派な官職を得るのが、彼の不断の熱望だったのである。エリザベス女王の崩御に次いでジェームス一世が即位した。ジェームス一世の朝において、始めてベーコンの希望は報いられて、一六〇七年即ち四十五歳の時、彼は検事次長の要職に就いたが、彼自身はあまり満足はしていなかった。彼は検事総長を望んだのであるが、卓越せる法曹で彼の終生の敵たるサー・エドワード・コークに検事総長の地位が与えられて、彼はその下風に立たなければならぬ破目となったからである。しかし一六一三年に至って検事総長に任ぜられた。検事総長としての彼はほとんど辛辣そのものであった。彼の苛政に対して、いつも反対を声明したのは、コークであった。

ベーコンはその後枢密顧問官を経て、一六一八年に大法官となって、法曹として最高の栄位をかたじけなくしたが、彼の失墜の時機も迫って来た。議会においてはコーク一派に窘窮せられた。しかも請願に基いて、議院内にベーコンが訴訟関係人から賄賂を取ったと云う廉で、査問会が組織せられ、遂にベーコンは有罪として、四万ポンド（当時としては非常な巨額である）の罰金と当分の内の拘禁及び公権剥奪と云う言渡しを受けた。その頃の大立物に対する刑の言渡しによくあったように、この刑は事実においては執行せられなかった。只々形式上の判定があっただけで、ロンドン塔に拘禁せられたのも、わずかに数日間に過ぎなかった。しかし公権剥奪だけは免除せられなかった。

ジェームス一世が崩じて、チャールス一世が即位するに及んで、今度こそは公権剥奪の免除が下るだろうと思われたが、その恩命に接するに至らないで、ベーコンはこの世を去った。生涯を通じて、毀誉の中心であったに拘らず、ベーコンの死はその本来の学者らしい死であった。一六二六年の三月にロンドンの北郊のハイ・ゲイトで雪の降った日、雪の保温力に就いて、戸外で実験をしていた時、重い感冒に罹って、現場に隣ったアルンデル伯の家に引き取られ、翌四月に六十五歳でこの世を去った。死後ベーコンの遺したものは、幾多の貴重な著作と、巨額の負債とであった。（彼は代議士当時借金監獄へ入った事もある。借金監獄 debtors' prison は、今は極めて局限せられた範囲の下に英国に残っているが、以前は盛んに用いられた。在ロンドンの露国大使館の雇人——英人——を借金監獄に打ち込んで、ピーター大帝から手酷しい抗議を受けて、アン女王が大仕掛な謝罪の特使を露都に派遣したと云う逸話もある。ディッケンスの『デーヴィット・カパーフィールド』に出て来る好人物ミコーワー老人の借金監獄に投ぜられる情景は、右の名著の最も興味深き一節である。）

ベーコンの伝記を叙する事は本篇の目的ではない。本篇の問題に少なくとも類似する事項に就いて、ベーコンはたとい簡単ではあるけれども、その著作において、解説したのである。しかして、前述の如く、毀誉褒貶の声は高いけれども、要するに彼は一世の巨人である。その言説が爾後三百年の法曹界を風靡したのはもとより当然の事である。

然りしかして、ここに書こうとする事件は、右のベーコンの説に衝突して——正面衝突ではないが——英法の上に一大旗幟を立てた事件である。

一八八四年、即ち明治十七年〔1884〕の事である。英国南海岸のサウザムプトンの一造船会社は、濠洲シドニーの得意先から、軽快なヨットの建造の註文を受けて、出来上がったものだから、それをシドニーへ送るために、四人の乗組員に命じて回航せしめた。ヨットは「ミニオネット」号と云った。

「ミニオネット」号がサウザムプトンを出たのは三月の十九日、乗組員は船長ダッドレイ、航海長スティーヴンス、水夫ブルックス、いずれも経験の積んだ適材である。それに給仕として十七歳のリチャード少年、以上四人が乗組員全部であった。

軽快な十九トンの「ミニオネット」号は順風に帆を挙げて、南へ南へと進航した。当時はスエズを通らないで、喜望峰を廻ったのである。然るに赤道を過ぎた頃から、遽に天候が変った。黒い雲が重く垂れ籠めて、やがて洶瀾になって、天地は決裂した。不安の日夜が続いたが、風雨は益々募るばかりであった。七月の五日には「ミニオネット」号は遂に山のような大波に飲まれてしまった。しかし流石に年功を経た船員である。顛覆の一刹那に、端艇をやっと卸して、四人がそれに乗り移った。乗り移る瞬間に船長のダッドレイは食糧の事を思い出して、慌てて二つの罐詰を持ち出した。牛肉の罐詰だと思って持ち出したのであったが、それは一ポンド入の大根の罐詰だった。それが食うにも飲むにも、四人に対する唯一全部の材料だった。

彼等の難破した地点は喜望峰を去る一千マイルの大海の真っ只中であった。木の葉のような端艇に生命を託して、彼等は終日終夜漂い流された。

シラーの『ヘロ・ウント・レアンデル』に魅せられた人々は必ずや記憶せられるだろうが、大暴風雨の後は、不思議に花やかに霽《は》れ渡るものである。

Und die wilden Winde schweigen,
Hell an Himmels Rande steigen
Eros Pferde in die Höh',
Friedlich in dem alten Bette
Fliesst das Meer in Spiegelglätte,
Heiter lächeln Luft und See.

碧空緑波色も鮮かに霽《は》れ渡った。しかし赤道に近いアフリカの海は、柑欖日和のヘレスポントの風趣はなかった。焼き附けるような、燃え立つような日光は四人を暑さに攻め虐げた。

大根の罐詰は勿論食い尽した。四日目に小さい亀を生け捕ったが、これもたちまち食ってしまった。それから更に八日たった。四人共食わず飲まず、炎熱の下に漂っていた。

四人は死んだようになった。焦燥、飢餓、絶望、そのどん底に四人は枕を並べて、打ち臥したのであった。なかんずくリチャード少年は、今にも息を引き取らぬばかりになって、端艇の片隅に、刻一刻に迫り来る死に直面していた。

船長のダッドレイと機関長のスティーヴンスとは、賭けをして負けた者が犠牲となって、自己の肉を他の者に提供しようじゃないかと話し合ったが、賭をするまでもない、リチャードは真実に死に瀕しているのである。たとい手を下さないでも、最早臨終は旦夕に迫っている。他の三人はとにかくまだ命脈はある。可哀そうだが、リチャードを犠牲にしようと云うことに、二人で相談した。水夫のブルックスはこの相談にはあずからなかった。

船長のダッドレイは、今は猶予すべき時期ではないと考えた。リチャード少年は死んだようになって、仰臥していた。船長は涙と共に祈禱して、そしてリチャード少年に云った。

「リチャードや覚悟するのだよ。」（"Richard, your time is come"）「何でございます？」（"What, me, sir?"）リチャード少年の答えは可憐なものであった。しかし躊躇すべき秋《とき》ではない。船長はリチャード少年の首にナイフを当てて――殺してしまった。

それから後の事は詳しく書くに忍びない――生き残った三人は、リチャード少年の血を飲み、肉を食ったのである。

難破の後二十四日目に、彼等三人はドイツ船「モンテズマ」号に救われた。そして一切を告白した。彼等三人は英国へ送られて、殺害の当人たる船長のダッドレイと謀議に加わった機関長のスティーヴンスとが、殺人罪の名の下にエキジーターの巡回裁判所へ送られた。

法曹界の議論は高調に達した。当時この問題に直接間接に関係した人々はほとんど総ての名法曹を網羅している。曰くヘール卿、曰くブラックストーン、曰くハッドルストン男、曰くコレリッジ卿、曰くサー・ジェー・スティーヴン等がそれである。

英国の刑事裁判手続では、一般の場合においては、陪審員は事実の認定だけでなく、進んで罪責ありや否やを判断する。即ち陪審員の答申は「有罪」（"guilty"）又は「無罪」（"not guilty"）と云う事になっているけれども、この事件に付いては、陪審員に事実の認定だけを答申せしめて、法律上の問題は王廷（Queen's Bench. 当時はヴィクトリア女王在朝の時だったから、Queen's Bench と云ったが、今は King's Bench と称する事は勿論である）の判事五名に依って、攷究せられ、審理せられた。判決は五名の判事の上席コレリッジ卿に依って、雄渾且つ厳粛に言渡された。（このコレリッジ卿は『正義の殿堂より』の中に記述した「コレリッジ卿の回想録を読む」のコレリッジ卿の父である。）その言渡しの中には次のような言句があった。

「本件の如き殺人行為を是認する事は危険であり、且つ道義に反するのみならず、法律の精神に戻《もと》るものである。

自己の生命を尊重する事は、一般的に考えて勿論一個の義務である。しかし場合に依って、その生命を犠牲にする事もまた、明らけく高き義務でなければならぬ。

本件の如き殺人行為を寛容するとせば、種々の怖るべき結果を招致するのは、余りに当然な事である。自己の生命を維持する必要のために、他人の生命を害したと云う。その必要なるものは何人が判定し得るところであろうか。自己の生命と他人の生命、その二つの生命の軽重を測定する標準はどこに存在するであろうか。体力か、智力か、はた又何か。

本件において、犠牲となった者は、最も弱い、最も若い、最も抵抗力の少ない者であったのだ。強者を殺すよりも、弱者を殺す方が、より多く必要だっただろうか。これは然らずと云わなければならぬ。

本件の行為は残忍兇悪を極めたものとは云わないが、斯様な殺人行為を是認する事は、重罪助長の端を啓くものだと云うことに、私は躊躇しない。」

判事の中で、サー・ジェー・スティーヴンは判決言渡しの内において、前示ベーコンの言説を徹底的に粉砕すべしとの意見を持っていたが、その必要はあるまいと云うことになった。本件においては、本件の殺人行為を是認しないと云うだけで足りると云うのが、多数の意見であった。けだし陪審員の事実認定は、被告人等が被害者を殺さずんば、被告人等の餓死するに至る事は、あり得べき事（probable）だと云うにあったが、到底免れ難き絶対的の事実（inevitable）であるとは云わなかったから、ベーコンの言説に正面からぶっ附かる必要はなかったのである。

判決の下ったのは、その年の十二月九日であった。英法の下において、殺人（Murder）に対する刑罰は唯一つ死刑あるのみである。しかし本件に付いては、判事も陪審員もことごとく特赦の推申（recommendation）をしたから、同じ月の十三日に、二人共七箇月の懲役に減刑せられた。

無罪叢話

無罪にも色々ある。実際に事実無根なことが、法廷で明白になって、めでたく無罪の言渡しを受ける、これは、立派な無罪である。これと又反対に、有罪になるべき事件が、何かの手違いで、無罪となる、これは馬鹿馬鹿しい無罪である。今は知らず、昔は斯様な無罪の言渡しもあったものである。外国の話だが、色々の無罪の例を、一つ二つ、書いて見る。

英国の田舎の巡回裁判で起った話である。

或る家宅侵入の窃盗未遂事件である。英国では、家宅侵入に依る窃盗と然らざる窃盗との間に、法定刑が大分違っている。前者の重いことは勿論である。その重い方の窃盗事件である。

被告人は自白はしていないが、犯罪の証拠は極めて明白だった。何しろ、深夜、家宅侵入用の道具――戸をこじ開ける道具や、合鍵――を持って、物置の屋根から、母屋の屋根に移ろうとした現場で、逮捕せられたのだから、弁解の余地は全くなかった。

斯様な明白な事件は、検察当局にとっては、極めて容易なもので、いわゆる朝飯前の事件である。ついでに書くが、英国には、検事と云う官職はない。法廷で検事の役目を勤めるのは、やはり、弁護士である。

弁護士が国家の委託に依って、検察側に立つのである。

明白な事件だから、長い論告は不必要である。あっさりと片付けてしまっても、どうせ陪審員は有罪の答申をするにきまっている。(英国では、陪審員の答申は、「有罪」か、「無罪」か、どちらかその一つである)。

然るに、この時の検察側の弁護士——つまり、我国の検事に当る——は少々駄弁家だった。いつも、長講一席をやらなければ、気の済まぬ先生だった。しかし、何しろ、斯様な事件は余りに明々白々で、論告の種がない、論告の仕栄えがないのである。そこで、先生皮肉の言辞を用いた。

「陪審員諸君、明察を旨とする陪審席の紳士諸君、諸君が今お聴きになったように、この被告人は深夜に、告発人の母屋の屋根に登っていたのですが、御丁寧にも、その時に合鍵や鑿の類を携帯していたのです。さて、諸君、どう云う訳で、被告人は左様な時刻に、左様な場所へ、左様な道具を持って行ったのでしょうか、諸君が慎重に詳細に篤と熟考せらるべきは、実にこの重大問題なのです。宜しいですか、そこで、陪審員諸君、私は特に諸君に御注意をする。諸君にして、もし、この被告人が風流の心得のある男で、丁度、問題の当夜、月を眺める考えで家を出た、方々を物色したが、どうも月を眺める適当の場所がない、最後に思い附いたのが、告発人の母屋の屋根で、ここそ月を眺める絶好の位置だ考えて、わざわざそこへ登った、月を賞するのに、合鍵や鑿は全く不必要な物品だが、偶然にも、被告人はその時、それ等の物品を持ち合わせていた、諸君、もし、諸君にして斯様に考えられるならば、諸君は本件に対して、無罪の答申を下すべきである。」

然るに、素朴な田舎者の陪審員は、都会から出張して来た法律家のひねくれた皮肉を了解し得なかった。言葉をその言葉通りに、まっ直ぐに受け入れるのが、純真な英国の田舎者の特徴である。検察法曹の云った通りの考えの筋道を辿って、無罪と答申した。陪審員が無罪と答申したのだから、判事も致し方がない。（英国では、慣例上、陪審の答申を常に採用する。）苦笑しつつ、被告人を釈放した。

やはり英国の話。

万引の常習犯で、前科が十数度もある男が、又もや万引事件で、法廷へ引かれて来た。然るに、どうした間違いか、陪審員は無罪の答申をした。これには、弁護人の詭弁が大分あずかって力あるものだったらしい。

釈放せられた被告人は早速弁護人の事務所を訪れた。

「先生、どうも有難うございました。私も今度は十年位は喰らい込むだろうと、覚悟していたのですがね、助かったのは、全く先生の御蔭でござんして、お礼をたんとしたいのですが、御承知の通り、一文なしで、へへへへ、近頃、一寸工合が悪うござんしてね、しかしね、先生、お金でお礼が出来ませぬが、品物なら何でもお好きな物を持って参りますよ、ねぇ、先生ピカデリーの通りで、どこの店の品物でも宜しゅうございますよ、先生の欲しいとお思いの品物を一寸知らせて下さいまし、なあに、訳はないです、朝飯前でさあね、今晩までには、きっと持って参りますよ。」

これも英国の実話だが、立派な無罪の裁判の物語である。

少しく旧聞で、一八七一年の出来事、ロンドンの東南郊、天文台と海事博物館で名高いグリニッチのその又郊外のエルサムで起った事件だから、俗にエルサム事件と云う。

そのエルサム事件をここに紹介する。

警察官憲が虚偽の証拠を捏造して、無辜の良民を陥れたのは、中古時代の昔話である。今の文明諸国には、左様なことは勿論ない。従って、それは問題にはならないが、現在の英国で、常に警察官吏に戒告を加えていることは、警察が或る人間を真犯人と睨んで、検察の手続を執ったところが、明白な証拠が上って来ない。警察の見込は依然として変らないけれども、断罪に十分な証拠がないと云ったような場合に、警察官吏が無理な証拠を作り上げることは、絶対に許さないと云うことである。これは、前に書いた中古の警察官吏の兇暴な行為とは異なる。中古の兇暴な警察権の濫用とは違って、警察官吏が有罪と信じた者を、有罪にしようとするのであって、無罪と知りながら、有罪にしようとするのとは趣を異にするが、とにかく、証拠を捏造する点は、許すべからざる暴戻事である。殊に、法廷に左様な証拠を持ち出すのは、法廷を侮蔑するものであり、正義を破却するものである。従って、英国では現にそれを厳戒しているが、英国以外の西洋においては、今も尚往々にして、左様な弊害が起るようにも伝えられる。

英国においてすら、前世紀には、たしかに左様な弊害を醸したことがある。このエルサム事件はその一例である。

一八七一年四月二十六日の早暁、エルサムの近くを巡回中の巡査が、路上に異様な唸り声のするのを聞いて、近付いて見ると、綺麗な娘が頭部を打たれて、死にかかっている。血が夥しく流れていて、恢復の見込はなさそうだった。それでも巡査は瀕死の少女を慰め励まして、加害者のことを訊ねたが、少女はただ「死なせて下さい」と云ったのみで、意識は全く失せてしまった。

病院へ抱えて行ったが、二時間程して死んでしまった。

被害者はジェーン・クラウゼンと云う十七になる美しい娘で、近所のブックと云う家へ通って、女中奉公している者だった。

ジェーンの財布には七円ばかりの貨幣と装飾用の小函とが入っていた。これが残っているところを見ると、物取の所業ではなかったらしい。

物取の所業ではないとすると、どうも、痴情の関係が原因らしく思われる。十七の美しい娘が殺されたのだから、なるほど誰でもすぐに思い浮ぶのは、痴情の関係である。

娘が倒れていた所から、二、三丁離れて、血に塗れた鉄槌が棄ててあった。これが兇器であることは明白だった。

従って、痴情の相手を探し出すこと、鉄槌の持主を引っ張り出すこと、これが警察当局の主力を注いだところである。痴情の相手が恐らくは鉄槌の持主と同一人だろう、そして、それが本件の犯人に相違ないのだと、警察当局は考えた。この推量はまず以て合理的である。

被害者ジェーンの雇われ先、ブックの息子にエドマンドと云う青年がいた。一寸人の目に立つ好男子で、このエドマンドが時々ジェーンと冗談口をきいていたと、密告した者があった。

主家の息子と小間使い、二人共若くって、男は好男子で、女は美人である。斯様な二人に得てして色情関係の生じることは、誰しも想像するところである。

警察当局は直に、二人の間に情事が絡んでいて、従って、犯人はエドマンドだと即断してしまった。これが、少なくとも軽卒だったのである。

事件主任の警部は早速エドマンドに面会を求めた。

二人の対談は次の通りである。

「君はジェーン・クラウゼンに手紙をやったようだね。」（エドマンドがジェーンに手紙をやったと云うことは、全く架空な当てずっぽうで、いわゆるかまをかけたのである。勿論正々堂々たる訊問ではない。斯様な訊問振りの望ましからざることは、云うまでもない。）

「いいえ、そんなことはまるでありませんよ、あの女と私とは絶対に無関係です。」

「宜しい、とにかく、そう云う評判があるから訊ねたのだ、そして、君のくれてやった小函はどうしたのだね。」（第一のかまが外れたから、第二のかまをかけたのである。小函と云うのは、ジェーンの財布に入れてあったものだが、それがエドマンドからの贈物だと云うことは、当てずっぽうである。）

「私は小函なんかやったことはありませんよ、あなたのおっしゃることは、私には全くわかりませんがね。」（第二のかまも見事に外れてしまった。）

右の訊問では、警部のあてが外れたけれども、四月の二十五日の晩に着ていたシャツを出させて、それを見ると、左腕のところに、一つの血点が附いている。小粒のような血点である。これに付いて説明を求めると、小さい腫物を引っ掻いたからだと云う。しかし、小さい腫物の痕は右腕にはあったが、左腕にはない。

占めたっと、警部は喜んだ。

嫌疑濃厚と云う訳で、エドマンドは直に逮捕せられた。

占めたっと、警部は喜んだのだが、この事件の捜査に付いては、警察当局に疎漏の責は十分にある。

第一に、現場に血の附いた男の靴痕がいくつも残っていた。正しく犯人の靴痕だと思われるが、それを少しも調べていない。

第二に、警察当局は一片の密告に依って、容易に、エドマンドとジェーンとの情事関係を肯定してしまった。しかし、エドマンドが逮捕せられて、ほとんど直に発覚したことだが、エドマンドの相許す女は外にあった。相許す女が外にあると云うことは、必ずしも、ジェーンと情事関係がなかったと云う証拠にはならないけれども、ジェーンとの情事関係を是認するに足る証拠は、遂に挙がらなかったのである。軽々しく密告に手頼ってしまって、徹底的の取調べを欠いたと云う批難は、免れ得ない。

第三は、例の装飾用の小函であるが、これはその中にミニアテューア（小さい肖像画——本件の小函にはそれがなかったけれども）を入れて置くことが多いので、相愛の男女が贈答するのに、適当な品である。この贈り主を十分に詮索しなかったのは、たしかに手落ちである。後でわかったことだが、この贈り主はエドマンドではなく、外の男だった。

警察当局の次に腐心したのは、鉄槌の関係だった。

兇行の前日、即ち、四月二十四日の夕刻、附近のスパーショットと云う金物屋へ鉄槌を買いに来た青年があった。青年は値段の都合で、買わないで、立ち去った。

その翌晩に、トーマスと云う後家の金物屋で、鉄槌を買った青年があった。

トーマス後家は買主の顔を全然記憶していなかった。未決監でエドマンドに逢わせて見たが、どうしても思い出せないと云う。

スパーショットは未決監でエドマンドに逢って、どうもこの男のようだったと云った。しかし、明確な断言は出来ないと附け加えた。しかし、スパーショットは未決監でエドマンドに逢う前に、新聞でエドマンドの肖像を見ていたのだから、スパーショットの首実検の信用価値は勿論絶大なものではなく、スパーショットは、鉄槌を買いに来た青年は薄色のズボンを穿いていたと陳述したけれども、エドマンドは薄色のズボンは持っていなかった。

エドマンドと鉄槌との関係も余程手頼りないものであった。

エドマンドに不利な証拠は次の通りである。

(一) 前に書いたシャツの血点。

(二) 四月二十五日に着用していたズボンに小さい血点が二つ三つあった。それから六寸ばかりの髪の毛がひと筋、膝のところにくっ附いていた。

(三) 後の捜査に依って、現場の近くの泥の中から、小さい呼子笛が出て来た。エドマンドは時々呼子笛を持っていた。

しかし、この三つにもそれぞれ弱味はある。

(一) と (二) との血点だが、被害者の傷から推定し、現場の状態から忖度して、余りに血の分量が少な過ぎる。犯人はほとんど浴びる程の血に染まっていなければならないはずだが、合計数個の小粒状の血点では、どうも腑に落ち兼ねる。しかも、専門家の鑑定の結果に徴すれば、それは人間の血かどうか、断言が出来ないものだと云う。

(二)の頭髪に付いても、専門家は男の頭髪だか、女のだか、わからないと云っている。被害者の頭髪と対照はしていない。埋葬してある屍骸を掘り出すまでの必要を認めなかったらしい。つまり、余り重きを措《お》くに足りないものと、諦めていたようである。

(三)の呼子笛だが、友達を誘うのに呼子笛を用うることは、当時の青年の間では決して珍しい風習ではなかった。しかも、問題の呼子笛がエドマンドの持っていたものだと言う証拠は、挙がっていない。

斯様な程度で、事件はロンドンの中央刑事裁判所に持ち出された。係判事はボヴィル法院長。法廷でも、検察側に有利な証拠は前に書いた外には、出て来なかった。しかし、警察当局はエドマンドを逃がしたくはなかった。そこで、卑怯な手段に訴えた。

寄席の歌唱いで(勿論、芸術家ではなく、下等な芸人だった)、前科二犯のペリンと云う男が検察側の証人として、ひょっくりと法廷へ顕れた。野だいこのような口調で、べらべらと彼は陳述した。

「へえ、へえ、手前は以前からずうっとこのお坊ちゃま、いいえ、その何で、エドマンドさんとおっしゃいましたかね、へえ被告人って云うんでしょうな、その被告人の御贔屓にいいえ、懇意にしておりましてね、ようく知っているのですがね、へえ、へえ、全く真実、正真正銘のことでげして、手前その偽りは申し上げません、丁度、当年の四月二十五日、夕景でげしたね、金物屋のトーマスお婆さんのお店でね、エドマンドさんがね、鉄槌をお買いになるところを、手前見ましてね、本当ですとも、すっかり手前見てしまったのですがね、本当ですよ、手前も丁度その時にね、釘を買っておりましてね……」

べらべらと喋舌ったのは宜いが、馬脚は即座に露顕してしまった。次に訊問せられたトーマス未亡人は、私の店では、釘は売っておりませぬ、ペリンと云う人が私の店へ来たことはございませぬと、断言したからである。

ボヴィル法院長の陪審員に対する説示は、明らかに被告人に有利なものであった。陪審員の合議は瞬刻にして終った。

答申は勿論「無罪」である。

エドマンドが真の犯人なりや否や、それは知らない。しかし、この法廷に顕れた証拠に関する限りにおいては、無罪の裁決は勿論正当である。

しかも、警察当局の法廷における小細工は、断じて許すべからざるものである。もし、かくの如く卑怯にして且つ暴戻なる措置を看過するならば、正義は遂に泥土に委せられるであろう。

名将に絡まった珍裁判の話

カーディガン卿、詳しく云えば、カーディガン伯爵家の第七代の当主、ジェームス・トーマス・ブリュードネル（一七九七年―一八六八年）は毀誉の間を徘徊した名士である。クリミヤ戦役のバラクラワにおける悲壮な突撃の指揮者は、実にこのカーディガン卿だったのである。然るに、このバラクラワの突撃問題に付いてすら、カーディガン卿に対しては、褒貶の両極端な評判があって、身命を鴻毛の軽きに比して、君国のために、鉄火の巷に勇躍した第一人は、指揮官たるカーディガン卿自身であると云い、又、部下の軽騎隊の勇士こそ、十字砲火の中に飛び込んだが、指揮官は後方に泰然としていたと云う噂もある。しかも又、折衷説に依れば、真っ先に突撃したのもカーディガン卿だが、真っ先に退却したのも御当人だと云う風評もある、更に甚だしいのになると、真っ先に飛び込んだのは、カーディガン卿自身ではなくって、カーディガン卿の馬である、馬が飛び込んだものだから、カーディガン卿もやむを得ず敵陣へ顔を出した次第だと、説明している。要するに、決死の殊勲者であるか、卑劣な売名漢であるか、又、その結果の上から観て、殊勲者たるに相当するとしても、それは、果して、馬のお蔭であるか、どうか。左様な事は、私は一切知らないのである。

カーディガン卿の功罪に付いては、私はここにそれを言及することを避けるが、カーディガン卿はその生涯を通じて、しばしば法廷の厄介となった。自ら進んで法廷を煩したこともある。しかも、カーディガン卿に絡まった裁判の中には、我国には類例のない特殊な貴族裁判もあれば、訴訟の勝敗が法術の形式に拘泥して、今も尚最も好もしからざる事例の一として、語り伝えられる資料になっているものもある。元来、カーディガン卿と法廷との間には、不思議な因縁が纏絆《てんはん》していた。しかも、その因縁たるや、甚だ以てあり難くない悪因縁で、さなきだに評判の悪かったカーディガン卿は、一事件毎に、その悪評を自身で作上げたのであった。尤も、自己直接の事件ではないが、アイル総督の疑獄に際して、カーライル等の驥尾に附して、大いにアイル総督の後援に努めたことはある。この時には、流石は往年の武将今尚憂国の気魄に富むと、景慕せられたが、これはむしろ例外である。その他の事件に付いては、カーディガン卿は勝敗如何に拘らず、法廷へ顔を出す度毎に、出せば出すほど、その面目を潰したのであった。

　カーディガン卿の軍隊生活に入ったのは、二十八歳になってからのことで、むしろ甚だ遅い方であったが、その昇進は異数だった。瞬く間に、同僚を蹴落し先輩を凌駕して、栄位栄職に就いたが、それは、決して、自己の力倆材幹のためではなくって、黄金の威光と権門の背景とに依るものだったと、云われている。何しろ、その財産は年収四十万円と云うのである、物質の安かった第十九世紀の前において、この収入は勿論大変な巨額である。しかも、世襲堂上の嫡流で、一門に顕官が多かったのである。当時は黄金と権勢との力に依れば、それこそ、望月の虧《か》くることなき栄華の地位も得られたものと見えて、彼は着々乎として、昇進して行ったのである。彼が頻りに黄金を散じて、豪奢な日常を楽しんだことも、彼の不評判の重大な原因の一つである。例のバラクラワの突撃の前に、英軍の将士は圧倒的大多数の敵兵に対峙して、車軸を流す豪雨の下に、連日連夜不眠不休の警戒を続けていたが、カーディガン卿だけは、特にわざわざ本国から取寄せた自家用の贅沢なヨットを、バラクラワの港外に泛べて、錦繍の室で高価なシガーを燻べていた。

カーディガン卿は果断雄志の武弁であったが、短気で剛情で専横で頑固なのが、その欠点だった。貴族の陥り易い我ままな短所と、武人に得て附きまとう一徹な性癖とが、カーディガン卿の行動には、いつも、ほとんど遺漏なく発揚せられた。カーディガン卿は種々の問題に付いて、法廷の人となったが、いずれも、この欠点が直接間接に禍根となっているのである。

カーディガン卿に絡まる最初の裁判事件の起ったのは、その連隊長時代である。或る小さなつまらない事に、例の癇癪玉は破裂した。癇癪玉の破片にぶっ附かった者は迷惑至極である。可哀想に某大尉はその憂き目を見たのであった。常人の常識で考えると、全く以て馬鹿馬鹿しい事案だったが、癇癪玉の本尊はそれを軍紀に関する由々しき大事犯だと言い募って、大尉を命令抗拒罪の名目で逮捕した。大尉は勿論不服だし、士官全部も大尉に同情して、軍法会議で正式の裁判を仰ぐことに取り運んだ。軍法会議は果然大尉を無罪として釈放したから、今度は連隊長自身の地位が危くなって、カーディガン卿は退職のやむなきに至った。これがカーディガン卿の法廷失敗史の第一頁である。

軍法会議に負けて、カーディガン卿は野に下ったけれども、いつのまにか、インド軽騎隊附の大佐として、再度軍職に復活した。復活は例に依って金力と権力との魅力に依るものだと、噂せられた。しかも又ほとんど須臾の間に、英本国に栄転復帰したが、又候《またぞろ》悲喜劇は勃発した。

カーディガン卿が軽騎隊の隊長として、部隊を率いて、例の英国国教の大本山の所在地カンタベリーへ演習のために出張して、宿営数日に及んだことがある。強将の下に弱卒なしと云う原理は、英国にも通用するものと見えて、カーディガン卿の部下の将校には元気の好い連中が多かった。或る日その中でも木曽の義仲の親類のような若武者が二騎、盛んに附近の耕地を踏み荒して、調馬の練習をしていた。然るに、このカンタベリーは格式の高い土地である、聖ベケット以来、英国における聖地と崇められている。英国詩壇の元祖と云われるチョーサーの不朽の名篇『カンタベリーの巡礼』に見えているように、ここへ詣でることは、昔から貴賤老若の宿願の一つになっている。私も秋晴の一日をそこに攸游《ゆうゆう》したことがあるが、とにかく、由緒の深い土地である。その寺院に近い場所を将校が私用のために馬蹄で蹂躙したのである。しかも、幸か不幸か、その土地の持主が地方の名望家で、市会の要職を占めている謹直な老人であった。老人は隊長のカーディガン卿に苦情を持ち込んだ。無理のない苦情ではあるが、無理を押し通すのがカーディガン卿の性格である、議論は聴きとうはござらぬ、男らしく勝負をして、理否を決しようと、決闘を申込んだ。下らない事に意地を張ったものだが、決闘の申込みは、カーディガン卿の得意の筆法だった。しかし、この時は、カーディガン卿も一旦決闘の申込みはしたものの、流石に我ながら少し乱暴過ぎると思ったものか、申込みを撤回して、綺麗にお詫びをしたから、事件は円満に落着した。この事件は円満に落着したけれども、例の決闘癖は遂に別箇の大事件を醸すに至ったのである。

一八四〇年、カーディガン卿が四十三歳の時の出来事である。

カーディガン卿の癇癪玉は時々下らない事で破裂する。癇癪玉の破裂する毎に、誰か必ず部下の将校が軍律違反で逮捕せられる。その事実が何人かの寄稿に依って、或る新聞紙上に曝露せられた。

新聞記事を見て、癇癪玉の将軍は激怒した。記事の種は退役大尉タケットから出ているに相違ないと即断して、例に依って、決闘を申込んだ。タケット退職大尉もその申込みに応じた。

一八四〇年の九月の或る日、決闘はロンドンの東南郊ウィンブルドンの野原で行われた。武器は拳銃だった。最初双方が一斉に打ち合ったが、弾丸は外れた。二度目の発射でタケット大尉は負傷した。その刹那に密告に依って、警官が現場に飛んで来て、カーディガン卿は介添人と共に逮捕せられた。

ここで、決闘罪の事を少しく述べる。

決闘罪は当時は重罪として、流刑に処せられたが、第十九世紀の初期の頃までは、紳士の体面を保つ上において、相当な手段であると云う思想の下に、法廷において、多く不問に附せられた。即ち、起訴になっても、被告人に卑怯な処置のなかった限り、例えば、相手方よりも自分の方が有利な武器を使用したと云ったような事のなかった限り、無罪の言渡しを受けることが、事実上の慣行であった。当時の判事の説示に、明らかに無罪の答申を促した事例がいくつも残っている（拙著『不思議な犯罪の話』第八〇頁以下参照）。決闘を寛容したことは、丁度我国の武家時代に、敵討を是認したのと、その揆を一にしている。尤も、ここに述べる決闘と決闘裁判とは大いに異なる。決闘裁判と云うのは、決闘そのものが裁判となるのである。裁判の方法として、法廷において決闘を命ずる制度である。

右に述べた如く、英国において、第十九世紀の初期の頃までは、決闘は寛容せられていたけれども、この物語の当時即ち一八四〇年代には、既に決闘仮借の時期は過ぎてしまっていた。従って、カーディガン卿も流刑に処せらるべき破目に陥ったのである。

カーディガン卿の事件はロンドンの中央刑事裁判所における起訴陪審を経て、上院における貴族裁判に付せられた。この時の保釈は二十万円の納付と二名の証人を立てることに依って、許された。我国の今日の実際に比べても、大分高いものである。

英国の貴族は重罪、大逆罪及び叛乱罪に付いては、貴族裁判を受ける特権を持っている。貴族裁判は上院における特殊の裁判であって、貴族から陪審員が出て来るのである（拙著『不思議な犯罪の話』第一四〇頁以下参照）。

裁判長は大法官がこれに当るのであるが、この時には大法官が病気で、デンマン卿がその地位に就いた。デンマン卿はかつて名判事の誉れの高かった人である。

起訴事実は三様になっている。

「カーディガン伯爵ジェームス・トーマス・ブリューードネル閣下が、成立し且つ存続する法律に反し、女王陛下（ヴィクトリヤ女王の治世の時である）の御心とその王冠とその尊厳とに反して、ハーヴェー・ガーネット・フィップス・タケットを、
第一、殺害する目的を以て、同人に対し発砲せし事、
第二、重傷を負わしむる目的を以て、同上、
第三、傷害を与うる目的を以て、同上」

と云うのである、即ち、第一の殺害の目的（with intent to kill）が立証せられないならば、第二の重傷を負わしむる目的（with intent to maim）の判断に移り、それで心証が得られないならば、最後に第三の傷害を与うる目的（with intent to do some grievous bodily harm）の判断に移る次第である。

最初に書記長が被告人に訊ねた。

「閣下は如何なる裁判をお望みになりますか。」

「同僚の貴族に依って。」

「御首尾の宜しいようにお祈り申します。」（"God send your Lordship a good deliverance."）いかに貴族裁判でも、いかに被告人の人格を重んずる英国でも、法廷で書記長が「御首尾の宜しいように……」とやってのけるのは、我々には一寸異様である。

原告官は検事総長のサー・ジョン・キャムベル、この検事総長の事件の陳述は不評判だった。甚だ手緩い、すこぶる退嬰的だと云うので、後に上院で痛撃を受けた。上院における攻撃者はエルドン卿とロンドン僧正とであった。エルドン卿ジョン・スコットは英国の古今を通じて、有数な名判事であった。この名判事の青年時代に面白い逸話があって、私はかつてわざわざその故地を訪ねたことがある（第五六頁参照）。

弁護人はサー・ウィリヤム・フォレット、その弁論は馬鹿馬鹿しい形式論であった。被害者の全名は前にも書いた通り、ハーヴェー・ガーネット・フィップス・タケットと云うことが起訴上明白であって、法律上も被害者の姓名を明瞭にすべきことになっているが、本件においては、被害者が単にタケットと云う者だったと云う証拠があるだけで、ハーヴェー・ガーネット・フィップスと云う名を持ったタケット（姓）であると云う点の立証がない、と云うのである。これには、流石の検事総長も弁難に努めたが、形式論は遂に成功した。

貴族裁判においては、陪審員たる貴族は一人ずつ地位の低い者から、順次各自の意見を述べることになっている。

「無罪、我が名誉に懸けて」と一人ずつ云った。

最後のカムバーランド公は皮肉だった。

「法律上は無罪、我が名誉に懸けて。」（"Not guilty legally, upon my Honour."）と云った。

かくして、裁判の根本義と相触れざる枝葉の小技巧に依って、カーディガン卿は青天白日の身となったけれども、カーディガン卿もこの事件では相当の犠牲を払った。当時の法律に依れば（勿論今はないが）、重罪の宣告を受けた犯人の全財産は国庫に没収せられることになっていたから、カーディガン卿は没収を免れるために、その財産をカーゾン子爵に譲渡する形式を執った。云うまでもなく仮装の移転である。この印紙税が十万円、無罪になってから、それを自分の名義に戻したその印紙税が又十万円、合計二十万円の無駄をした。金銭上の事は度外視しても、この事件に依って、カーディガン卿の不評判を加えたことは当然である。この裁判は今も尚悪例として書き伝え語り伝えられている。

この裁判のあったのは一八四一年二月十六日である。

更に又カーディガン卿は法廷の人となった。今度は民事事件の被告としてである。

某卿夫人と宜しからぬ行為があったと云うので、その夫から訴えられたが、陪審はその事実を認めなかった。

カーディガン卿と法廷との悪因縁はそれでもまだ尽きなかった。又々重ねて法廷の人となったが、今度は民事事件の原告としてである。

それは一八六三年のことで、カーディガン卿はコーソープ大佐を名誉毀損の理由で訴えたのである。

コーソープ大佐もまたクリミヤ戦争に従軍した将校である、このコーソープ大佐が「本営より」と題して、従軍中の見聞を書物にして公刊した。然るに、この著書ではカーディガン卿のバラクラワにおける行動を大分批難している。この著書で見ると、カーディガン卿の殊勲者たる光栄は、余程危くなっている。

勿論、カーディガン卿は憤怒した。毛髪ことごとく天を衝くの慨を以て、陸軍省に出頭して、著者コーソープ大佐を軍法会議の審判に附すべきことを、督促した。しかし、問題は軍機軍律に関せざるものだと云う理由で、この申出は排斥せられた。

しかも、コーソープ大佐はアイルランド軍政局の要職に栄転したのみならず、例の書物の売れ行きは、甚だ宜い。コーソープ大佐の栄転に付いては、カーディガン卿は陰に陽に猛烈な反対運動を試みたけれども、この運動は成功しなかったのである。ここにおいてか、激怒将軍益々以て我慢がしきれなくなって、問題を法廷に提出したのである。

法廷において、カーディガン殊勲論、非殊勲論が盛んに上下せられ、或る者はその争訟の余りに非紳士的なのに顰蹙し、或る者はバラクラワ戦史の疑問が裁判に依って氷釈せらるべきことを渇望したが、原被両造の各代理人の激論の中途において、法廷の宣言した裁判は、東西の歴史に稀に見る壮烈な決死隊の真の統率者を明らかにするに足らなかった。コーソープ大佐の著書公刊の日から起算して、カーディガン卿の訴訟提起の時は既に法定の期間を超えている（七年間を経過していた）と云う理由で、その請求は認容せられなかったのである。

その数年後、一部の人々の間に批難はあったが、伏馬将軍として、諸方面に畏敬されていたカーディガン卿は、落馬の際に受けた傷が嵩じて、七十一歳で死んだ。

その性格に多少の欠点はあったにしろ、カーディガン卿は立派な武人であった。前にも書いた通りに、バラクラワにおける功名は、馬のお蔭だと云う風説もある。自分は進撃する考えではなかったけれども、馬が駆けて行ったから、馬のお蔭で、馬上の人も敵陣に進んだと云うのである。その真偽は私は全く知らないが、気の毒なことには、カーディガン卿の死んだのは、たしかに馬のためだったのである。

最後の決闘裁判の話

肩摩轂撃《こくげき》の門前の雑沓に比べて、これは又いかにも森厳な情調である。それ自体が既に古い貴い絵のように思われる。ひと筋を千筋もと多きが上に多きことを希い、八束穂の長きが上に長きことを誇るべき乙女の髪が、ぷっつりと切られて、さばさばとした頭を振り立てて歩く婦人の多い世の中に、白い厚い鬘《かつら》を冠った判事が、一段高い所に座を占めている。弁護士も書記もやはり鬘を冠っている。鬘ばかりではない、判事の法服に至っては、又遥かに現代離れのしたものであって、衣冠束帯の昔もかくやと偲ばれるが、その衣冠束帯の判事は法廷で大きな鵞ペンを使っている。博物館にも今は残っていないような鵞ペンは、書く度毎に、ぎちぎちと異様な幽玄の響きを立てる、まるで木曽殿の牛車のようである。かくして、英国の法廷は今も尚中世紀の面影を伝えている。

鬘の盛んに使用せられたのは、第十七世紀から第十八世紀の初頃までであって、敢えて禿頭隠蔽の手段ではなく、男女共に装身具として愛好したのである。蘇国〔スコットランド〕女王メーリーが多数多様の鬘を持っていたことは、記録にも残っている。しかし、鬘の使用は既に久しい以前にその跡を絶ったのであるが、法廷だけには、二百年三百年一日の如く、連綿として踏襲せられている。ペンに至っては、万年筆や常用《エヴァー》鉛筆《シャープ》の新種が日毎に出来て、張三李四ことごとくそれを愛用する世の中に、白い羽を逆立て、ハムムラビ大王が粘土へ法典を彫り附けるような恰好で、ぎちぎち云わせているのである。全く英国法廷独得の光景である。

敢えて鵞や鷲ペンのみではない、七百年も八百年も前の法律が今尚残っている。新法が雨後の筍のように、毎年幾十となく発布せられているその中に、古代ノルマン語で書かれた規則が、第二十世紀の英国の現行法として、存在を保っている。そこが面白い、そこに特有の味がある。

新しい施設はどしどしこれを行う、しかも、古い制度は容易にそれを捨てない。その利害はここに論じないが、古い制度を容易に捨てない一例として、天意裁判とも訳すべきOrdealの一種たる決闘裁判Wager of Battleが第十九世紀まで現存していたと云う話を、ここに掲げる。

一九一八年の聖霊降臨祭《イースター》の一夕、バーミンガムの郊外カドウォース村の旅籠屋の広間で、附近から集まって来た多数の男女が、舞踏に夜更けるのを忘れていた。云うまでもないことだが、聖霊降臨祭はクリスマスと並び称せられる大祝祭で、時候はクリスマスよりも好いから、若い男女は一年の中で最も楽しい休日と心得て、花紅の春のひと夜を踊り明かすことになっているが、わけて、田舎の村々では、甘ったるい艶っぽい噂がこの夜を機会に持ち上がるのであった。カドウォース村の旅籠屋の舞踏もやはりそれで、野の小草が春に逢って一斉に花を開いたように、踊り興ずる男女そのものが、既に一幅の青春の大きな活画図であった。

一座の中で最も人目を惹いたのは、メリー・アッシュフォードと云う娘で、大柄な肉附きの好い美しい元気の宜い女だった。このメリーの踊りの相手になった幸運児は、ソーントンと云う近在の百姓の倅で、メリーとソーントンとはこの夜始めて知り合いになったのであったが、一番二番踊っている間に、大分話が持てて、二人は満座の羨望嫉視の中心となった。

メリーも近郷の娘だが、この夜は来掛けにハナーと云う友達を誘って、そのハナーの家で着更えをして、一緒に踊りに来たのであって、メリーはハナーの家で泊るか、泊らないでもとにかく着物を取りに寄らなければならぬのであった。

乱舞に更けて、十二時になったから、ハナーは頻りにメリーに帰りを促したけれども、メリーはソーントンと踊りに夢中になっていたから、容易に立とうとはしなかった。それでも十二時半少し前に不承不承に帰途に就いたが、ソーントンが送って来た。一行はハナーとメリーとソーントンとの三人である。三人連れはとかく面白くないものである。諺にも"Two are company, three are none."と云う位で、殊にメリーとソーントンとは始めて知り合って、直に仲の好くなったと云う間柄だから、話は随分濃厚である。自然ハナーは閑却せられることになったので、岡焼半分焼糞半分で、ひとりで先に立って歩いた。メリーとソーントンとは少しずつ後れて、ハナーの後へ附いて行った。

ハナーが家に着いたのは一時頃で、疲れていたから、そのまま寝台に跳び上って、眠ってしまった。

ハナーは家へ着いて、たちまち眠ってしまったので、メリーの事は勿論念頭になかった。不思議なようだが、踊り疲れた若い女にはあり得ることであろう。然るに、朝の四時頃、頻りに戸を叩く者がある。熟睡を破られて、起きて見ると、それはメリーだった。メリーはまだ舞踏の時の着物を着ている。メリーの語るところに依ると、メリーは家へ帰らないで(メリーの両親は死んでしまったので、伯父の家で厄介になっていた)、祖母の家で泊めてもらったが、これから家へ帰るのだから、着物を着更えに寄ったのだと云うことであったけれども、実はそれは真っ赤な嘘だった。メリーはこの時までソーントンと深更の野辺を散歩していたのである。しかし左様な嘘を云いつつ、ハナーに手伝ってもらって、メリーは着物を着更えた。着更えている間にも、昨夜は面白かったねと云っていた。そして、舞踏の夜の着物を紙包にして、欣然として、ハナーの家を出た。それが四時十五分だった。

四時三十分にメリーを見た人がある。メリーは自分の家の方へ歩いていた。

その朝の七時に、メリーの屍骸が堀の中で発見せられた。メリーの屍骸の肩と肘とに、人に強く擱まれたような痕跡があった。

メリーを殺した嫌疑者として、ソーントンは捕縛せられ、ウォーウィック巡回裁判所で審理を受けることになった。

ソーントンに不利な証拠は次の通りであった。

（一）舞踏の夜の翌暁四時三十分にメリーの歩いているのを見た人がある。それとほとんど同時刻にソーントンの歩いているのを見た人又はソーントンに話し掛けた人は四人ある。四時五十分に又一人の男がソーントンを見た。メリーと一緒でなく、ソーントン一人ではあったが、とにかくその時刻に野外にいたことは明白である。

（二）メリーの屍骸の出て来た堀に近い土の上に残った靴跡が、ソーントンの靴に符合する。靴の裏に打った釘の跡までもぴったりと合致する。

然るに、これだけではまだ断罪の資料に供し難い理由がある。それは次の通りである。

（一）メリーがハナーの家を出たのは四時十五分であって、ソーントンが一人で四人の人に逢ったのは四時三十分、それから又一人に出会ったのは四時五十分である。そして、その四時五十分の時刻から真っ直に自分の家に帰った証拠はある。然るにハナーの家から問題の堀までは一マイルと四分の一あって、堀からソーントンが四人の人に逢った場所までは二マイル半あるから、ソーントンがメリーを殺してから堀に投げ込んだのか、堀に投げ込んで殺したのか、いずれにしても、ソーントンは十五分間に三マイル四分の三を走ったことになる。（堀は小さい水溜りで、流れてはいない。）それは不可能な事である。ソーントンに逢ったと云う人々やハナーの時間の記憶に不正確なところがあるに相違ないが、これ以上の材料は時間と距離との関係においては出て来なかった。

（二）堀の近くにはソーントンの靴跡はあったが、メリーの靴跡はない。尤も遠く離れた場所には二人の靴跡がある。二人が散歩していたことはソーントンも認めている。遠くの場所に二人の靴跡があって、堀の近くにはないのだから、ソーントンはメリーを遠くの場所で殺して、屍骸を堀へ投げ込んだと観れば、筋は通るが、堀に生えている藻草が、メリーの胃の腑に入っていることが、解剖の結果判明したから、メリーは水の中でしばらくは生きていたものと断定する外はない。従って、遠い所に二人の靴跡があって堀の近くにソーントンの靴跡だけあると云う謎は、一寸解けない。

斯様な次第で、陪審員は遂に無罪の評決をした。検察弁護士は大いに奮闘したのであったが、雄弁は証拠を創設するものでもなければ、又証拠を滅却するものでもない。弁舌の巧拙に依って、証拠に基く判断を左右せられないと云うのは、英国の陪審員の長所の一つである。とにかく、ソーントンは無罪として、釈放せられた。

ソーントンは無罪になったけれども、陪審員といえども、ソーントンの潔白を信じていたのではない。否むしろ、ソーントンを下手人だと思ってはいたのであるが、不幸にして、証拠が十分でない。そこで、残念ながら、無罪の評決を下したようであった。元来、この事件には、警察当局に手落ちがあった。メリーの着物には随分血が着いていたが、ソーントンの当時の着衣は検査しなかった。後で気が附いてそれを押収に行った時には、巧みに隠匿又は焼却せられたものと見えて、発見することが出来なかった。事件発覚と同時にソーントンの着衣を検査しなかったのは、たしかに大失態である。その理由の下に、主任の警官は罷免せられた。

斯様な次第で、公衆の昂奮は極度に上った。まして、メリーの親類縁者が激昂したことは云うまでもない。何とかして報復を企てたい、しかし、裁判は無罪になってしまっている、どうしたものだろうと考えた末に、或る法曹の入智恵に依って、思い浮んだのは、前代の遺物にして、しかも法規上厳存する決闘裁判 Wager of Battle であった。

決闘裁判は広義における天意裁判 Ordeal の一種である。Ordeal は英国の古語である。Or は out で deal は dealing であって、古の形は ordel 又は ordal であったらしく、オランダ語の oordeel ドイツ語の Urtile と同源で、裁判を意味するけれども、今日の証拠裁判ではない。正しき者を天は助けると云う信念の下に、原被両造に熱湯の中に手をつっ込ませ、又は灼熱せる棒を握らせる。旨く仕遂げた者が則ち天の助けを受けた者で、それが勝訴者となる制度である。丁度我国古代の「くかたち」（盟神探湯）に類似している。決闘の勝敗に依って正邪を決する。決闘裁判もこの Ordeal と性質を同じくする。

決闘裁判の手続は民事と刑事とに依って多少の相違はあるが、大綱にあっては全く同様である。被告人はその手套《てぶくろ》を脱いで、床にこれを投げ附けて、身体を以て弁明する（to defend with his body）と云う。これに対して、告訴人はその手套を拾い上げて、身を以て主張する（ready to make good of his appeal, body for body）と答える。そこで双方が手を握り合って、法廷に対して宣誓する。それは壮烈雄渾な定型的辞句を以て、妖術魔術に手頼ることなき旨を述べるのである。決闘は星の光の輝き初めるまでは続けることが出来る。それまでに勝った者が正しいのである。被告人が敗けると、有罪として直に処断せられる。（最初は、殺人事件においては、被告人が殺されることを有罪の要件としたが、後には、単に敗ければ、それで有罪となった）。

その決闘裁判の一種に、今日の観念で一事再理を許すものがある。殺人罪の被告人が無罪として釈放せられた場合には、被害者の相続人は決闘裁判に依ることを申立てて、被告人の再捕縛を請求することが出来る。そこで、前述の如き決闘手続が法廷で行われて、被告人が敗けると、絞罪に処せられ、告訴人（被害者の相続人）が敗けると、誣告に基く損害の賠償を命ぜられる。

メリーは未婚の女であって、勿論子がないから、その弟が相続人として、前述の決闘裁判に依る一事再理を申立てた。即ちOrdealの一種の決闘裁判のその又一種の申立てをしたのである。

Ordealの裁判は云うまでもなく未開時代の遺風である。虎や鰐の棲む所ではどうか知らないが、第十九世紀の英国では、いくら古物崇拝の本場でも、既に最早流行しなくなった野蛮の制度である。果せるかな、このメリーの弟アッシュフォード対ソーントンの決闘裁判の申立ては法曹界の大問題となったが、とにかく、申立てに因って、ソーントンは又逮捕せられた。

ウエストミンスターの高等法院（今はストランドにある）の王廷はこの決闘裁判の申立てを受理した。決闘裁判は適法有効の制度なりと宣言したのである。好もしからざる制度であるけれども、議会の協賛を経たる法律を以てこれを廃止せざる以上、今尚有効のものと観なければならないと云うのである。法院長エレンボロー卿の言渡しは明快にこの事を断言した。「この国の法律は決闘裁判を是認する、そして我々がそれを欲すると否とに拘らず、国法をそのあるがままに適用することは、我々の義務である。」これがその理由の骨子である。適式に廃止せられざる以上、悪法も法なりと云うのである。

決闘裁判の申立てが受理せられたから、アッシュフォードとソーントンとは、それぞれ武装して法廷に立った。

被告人ソーントンは型の如く手套を法廷の床の上に投げ附けて、身体を以て弁明すると述べた。然るに、告訴人のアッシュフォードはその手套を拾わなかった。附添弁護士の注意に依って、爾余の手続を拋棄したのである。従って、ソーントンは又釈放せられた。

実は、告訴人の方では、決闘を断行する意志がなかったので、只々ソーントンを再度逮捕してもらえば、それで宜かったのであったらしい。年もソーントンの方が上だったし、力においては、アッシュフォードは到底ソーントンの敵ではなかった。法廷の大芝居は結局竜頭蛇尾に終ったけれども、この事件に依って、決闘裁判が有効に存在していると云うことが判明した。

一八一八年と云えば、ウォータールー戦争の三年後で、既に英国の殖民政策が着々乎として成功し、世界第一強国の栄誉をほしいままにしていた頃である。諸方に領地を獲得して、その数年後には、従前の「王国」（“Kingdom”）と云う名が「帝国」（“Empire”）となり、「国王」（“King”）の称号が「帝王」（“Sovereign”）に代ってしまっていたのである。即ち、近世の英国と云わんよりは、現代の英国になってしまっていたのである。

単に今から百十年前と云っただけでは、観念がはっきりしないが、我国で云えば、光格天皇の御晩年に当り、頼山陽が九州に攸游《ゆうゆう》し、高野長英が活躍の時期に移り、伊能忠敬、塙保己一、太田蜀山人、松平定信、近藤重蔵、十返舎一九等の名流がその数年の後に歿したと云う頃である。ノルマン諸王の世ならば知らず、十字軍の時代ならばふさわしいだろうが、一八一八年に第一等国を誇りつつ、尚且つこの決闘裁判を是認したのだから、流石は英国である。

古物尊重の英国ではあるが、この古物は甚だ以て古過ぎる。翌一八一九年に法律を以てOrdealの制度を全廃した。

メリー事件は市井通有の平凡な案件かも知れない。しかし、流石の英国も、Ordealの制度を全廃する動機となったことにおいて、法制史上特筆すべき出来事である。

死屍に鞭うった裁判の話

死屍に鞭うったと云う事は、史記に出ているが、これは別に珍しいことではないだろう。坊主が憎ければ袈裟までの譬えの通りで、死屍を足蹴にする位のことは、どこでも、いつの時代にもあるだろう。高山彦九郎の如きは、死屍どころではない、木像までもぶんなぐったのである。しかし、ここに書く事件は、いわゆる死屍に鞭うつ程度のものではない。死人に対して、正式の裁判を行って、刑の言渡しをしたのだから、いかにも徹底している。

巷説に依れば、旧幕時代には随分風変りな裁判が行われたと云うことである。幕末の頃に、江戸の町内に大喧嘩があったが、その喧嘩は、火の見櫓の半鐘が鳴ったから、大きくなったのだ、即ち、騒動の本家本元は半鐘だと云うので、半鐘に遠島を仰せ付けた——私はその真偽を知らないが、とにかく、左様な話がある。しかも、その半鐘が赦免になって、帰された。前科者の半鐘が現に芝のどこかのお寺にあると云う人すらある。

鐘を追放刑に処したと云う話は甚だしく茶気に富んでいるが、ここに書く事件は生きている人間以外のものに対して、刑を言渡したと云うにおいて、右の半鐘裁判と揆を一にするが、事件そのものは、半鐘裁判の如く飄逸なものではない。真面目に、一生懸命に行われた裁判である。

しかも、この死屍に対する裁判は、歴史上甚だ重要な役目を演じている。敢えて奇抜な滑稽な裁判事例だと云う意味ではなく、事件それ自身が千古を通ずる重大史実の一背景たりし故を以て、英国における旧教新教の凄滄な争闘を点綴する一悲劇たりし理由に依って、今も尚これを語り伝えるに足るものである。

歴史上、国運を左右するに至った裁判事件は、たしかにある。七僧正事件がジェームス二世亡命の直接の動機となり、ツェンゲル事件が米国独立の一遠因となったことは、既に書いた。

ここに書く事件は、英国が新教を採択する二十年前、旧教がまだ英国ではその全盛を誇ってはいたが、旧教の僧侶に対する怨嗟の声がようやく高くなっていた頃、旧教の僧侶に依って計画せられ、実行せられた出来事である。英国が敢然として、新教を採択するに至った理由は、もとより多岐多端であって、ノックスの不惜身命の健闘も勿論その有力な原因であると同時に、気ままで移り気なヘンリー八世が愛人アンを入内せしめるために、寺院の裁判を無視して、王妃カサリンを放逐しようとした不純な動機もまたあずかって力がある（拙著『正義の殿堂より』一四三頁以下参照）。私といえども、ここに書く裁判事件が、英国における旧教排斥の一原因となったとまでは、云い得ない。従って、ツェンゲル事件と米国の独立との如き関係、まして、七僧正事件とジェームス二世の退位との如き関係が、本問の事件と英国における新旧両教の更替の大事実との間に、存するものとは思わないが、少なくとも、さなきだに、当時ややもすれば、人心を去らんとする傾きの生じつつあった旧教の僧侶の態度が、この事件に依って、益々嫌悪せられることになった点は、どうしても否定が出来ない。かく観ずれば、この事件もまたその史乗に投じた波紋は、決して小さい狭いものではないのである。

一五一四年、ヘンリー八世がまだ新教に改宗しない頃で、旧教隆盛の当時である。傑物ウルシーが大僧正として、枢機に参画していた。ウルシーは聡慧剛毅、一小賈の倅であったが、幼にして俊敏の誉れ高く、大学を出でて、直に僧門に入《い》った。そして歴陞躍進、寺中、宮中、府中に最高の権勢を得たのであった。その頃の出来事である。

ロンドンで相当裕福に暮らしている衣服商のリチャード・ハンが、その幼児を喪って、お寺に葬った。葬式が済んだ後、住職代理の僧侶ドライフィールドが葬送料の一部として、死んだ子供に着せてあったシーツを請求した。当時の風習として、住職の当然の権利ではないけれども、死人の身に附いていた何等かの物品を、葬式執行の役得として、住職に進呈するのが通例だった。勿論貴重品ならば格別だが、子供用のシーツで、大した品物ではない。どちらにしても、問題を惹起する程の事柄ではないのだが、ハンの方では、こちらから任意に進呈するのを受納するのならば、役得として、是認も出来ようが、先方から請求し来るべき性質のものではない——と云ったようなことに力瘤を入れて、その請求を拒絶した。

拒絶せられた住職代理はそのまま泣寝入りはしなかった。直にハンに対するシーツ請求の訴えを寺院裁判所に提起した。中古の欧洲に寺院裁判所と通常裁判所との二様の法廷があって、両者の間に権限争奪の問題がしばしば起ったことは、ここに改めて説くまでもない。寺院の勢力の盛んな時には、寺院裁判所は通常裁判所の権限を併呑し、俗界の官僚の実権の強くなった時には、通常裁判所は寺院裁判所の権限を侵犯したのであるが、右に述べたような訴訟が寺院裁判所に繫属すれば、事件は大抵僧侶の有利に決せられたのであった。

ハンの方でも黙ってはいなかった。或る法律家が後援して、ハンの方から通常裁判所に例の住職代理ドライフィールドに対する出廷命令《プレムナイア》（通常裁判所に呼出す命令）の令を申請した。

ここにおいてか、僧侶側は激怒して、ロンドン僧正の名において、ハンを異端罪として起訴し、同時にロラーズ・タワーに幽閉して、一切の接見を禁止した。当時異端罪は極悪視せられ、その裁判は寺院法廷の専権に属していたのである。

つまらないシーツから端を発したのだが、一転して、問題は遂に重大化してしまったのである。


今日の言葉で云えば、ハンは未決監に収容せられたのである。由来旧教は厳粛を旨とする。この厳粛は事情に依っては、峻烈に傾くこともある。パリにおける聖バースロミュウ祭の夜の大虐殺や、スペインにおける信教訊問《インクイジティオ》の苛酷がその顕著な一例である。ハンもまた未決監において、相当厳格な看守の下に、外界とは絶対に隔離せられていた。

十二月二日に第一回の審問が開かれた。法廷はフルハム殿、審判長はロンドン僧正、起訴官は僧正府の参事官ホーシー博士である。この審問は非公開、まず今日の予審に類するものである。

起訴事実は次の五項に亘っている。
一、一割（寺院の費用として上納する土地収益の一割に当る税金）の賦課に反対の言説を試みたこと。
二、僧正や僧侶をユダヤ又はパリサイの煩瑣学徒だと罵詈したこと。
三、僧侶を貪欲の輩だと攻撃したこと。
四、ジョーン・ベーカーと称する異端者を庇護したこと。
五、黙示録、使徒行伝の英訳書を私《ひそ》かに所持していたこと。
現今大抵の国では異端罪と云うものを認めていないから、右の起訴事項を見ると、むしろ滑稽なようであるが、当時はこれが重刑に値したのである。殊に第五項の如きは、聖書の英訳を持っていた点を起訴事項としたのである。この当時は聖書はラテン語の正本の外は禁止せられていたから、その以外の聖書の翻訳を使用することは、許されていなかったのである。ルターが聖書のドイツ訳を完成したのは、この事件から八年後の一五二二年のことで、英国にジェームス一世監修の英訳公本の出来たのは、それから更に百年近い以後のことである。

第一回の審問に際して、ハンは起訴に係る犯行の一部分を自認したと伝えられているが、当日は単にその程度で審理を閉じて、ハンは再び未決監へ入れられた。

然るに、ここに一大事件が突発した。

第一回の審問の翌々日、即ち十二月四日に、ハンが未決監で縊死していた――それが、ハンに食物を持って行った給仕に依って、発見せられたのである。

起訴官ホーシー博士（僧正府の参事官）が直に臨検したが、なるほど縊死に相違ないということを、公表した。

英国の制度に特有な検屍吏《コロナー》は当時既に存在していた。ハンの変死に付いても、早速検屍吏《コロナー》が二十四名の陪審員（検屍制度は今日ではやや往時の重大性を失っているが、原則として、陪審員の判断に依って、変死における死因を宣明するのである）を随えて、現場を調査した。

検屍吏には寺院専属のものがない、寺中も寺外も共通である、まして、陪審は一般市民に依って構成せられるのである。

検屍吏が調査したところに依ると、縊死ではなく、他殺であることが、極めて明瞭であった。絹紐で首を縊ったことになっていたが、その紐は緩んでいた。ハンの両手には何物かで固く縛られた形跡が歴然としていた。ハンの頭部胸部には数箇所の打撲傷があった。ハンの首を縊ったと称せらるる位置から少しく離れて、夥しい血痕が床の上に残っていた。一見極めて明白な他殺であって、何者かがハンを殺した後で、ハン自身が縊死したように体裁をつくろったものに相違ないが、その弥縫手段がいかにも拙劣である。素人細工である、何人もそれを看過することが出来なかった。

他殺の証拠が十分である以上、犯人の探究に付いて、検屍吏は徹底的に調査を進めた。勿論当然の職責だとは云いながら、又他殺たることが余りに明白な事案だとは云いながら、寺院側が自殺説を高調しているに拘らず、検屍吏は敢然として、徹底的の調査を断行しようとしたのである。この検屍吏の名はウィリヤム・バーンウェルと云う、彼もまた英国司法権興隆史上の一人物である。

ここにおいてか、狼狽したのは寺院側である。

狼狽の末、起訴官ホーシー博士の首唱の下に、さきに第一回の審問だけを行ったハンに対する異端罪事件の裁判を遂行することに決定した。しかのみならず、更に起訴事項を増加して、十三点（前回は五点）の異端罪該当の事項を挙げた。

なるほど、ハンは生前に起訴せられてはいたけれども、既に死んでしまったのである。死人に対して裁判を行うことは、法理の上から云っても、不当であり、常識上実に馬鹿馬鹿しいことである。

しかし、寺院側が法理に反し、常識に背いて、死人ハンに対し、裁判を行おうとしたことには、理由がある。

その理由はふた通りある。第一、ハンに対する異端罪事件の有罪判決が確定すれば、ハンは異端者だったと云うことになる。異端者だったとすれば、自殺をしたことが承認せられる。（キリスト教は自殺を禁じている、自殺は異端者の所行だとなっている、だから異端者ならば、自殺はし兼ねない、ハンは異端者だから、やはり自殺したものに相違ないと、一般に公認せられるだろう——そこを狙ったのである。）第二、異端者の屍体は火葬にすることになっている。（キリスト教徒は当時は必ず埋葬せられたのである。）ハンを異端者と判定して、早速火葬にしてしまえば、肝心の証拠がなくなってしまう、即ち証拠湮滅の最も有効な方法である。

右の二箇の理由に依って、寺院側はいよいよいわゆる死屍に鞭うつ裁判を行った。

死人ハンに対する裁判は寺院法廷において、いとも厳粛に行われた。審判官はロンドンの僧正、ダラムの僧正、リンカーンの僧正等、僧官中の高位の人々である。しかし、いかに堂々乎たる裁判でも、弁解する者のない裁判である、防禦する者のない裁判である、最も完全な闕席裁判である。

云うまでもなく、有罪の判決が下された。

ハンの死後二十一日目の十二月二十日に、その死屍は異端者として焼かれた。

寺院の無法に対する市民の激昂はようやくにして濃厚の度を加えて来た。

一方、検屍吏の調査は着々乎として進行し、幾多の証人の的確な供述に依って、ハンを殺した犯人は誰であろう、起訴官にして僧正府参事官たるホーシー博士（外に従者二名）だと云うことが明白になった。

果然、検屍吏の陪審は、ハンはホーシー博士に依って殺害せられたものだと云うことを、答申した。

寺院の横暴に対する民人の激昂は極点に達した。ホーシー博士はラムベスの大僧正殿に姿を隠した。義憤の念に漲った市民はホーシー博士を私刑にしようと、極度に昂奮していたからである。

議会においても、この事件が問題となって、議会は二箇の重大な決議をした。一つは、ハンの財産をその相続人に賦与すると云う決議である。ハンの財産は異端罪に対する当然の附加刑として、没収処分を受けていたのであるが、それをハンの相続人の所有に帰せしめると云うのだから、実質において、ハンに対する寺院裁判所の判決の誤判なることを公認したと同様である。今一つは検屍吏の陪審の答申を是認すると云う決議である。陪審の答申の効力は議会の是認を必要としない。答申は答申自体において答申の効力を持っているのであるが、特に議会においてこれを公認したのである。しかも、この決議において、陪審員全員は「誠実な人々」だったと云う事が明言せられた。

ここにおいてか、議会において、ハンに対する寺院裁判所の裁判が誤判であった事、ハンを殺したのはホーシー博士だった事が、事実上公認せられたこととなった。寺院側の面目丸潰れである。


事態ここに至って、遂にホーシー博士に対する逮捕状が発布せられ、通常裁判所において、ホーシー博士に対する殺人被告事件の公判が開始せられた。

然るに、この通常裁判所の公判の劈頭において、検事総長は起って、一切の立証を拋棄すると述べた。即ち、事実において起訴を撤回したのである。これはヘンリー八世の干渉に基くものであるが、ヘンリー八世はこの位の干渉はし兼ねない国王である。

かくして、ホーシー博士は釈放せられたが、とにかく、寺院と云う治外法権の大鉄壁の中から、ホーシー博士を引き摺り出して、一度でも、通常裁判所の法廷に立たせたのだから、民人の激昂はいくらか落着いて来た。

しかし、ホーシー博士はロンドンにいては、自分の身が危険だから、暮夜私《ひそ》かに逃げ出して、ロンドンの西百八十マイル、デヴォンシャイヤ州の田舎へ引込んで、そこで余生を隠栖の裡に送った。爾来、ホーシー博士は深く犯行を愧じて、常にハンの霊に対して懺悔していたと云う。

要するに、奇抜な事件である。価格わずかに二円か三円かの子供用のシーツから起った問題が、期せずして、僧侶の無法を如実に曝露し、寺院法廷の権威を泥土に委付するに至ったのである。

一千年来栄えに栄えた旧教国の大伽藍は、前にも一寸書いた通り、英国において、この事件の後二十年にして、崩壊してしまったのである。

死刑になった魔法使いの話

最初スコットランドへ旅をしたのは、早春の頃であった。この時は一人旅で、一冊の案内記と数部の史書とを手頼りにして、東部地方の古刹や遺跡を訪ねながら、北へ北へと渡って、エディンバラに辿り着いたが、絵のような旧都の前のクローカスの咲き乱れた野に立って、巨人のような巌の城を望んだ時には、遠く来た甲斐があったと、喜び勇んだのであった。

私はメーリー女王の史実に興味を持っていたから、エディンバラの城は私にとっては、この旅行の主要な目的の一つで、飢えた蚕の桑葉を貪り食う如く、頻りにその内外を探ったのであったが、その見物の副産物として、魔法使いを呵責した旧跡を見ることが出来た。

欧洲の中古には、魔法に関する怪奇な思想が一般に行われていた。それは、悪魔と契約を結んで、その助力を借りると、自由自在に魔法を使うことが出来て、何でも望み通りの物が得られるが、死亡と共に、悪魔の仲間入りをしなければならぬ――と云うのである。ドイツに長く語り伝えられたファウストの伝説もその一つで、ゲーテの『ファウスト』もこの物語を題材にしたものだと云うことは、ここに改めて説くまでもない。

この悪魔と契約を結ぶと云う思想と相並んで、同じく一般に信ぜられた観念に、悪魔に魅せられて、魔法使いとなると云うことがある。悪魔は時々この世に出現して、人間を魅する、しかも多く女を魅する、それも大抵は若い可憐な女性を魅する。悪魔に魅せられた者は、自然的に魔法を体得する、いわゆる「魔法使い」となる。魔法使いの呼吸は呪をもたらす、即ち、その息のかかった者は呪われる。魔法使いの手は禍いを醸す、即ち、その指の触れた者は禍いに悩む。しかも魔法使いは好んで無心の児童の命を奪う——と云うことが、深く一般に信ぜられたのである。

魔法使いの世に害毒を流す——と信ぜられたること、叙上の如くであるから、魔法使いは死罪に値した。しかし、いくら魔法使いでも、死刑を課するには、審問をし、裁判をしなければならないが、勿論犯人は自白しない。（尤も自白した事例もある。或る若い女が野原で偶然一人の悪魔に逢った。その額に一本の太い角が生えてはいたけれども、どちらかと云うと、その悪魔は人相の好い悪魔だった。その悪魔は女に命じて、お前は毎夜丑三つの刻限に、ここへ来て、俺に身を任せろと云った。悪魔に魅せられたその女は、その命令に服従した。然るに、その女はそのうちに懐妊した。悪魔の種を宿したと云う廉で、裁判になったが、この女は立派に自白した。）自白をしない場合には、いつも拷問の手続が執られた。拷問、しかも凄愴な拷問である。悪魔に魅せられた者の身体には、どこか一箇所、痛みを感じない部分があると信ぜられた。そこで、プリッカーと云う小さい手槍のような兇器で、身体の全部を所構わず突いて見る。一箇所でも痛くない部分があるならば、それは、悪魔に魅せられた証拠である。これが英国、重にスコットランドに行われた魔法使いに対する証拠調べ手続である。

魔法使いと目せられた者に対しては、右のような物凄い拷問が行われたが、前に書いたように、悪魔に魅せられる者は、多くは女である、しかも大抵若い可憐な女性である。それが素裸にせられて、鬼のような刑吏に例の手槍で、手も足も頭も腰も、所嫌わず、突き刺されるのである。青春の膚は血潮に染まって、帛を裂くような悲痛な絶叫の声が聞こえる。真に生きながらの地獄である。泣いても突かれる、叫んでも刺される、怨みの声も絶え絶えになって、犠牲の女は遂に死ぬる。

裁判の執行に依って——これは焚刑であるから、積み上げた薪に油を注いで、それに火を附ける。死罪の女は生きながら、焼かれたのである——死んだ場合には、勿論であるが、裁判前に、拷問手続において死んだ場合でも、即ち、身体の各所を突き刺されてそのまま死んだ場合でも、その屍は埋葬することを許されない。無罪の判決が下されたのではないから、悪魔の息がかかっていると云う疑いは晴れない。もし果して真に悪魔に魅せられた者だったとすると、世の常の墓場に安らかに眠る人々の霊魂に禍するかも知れない。天国に蘇るべき人の魂を地獄の底に引き込むのは、悪魔の好む最後の呪いである。

かくして、若い女の痛ましい屍は、エディンバラでは、聳え立つ城の塔から、幾十丈の谷の底に投ぜられた。鮮血に彩られた雪白の膚は、この谷に投げ込まれたまま腐って行く。ありし昔の脂粉の薫りに代えて、爛れた悪臭が立ち上って、昼は嘴太烏《はしぶとからす》が群り来るが、夜沈んで万籟声なき時には、啾々たる鬼哭がどこからともなく洩れて来る。

生きていた頃に、果して悪魔の呪咀を伝えたかどうか、それはもとより知る術もないが、かく痛ましく責め呵まれ、かく情なく投げ棄てられては、呪いの思いもするであろう。古事記に誌された「国の人草、ひと日に千頭《ちかしら》絞り殺さん」との悲しき御言葉は申すも畏し、エディンバラの古城の谷の不祀の亡霊は、何を怒り、何を怨むか。

しかし、世は変った。千載の呪咀を封じた例の谷は、今は立派な公園になっている。軽暖の春の光に、紅紫とりどりの花は匂って、ロンドン行きの汽車の煙は、塔のあたりに白く消え残っている。

欧洲中世紀において、魔法使いに対して下した裁判の記録で、今も尚伝わっているものは、尠《すくな》くないが、右に書いた凄惨な物語は多く中世の上半期の事であって、裁判と云っても、実は殺害の一手段に過ぎない。これを近世の裁判に比べると、余りに甚だしく裁判的でない。もし近世の裁判と霊犀相通ずる手続に依って、魔法使いを裁断した事例を求めるならば、それは多くは中世の後半期のものであって、物語も甚だしく平凡化し、通俗化している。ここには、裁判物語として、中世紀の末期における魔法使い事件の一典型を掲げるが、もとより神秘的のものではない、詩的のものでもない、只々今日においてこれを観れば、いかにも珍らしいと云い得るだけのものである。

ここに掲げるのは、一六六四年の五月十日に英国サフォーク州ベリー・セント・エドマンズの巡回裁判所で、二人の魔法使いに裁断を下した案件である。

二人の被告人、即ち魔法使いと目せられた者は勿論婦人である。但し中古上半期の物語に出て来るような妙齢の美人ではない。アミー及びローズと云う二人の百姓の婆さんである。

事案はアミー及びローズが悪魔の力を持っていて、村の子供達に悪魔の呼吸を吹き込んだと云うのである。

係判事はサー・マシュウ・ヘール、これは当時高名の良法官であったらしい。

最初、被告人両名に悪魔の呼吸を吹き込まれたと云う若い娘が三人、証人として出廷したが、被告人の顔を見るや否や、卒倒してしまった。従って、この三人は証言をしないで、外へ担ぎ出された。

次の証人はドロシーと云う百姓女、その供述は一箇の怪談である。それは次の通りである。

自分は乳呑児の世話をアミー（被告人の一人）にしてもらっていたが、アミーに子供を託してから、子供がよく痙攣にかかった。アミーが魔法使いだと云う風評もあったので、ヤーマウスへ行って、ジェーコブ博士に相談した。ジェーコブ博士は悪魔払いの大家である。ジェーコブ博士は、毛布を昼の間は煙突の隅に懸けて置いて、夜は子供をそれで包んで寝かすように教えてくれた。そこで、早速毛布を煙突へ吊って置いて、夜それを取出して見ると、毛布の中から、一匹の大きな蝦蟇が匍い出した。大きい醜い怪物がのそのそと動き廻るのだから、無気味なことは云うまでもない。大勢で蝦蟇を捕えて、ストーヴへ投込んだが、遽に雷鳴迸裂して、天日ために暗くなったが、それも真に一瞬間のことで、ストーヴの中には蝦蟇の姿は勿論、その焼残りの灰すらも見えなかった。然るに、数日後、隣人から、アミーが火もない処で焼傷をしたと云う噂を聞いたから、アミーを訪ねると、なるほど、顔から肩へ掛けて、大きな焼傷が出来ている、しかも、それが蝦蟇の形を備えている。吃驚して、「まあ、どうしたのだね」と訊ねると、「お前さんが悪いのだよ、私は腹が立って仕様がない、長い目で見ているが宜い、人に怨みがあるものか、ないものか、きっとお前さんは思い当ることがあるだろうよ。私は固く云って置くが、お前さんは子供に別れる、そして跛になるよ」とアミーは云った。果して自分の子はその後熱病になって、「アミーが来るアミーが来る」と云って、狂い死んだし、私も御覧の通り、跛になってしまった。

この時、陪審席は遽に動揺したが、判事は静かにこれを制止して、跛になるのは、悪魔の呪咀に依るものとも限らない、まず落着いて、次の証言を聴くが宜いと、諭示した。

次の証人はエリサベスと云う少女、アミーに呪われたと云う一人である。この少女は十一歳だったが、法廷でアミーを見ると、たちまちにして卒倒した。記録に依ると、「全然生色ヲ失ウトイエドモ、呼吸ノ時、ソノ腹高マルコト山ノ如シ」とある。然るに、アミーが被告人席から手を伸ばして、指を少女に触れると共に、少女は直に回復した。しかし供述は出来なかった。

その次の証人は右の少女の父で、魚屋の主人である。

魚屋の主人の供述も物凄い物語であった。或る日自分はアミーに魚を売ることを断った。その時アミーは悪魔のような顔で自分を睨み付けたが、それ以来、自分の二人の娘は時々腹の中を針で突かれると云って狂い出す。激痛に耐え兼ねて泣き叫ぶ時には、必ず「アミーが来る、ローズ（相被告人）も来る」と云う。痛みが収まると、必ず針や釘を胃から吐く。一日に五回も斯様な発作が来ることもあって、甚だしい時には、一回で四十本の針を吐き出した。

その他数名の証人がいずれも同様の供述を試みたが、その中でもチャンドラーと云う婦人はローズの身体にはたしかに一箇所痛みを感じない部分（前にも書いた通り、魔法使いには、どこか一箇所突いても刺しても痛みを感じない部分があると、信ぜられていた。Devil's mark と云うのが、それである）があると証言した。

そこで、判事はさきに法廷で卒倒した少女を目隠しをして、数名の傍聴人立会の下に、別室に臥せしめて（この少女はその時尚卒倒の状態にあったと記録に顕れているから、恐らく、最初の証人だろう）今アミーが来るよと云って、アミー以外の人の指を触れしめた。（アミーはこの室には来なかったのである。）然るに、少女はアミーだと信じたためか、直に回復した。心理作用かも知れないが、心理作用の研究の十分でない当時のことだから、理窟はわからなかったけれども、とにかくこの特殊の証拠調べは被告人等に有利の結果を呈したようだった。

しかし、その次に出て来た二、三の証人は更に被告人両名の呪咀に付いて、被告人両名に不利益な供述をした。その内容はいずれも前に掲げたものと異巧同曲である。

そこで判事は説示した。

本件においては二箇の問題がある、即ち、第一、本件被害者は呪咀せられたるものなりや否や、第二、呪咀せられたりとせば、これを呪咀したる者は被告人両名なりや否や、しかして、魔法使いのこの世に存在することを、自分は疑い得ない、各国の法律、特に我が国（英国）の法律に魔法使いに関する規定のある事それ自身が、我等の信念を証拠立てているものである、と云うのが、説示の要領だった。

陪審員は三十分間程合議した後、「有罪」の答申をした。

被告人両名は最後まで身の潔白を主張していたが、絞首台でこの世を終えた。

親子の情誼を慮った陪審の話

一八五七年の十一月の夜、アイルランド・ダブリンの中西鉄道の終点駅の構内、収入課の室内で、課長のリットルが何者かに惨殺せられた。

収入課長のリットルは律義な勤勉家で、時計のように正確な男だった。停車場の楼上に収入課の部屋があったが、毎朝正十時には必ず出勤する、それから各駅から集って来た金を計算して、記帳の上で始末する、午後の五時にはきっと課員を帰す、仕事が嵩む時には、部下の課員を帰してしまってから、自分一人で、八時になっても、九時になっても、その日の用の片付くまでは、居残る。

兇行のあった当日は沿線の町でお祭りを兼ねた名高い市が立ったので、収入の方は殊に忙しかった。リットルは例に依って、定刻に部下を帰して、自分一人で居残っていた。翌朝になって、部下の課員が出勤したが、部屋の戸に鍵がかかっている。不思議なことだと思っていると、丁度そこへリットルの妹が心配そうな顔をして、昨夜は兄は帰らなかった、どうしたのだろうと、問いに来た。リットルは独身の中年男だが、外泊したことなどはない、これは変だと云うので、大工を呼んで、窓を破って、中を見させたが、リットルが殺されている。

リットルの机の上には、金貨、銀貨、小切手取交ぜて合計一万二千七百円ばかりが、綺麗に列んでいる。さては物取ではないとも見えたが、例の几帳面なリットルの帳面に合せると、金貨銀貨で三千円程足りない事が判明した。そこで、物取の所業だということ、しかも、強盗は身に附け得られるだけの貨幣を身に附けて、悠然として退却したと云うことがわかったが、手懸りは全くない。棍棒のような物で殴った跡と、鋭利な刃物で斬った傷とはあるが、兇器は勿論遺留してはない。

停車場の建物の階上に、駅長夫婦と、事務員夫婦にその下女とが住んでいた。しかし、駅長は夜の八時半の汽車の着くまでは、プラットフォームで勤務しているし、事務員は当夜外泊することになっていた。従って、当夜、午後五時から八時半までは、広い階上の多くの部屋に、合計たった三人の女（駅長夫人、事務員夫人、その下女）と収入課の部屋にリットルとがいただけである。丁度、その宵の七時十五分頃に、事務員夫人が収入課の室の前を通ると、鍵穴から灯光が洩れていたから、リットルさんが例の如く御勉強だと思って、挨拶の意味で、戸をとんとんと叩いたが、一向返事がない。銭勘定に夢中だから、聞えないのだろうと考えて、そのまま通り過ぎたが、その時にはリットルが殺されていたものと見える。そうすると、惨劇は午後五時から七時十五分までの間に起ったもので、階上に男が一人もいない時間に該当する。従って、犯人は内部の事情に精通した者に相違ないが、さて、それがわからない。

停車場の附近に堀割があったので、それを乾干にしてみたが鉄槌と剃刀とが出て来た。鉄槌にはペンキ屋の使う赤ペンキがくっ着いていたが、剃刀は余程の高級品で、鉄槌の持主と剃刀の所有者とが同一人だとは、考えられなかった。しかも、剃刀は一度も使用した形跡がない。

大勢の駅員を使っていることだから、嫌疑者も多数に上ったが、的確な証拠は一向出て来なかった。

車輛のペンキを塗るために、スポルンと云うペンキ屋が雇われていて、停車場に連綴して建てられた社宅に、妻と子供四人とで住んでいた。前に書いた鉄槌にくっ着いていた赤ペンキの関係で、かなり嫌疑は濃厚だったが、有力な材料は出て来なかった。このスポルンが係官に対して、「どうもあの事務員の下女が怪しいと思いますね。あの女があの晩に、廊下の蔭で、大きな男と内緒話をしているのを、私は見たのですがね」と密告した。そこで、その女中に付いても、十分に調査をしたが、これも、どうものにはならなかった。

ロンドンの警察本部から敏腕な刑事が数名応援に来て、血眼になって働いたが、事件は依然として、五里霧中で、会社からは多額の懸賞を発表したが、やはり捜査の端緒が出て来ない。

警察官の焦燥の裡に、その年も暮れて、会社は懸賞額を二倍にも三倍にもしたが、一切が総て徒労だった。

然るに、惨劇後六箇月余にして、天網は遂に真犯人の身辺に迫って来た。

リットルの殺されたのは、一八五七年の十一月だったが、翌一八五八年の六月の某日、会社常雇のペンキ屋スポルンの妻が、期せずして、ダブリンの警察本署に出頭した。

彼女は蒼白く瘠せて、手足が妙に顫《ふる》えていた。眼はどんよりとして光なく、髪の艶が全く失せて、生きた幽霊のような恰好をしていた。

彼女は自己の任意に出頭したのだが、警官の顔を見ると、わっと声を挙げて、泣き伏してしまった。しかし、涙と共に、彼女は驚くべき事実を語った。

「私は、私は、どうしても隠していることが出来ないのです。夫はどこまでも隠せと申しますが、私はたといこのまま地獄に堕ちましても、隠すことが出来ないのです。去年の十一月のあの晩から、リットルさんがいつも私の夢枕に立っているのです。血みどろけな顔をして、ぬうっと私の枕元に立っているのです。いいえ、夜ばかりではございませぬ、近頃は昼も私はリットルさんを見るのです。血がだらだらと流れています。あの凄い恐ろしい顔から、鼻からも、口からも、赤い濃い血がぽたぽたと流れているのです……。」

血に塗れたリットルを今も眼前に見るように、泣き崩れながら、彼女の云うところは次の通りであった。自分の亭主スポルンはリットルを殺したのである。その晩三千円ばかりの金を持って帰って、実は俺はリットルを殺した。この金を取るために殺したのだ。この金は少しずつに分けて、人のわからない所に隠して置く。そして、時々出して使おう。もし人にこの事を云うならば、即座に自分はお前を殺すと云った。スポルンの妻の告白に依って、スポルンは即座に逮捕せられた。尤もスポルンにはその妻の陳述したことに付いては、一切秘密にして置いた。

官憲はスポルンの妻の指示に依って、金の隠し場所を捜査したが、果して、被害貨幣に相当する金が方々から出て来た。更に又、前に乾干にした堀割の次の堀割を乾干にすると、スポルンと彫った剃刀が出て来た。前に発見した鉄槌とこの剃刀とが兇器だったのである。

スポルンに対する公判は翌月ダブリンで開廷せられた。

検察側は検事総長が自らこれに当った。

検察側では、流石に被告人の妻を証人として喚問しなかった。大義親を滅すとは云うものの、妻をして現在夫の面前で、夫の犯行に付いて陳述せしめるのは、酷である。

しかのみならず、検事総長は起訴事実の陳述に先だって、陪審員に対して、被告人の妻が警察署でいかなる事を述べたか、諸君は全くそれを忘れてしまわなければならない、それを決して本件の断罪の材料にしてはいけない、諸君はこの法廷にこれから顕れる証拠に依ってのみ、本件の事案を判断すべきである、と云うことを力説した。この検事総長の措置は勿論正当であり、公平であり、紳士的である。

被告人の妻に対して、検事総長の執った措置は極めて妥当なものではあったが、ここに一つ検察側は重大な不当を敢えてしている。この不当たるや、手続上違法のものではない、即ち法律上は許されていることだが、いかにも穏当でない、全く以て望ましからざることを演じている。それは、スポルンの子をその父の断罪の資料を提供せしめる目的を以て、喚問したことである。

スポルンの子は四人あったが、その内の長男（十四歳）と長女（十歳）とが喚問せられた。その供述するところに依れば、彼等は父が兇行の当夜、午後八時頃、奪って来た金を隠すところを目撃したと云うのである。

判事の説示は剴切を極めたものであった。先ず検事総長の云ったように、スポルンの妻の警察本署における告白を無視せよと諭して、その以外の証拠、即ち、鉄槌や剃刀のこと、奪った金と目すべき貨幣の隠し場所から出て来たこと等に付いて、深く陪審員の反省を促した。

事案は明白である、スポルンが真犯人たることに付いては、寸毫も疑念を挟む余地がない。

陪審員は即座に「有罪」の答申をするものと、何人も予期していた。

然るに、陪審長の言葉は「無罪」と響いた。満廷の人は総て自分の耳を疑った。

しかし、陪審の評決は無罪だったのである。何故であるか。被告人の子供の証言に依って、その父を有罪とすることを望まなかったからである。被告人の子供の証言は法廷における唯一の証拠ではなかった。外にも相当有力な断罪の資料はあったのだが、少なくとも、子供の証言は全部の証拠の一部分を構成している。そこで、親子の情誼を顧慮して、明白なる真犯人を無罪と評決したのである。

かくして、真犯人スポルンは釈放せられた。

釈放せられたけれども、何人も、スポルンの犯行を疑う者はなかった。勿論スポルンは会社から解雇せられたばかりでなく、誰もスポルンを雇う者はなかった。押収せられた金は流石にスポルンには還付せられなかった。スポルンは衣食に窮して、賤しいことを考えた。寄席へ出て、問題の事件の話を口演したのである。しかし、公憤はこの計画を蹂躙した。誰も聴きに行く者がなかったのである。五十銭の入場料を出して、その寄席へ入った者はあったが、スポルンの口演は聴かないで、散々にスポルンを罵倒した。厚顔なスポルンもこれには全く閉口して、行衛不明となった。

スポルンの妻子はスポルンの許へは帰って来なかった。ダブリンの有志はスポルンの妻子のために、相当の寄附金を拵えて、その生活を扶助した。

幽霊退治の裁判の話

ロンドンの西の場末のハムマースミスは、今でこそ東京の新宿と云ったような賑やかな大通りになっているが、この話の当時、即ち、第十九世紀の初めの頃は、寂しい郊外の町だったらしい。

そのハムマースミスに幽霊が出る。逢魔の時に、程近いテムスの河波がひと際寂しく静まり返ると、お寺の灯が急に光を失って、白い大きな幽霊が墓場の陰からふうわりと顕れて来る。甲も見た、乙も驚かされた、と云う噂が高くなって、床屋でも、居酒屋でも、その話で持ち切っていた。勿論、若い威勢の好い兄哥もいる、箱根の西じゃあるまいし――と云うのも、おかしいが――俺が一つ正体を押えて見せると、ロンドン一流の例のこくの強い麦酒を引っ被って、向こう鉢巻ならば景気も好いが、鳥打帽を猪首に着なして、飛び出そうとする出逢頭に、横町の憎まれ者、がらっ八と綽名のあるのが、あわわわわと、泣き込んで、そのままぐったりとへこたれる。気付けのウイスキーやや功を奏して、少しく正気になるや否や、「出た、出た」とおののく指で、幽霊の恰好をする。又出たかと、一同今更ながら、真っ青になると、例の兄哥も先程の元気は跡を絶って、只々悄然と首俛《うなだ》れている。

「さん候う、九条の羅生門にこそ鬼神の住んで、暮るれば人の通らぬよし、申して候う」と謡曲にはあるが、常盤津では、「卯の花咲いて、白々と、月照り渡る堀川の、早瀬の流れ落合うて、水音凄き戻橋」となっている、九条と一条の戻橋とでは、大分方角も違えば、距離もある。飛行自在の悪鬼のことだから、不思議はないが、朱雀の御宇の妖怪は洛中洛外諸所方々に出たものらしい。然るに、このハムマースミスの幽霊は、流石英国式で、正確に、ハムマースミスにだけ出る。

この幽霊は消極的に只々恨めしいと喞《かこ》つだけではなく、積極的に活躍して、時々いたずらをする。或時には、馬車の者を脅して、十六人も乗っている八頭立ての大型の車を危く顚覆させせようとした。この時には、とにかく怪我はなかったが、最後にいよいよ以て我慢のならぬ椿事が出来した。近所のおかみさんで、分娩期の近づいていた女が、大きな腹を抱えてお寺の前を通ると、例の如く、ふうわりと、白い幽霊が浮んで出た。おかみさんは逃げ出したが、英国の幽霊には足があると見えて、駆けて来て、おかみさんの肩を摑んだ。きゃっと云って、おかみさんは倒れたが、可愛想に三日目の朝死んでしまった。

ここにおいてか、幽霊退治の志願者が出現した。このハムマースミスの渡辺の綱は、決して剛力無双の勇士ではない。平生極めて温順な税務属だが、全く公憤のために、壮挙を思い立ったのである。その名をスミスと云う。

スミスは決然として、奮起した。「人の心もみちのくの安達が原にはあらねども、こもれる鬼を殉《したが》えずば、ふたたび又人に面を向くることあらじ、これまでなりや梓弓、引けば返さじもののふの、弥猛心《やたけごころ》ぞ恐ろしき恐ろしき」と云う風情はあったが「物の具取って、肩に懸け、同じ毛の兜の緒を締め、重代の太刀を佩き、たけなる馬に打ち乗って」と云う程の凛々しさはなく、拳銃一つポケットに潜ませて、出掛けたのであった。

クリスマスも過ぎた寒い寂しい夜であった。羅生門では、「物凄まじく雨落ちて、俄に吹き来る風の音に、駒も進まず、高《たかい》嘶《ななき》し、身振いしてこそ立ったりけれ」とあり、戻橋には、「一天俄にかき曇り、震動なして四方より、黒雲覆い重なりて」となっているが、ハムマースミスの幽霊は、例に依って、白い着物を着て、ふうわりと出て来て、ひょろひょろと歩いている。

スミスは幽霊に向って、大喝した。「誰だ、畜生、何奴だ、返事をしろ、黙っていると、打ち殺すぞ。」幽霊は恨めしいとも何とも云わない。ほとんど瞬刻にして、スミスは拳銃を発射した。

どさりと倒れた。倒れたのは、しかし、幽霊ではなかった。煉瓦職のミルウッドと云う男で、その頃の職人が誰でも着ていた白い上着は、鮮血に彩られた。

煉瓦職のミルウッドは勿論幽霊でもなければ、又、幽霊の真似をした悪戯者でもないのだが、可哀想に職人風の白い上着を着ていたために、この災難に遭ったのである。その一両日前にも、ミルウッドの白い姿を見て、吃驚した者が三人もあって、ミルウッドは一々それに弁解したことがあった。そこで、ミルウッドの母親は、外出する時には、きっと外套を着るように、注意したのだが、やはり例に依って、白い姿で出掛けたために、命を失うことになったのである。

スミスに対するミルウッド殺害被告事件の審理は一八〇五年の一月十三日を以て、ロンドン・オールド・ベーレイの刑事法廷で開かれた。十人に近い証人がそれぞれ訊問せられたが、要するに、事実は明瞭で、ハムマースミスに幽霊のしばしば出現したこと、幽霊の正体は今以て判明しないこと、スミスが幽霊退治——と云っても、むしろ、幽霊の正体を見届けるためだが、用心のためでもあり、又万一幽霊だったら、打ち殺す（幽霊を殺すと云うのも、おかしいけれども）ために、拳銃を持って出掛けたこと、幽霊らしい者を誰何《すいか》したが、返事がなかったために、それに向って発砲したこと、それが則ちミルウッドだったこと、ミルウッドは決して幽霊の真似をした者ではなかったことが、明確になった。この時には、特に被告人スミスの性質素行に付いても、証拠調べがあったが、それに依って、スミスは極めて善良な市民であり、忠実な税務属だったことが判明した。

事実は簡明だが、法律問題は必ずしも単純ではない。

スミスは幽霊を殺す積りだった、ミルウッドを殺す考えは毛頭もなかった、しかし、幽霊だと思って、射殺したその犠牲者が、ミルウッドだったのである。

このスミスに殺人の罪責ありや否や、まるで、刑法総論の試験問題のようである。

この時は、法廷は複数の判事に依って、構成せられた。

高等法院長が陪審員に対して説示したが、その中に次のような言葉があった。

「今まで、この事件に顕れたところに依ると、どうしても、殺人罪を構成することは、免れ得ないと云わなければならぬ。殺人罪を構成するには勿論故意を必要とする。しかし、犯人が被害者を知っていたか否や、憎んでいたか否や、嫌っていたか否や、と云ったようなことは、一切必要はないのである。ここが通俗の考えと法律の規定とが異なるところであるかも知れないが、諸君は勿論法律に依って判断をしなければならない。

今ここに、この部屋の中で、拳銃を射した、それが偶々誰かに命中したとする。斯様な場合には、立派に殺人罪は成立するのである。同様の理由で、甲が乙を殺すに足る者、即ち殺さるべき者と信じて、殺した。しかし、甲には乙を殺すべき資格がなかったとする。それもやはり殺人罪になる。

甲が追剥ぎを殺すべき者と考え、甲自身が追剥ぎと認むる者を殺し得るものと信じ、偶々路上で逢った乙を追剥ぎと認めて、殺した。然るに、乙は追剥ぎではなかった。この場合に、甲の行為は明白に殺人罪に該当する。

本件の被告人の性質素行の良いと云うことは、勿論何かの役には立つ。しかし、殺人罪に該当するか否やの問題を決する上には、一向影響を及ぼさないものである。役には立っても、別の問題で役に立つのである、それを混同してはいけないのである。」

（この最後の点は、後に書く特赦の推申に関するもので、情理兼ね具えた名文句である）。

然るに、陪審員は約一時間の評議の後、「傷害罪に付いて有罪」と答申した。

ここにおいてか、法院長はかかる答申の本件において失当なゆえんを力説して、本件においては、「殺人罪に付いて有罪」か「無罪」かの外に、答申すべきものはない。陪審員は宜しく再考すべきであると述べた。

ロック判事、ローレンス判事も同様の意見をそれぞれ開陳して、最後に同じく裁判所を構成していたロンドン市のレコーダーも、「私の意見も、尊敬すべき判事各位が今述べられたところと、全然同一である。陪審員諸君、今一度考え直すことが肝要である」と云った。（この時の裁判所が複数の判事に依って構成せられたことは、前に書いた。）

陪審員はそのまま法廷の内で、簡単に評議して、直に「有罪」と答申した。殺人被告事件に付いて、単純に「有罪」と答申したのだから、勿論、殺人罪として有罪の意味である。

この答申を聴いて、法院長は、「陪審員諸君、本件に付いては、直に、陛下に上申します」と告げた。

英国では、殺人既遂罪は当然に死刑になる。しかし、殺人犯の中にも、随分気の毒なものもあるのだから、左様な場合には、特赦を請願する。特赦は、陛下の御名に依って附与せられるが、その審議には係判事も干与するけれども、行政庁たる内務省の所管になっている。この特赦を裁判所又は陪審員から推申することがある。それをrecommendationと云う。特赦の請願は誰でも出来るが、特赦の推申は裁判所又は陪審員がするのであって、特に裁判所の推申は、その実質において、権威のあるものたるは、云うまでもない。

スミスに対しては、型の如く、死刑が言渡されたけれども、一箇年間スミスを監禁することを条件として、特赦する旨の命令が下った。即ち、特赦に依って、死刑が懲役一年に減軽せられたのである。

この事件以来、ハムマースミスに幽霊は出ない。しかし、お寺はまだ残っている。

貴い職責を自覚した弁護士の話

〔前略〕「愛国」と云うことに関連して、ふと思い出したのは、ロンドンに起った或る裁判事件である。事件は単純な窃盗、しかも万引である。全く市井瑣末の現象に過ぎないが、いささか以て愛国の本義を伝うるに足る——と少なくとも信ずるが故に、今日ここにこの事件を紹介する。

世界戦争勃発の数年前のことである。

ロンドンの或る新聞に次のような投書が掲載せられた。

「荊妻は先週価額一円の肩掛を窃取したる廉にて懲役六週間に処せられ候。荊妻は病中殊に臨月に近し。然るにX夫人は立派なる身分の人の由、この夫人は数千金の物件を窃取したるも放免せられたる趣にこれあり候。正義いずこにありや、小生大いにこれを疑い候。一労働者。」

投書には問題の夫人の名が明示してあったが、故あって、本稿には単にX夫人と書いて置く。

正義を自国の特産物、専売特許品だと信じきっている英国人が、この「正義いずこにありや」の絶叫的投書に愕然としたのは、無理もない。この投書はたちまちにして各大新聞に引用せられ、頻りに喧伝せられ、縦論せられた。

「貧富に対する二様の法律」（"One law for the rich and another for the poor"）と云う諺がある。不快な諺ではあるが、英国に斯様な諺のあることは事実である。富者は法網を免れ、貧者独り縲紲《るいせつ》の辱めを受けると云う意味である。英国に斯様な諺はあるが、もしこの諺のような事実があるならば、それは正義の蹂躪である、正義の廃滅である。従って、英国人はかかる諺を持ちながら、この諺を最も深く嫌っている。正義第一の自負心がかかる諺の存在を許さないのである。然るに、第十七、八世紀の昔は知らず、今は幸いにして、この諺も全く忘れられてしまった――と信じているところへ、この一片の投書に依って、悪魔のような、古い不気味な諺が再び人々の念頭に上ることになったから、法曹は勿論、朝野上下の一切を挙げて、斉しく嫌厭の眉を顰めたのであった。

それは社交季節のことであった。ロンドンの晩春孟夏の頃は、碧空に太陽が優しく微笑み、柔い光を受けた緑の野は、紅紫とりどりの色を以て飾られる。いわゆる「五月の草花《メイ・フラワー》」「六月の樹の花《ジューン・ブラッサムス》」である。この時を期して、欧米諸国の貴紳富豪が一斉にロンドンに蝟集する。かくて全市を挙げて、栄華歓楽の巷となり、金のない者は馬鹿に見えるのである。この年の社交季節は特に賑やかだった。某国（特に国名を秘す）から、持丸長者の大団体が乗り込んで来て、この黄金の客は到る処で熾烈な歓迎を受けたのであった。問題のX夫人はその某国知名の大富豪の細君で、夫と共にロンドン観光の客となっていたのである。持丸長者の奥様の窃盗、これが例の投書家の憤慨したところである。

投書が問題を惹起して数日の後、警視庁刑事のアロウ氏（現に生存）は諸所の毛皮商から、毛皮を万引せられた通告を受けたが、どうも、犯人はひと手らしい。数名の部下を督励して、その犯人の面貌を確かめたが、犯人は夫妻で、市内第一流、特に某国人専門とも云うべき大ホテルの上等客だと云うことが、判明した。そこで、その夫婦を逮捕したが、その女の方は問題のX夫人だった。

逮捕後、X夫人の持物を調査して見たが、なるほど、大富豪と見えて、夥しい贅沢品である。鞄の数も田舎のひと列車には積み切れない程である。しかも、その内の一つの大鞄はぎっしりと毛皮類で充ちている。それがことごとく被害届の物件である。御丁寧なことには、ホテルのサヴィエット（ナフキン）や食器までも入れてある。夫か妻か、夫妻の双方か、いずれにしても、二人に対する窃盗常習の嫌疑は濃厚以上に濃厚である。

かくして、X夫妻はポリス・コートにおける訊問の後、未決監に送られた。

この時、事件主任の刑事アロウ氏は急遽警視庁の部長に呼び付けられた。アロウ氏の方では、この度の手柄に対して、お褒めにあずかるのだと思って行ったところが、部長の顔は異様に緊張している、天気模様が怪しい、形勢不穏である。

部長はアロウ氏にこれまで好意を持っていたのである。アロウ氏を見ると、吐息をついて、「気の毒だなあ」と云った、「今度は君も首になるだろう」とも云った。泥棒を捕えるのが刑事の職責である、刑事が泥棒を捕えて、首になってはたまらない。どう云う訳だと尋ねると、大した理由がある。X夫妻の逮捕に付いて、某国大使から厳重な抗議が英国外務省に提出せられた。某国屈指の大富豪、万引などをするはずのない大金持を、万引犯人として逮捕したのは、不当だと云う抗議である。この抗議は外務省から内務省に移牒せられた。そこで、内務の高官がひどく弱っていると云うのである。

この抗議のあったことは事実である。そして、某国大使はX夫妻を即刻釈放するに非ずんば、自分は直ぐ様本国に引揚げるとまで、極言したと云う。又某国は大使の電報に依って、軍艦出動の準備に着手していたとすら云う。但し、この大使引揚説や軍艦出動準備説は単純な風説だったのであろう。いかに何でも信用の出来ないことである。某国大使が気違いでない限り、某国政府が大馬鹿者でない限り、とても想像し得ないことだが、只々抗議のあったことだけは事実である。

しかし、英国の内務省はアロウ氏の報告に信頼して、遂にX夫妻の起訴を断行した。

法廷開始前、この事件に付いて、問題となったのは、犯人が窃盗狂Kleptomaniaなりや否やの点である。窃盗狂だとすると（程度如何にも依るが）、心神喪失者の行為として、全然処罰を免れる。必ずや弁護の主力はこの点に集注せられるものと、何人も予期していた。

本論に関係はないが、一寸吃驚することがある。X夫妻の保釈の保証金は四十万円と決定せられた。高いと云えば高いが、保釈出願者（多分友人だろう、某国の官憲だと想像してはいけない）は保証金として、二千万円用意していた。

公判はカウンティー・オヴ・ロンドン・セッションスで開かれた。（中央刑事裁判所で開かれるのは、比較的重い罪に該る事件を原則とする。）

検察法曹は今は判事になっている某氏、その補助弁護士は今は治安判事になっている。弁護人はサーの附いた（勲爵士《ナイト》）大訟師四人の外に尚数名、いずれも法曹界の大立者である。一窃盗事件の公判としては、ほとんど前古未曽有の大壮観である。

かく知名の法曹を網羅したからは、大論戦が開かれるだろうと、満廷の人々は固唾を呑んで、緊張した。

書記の問いに対して、先ず夫妻の被告人の中で、夫は「無罪」と答えた。

妻は消え入るばかりに縮み上がっている。何か云ったようで、その唇は微かに動いたが、何も聞こえなかった。

そこで、弁護人側の主将サー・エドワード・クラーク氏（現判事）は起った。舌端火を吐いて、数千万言が迸発すると思われたが、意外にも「私は被告人に代って、有罪と申上げます」と述べた。即ち犯行を自認したのである。

弁護人の方では、窃盗狂の主張をしないのであった。その主張がなければ、その点の審理はしない。これが英国の刑事訴訟手続の本則である。

検察側ではX氏に対する立証を抛棄した。事実上の起訴の撤回である。（実際X氏は犯罪に関係がなかったらしい。）

X夫人は既に有罪を自認している。さしもの大公判は秒時にして終った。大山鳴動鼠一疋、呆気なきこと、この上もない次第である。

X夫人に対して、懲役三箇月に処する言渡しが下された。傍聴者の中で数名の盛装した婦人がこの言渡しに対して、ぶつぶつ云ったが、それは、例の某国の観光団員だった。

サー・エドワード・クラーク氏以下十人に近い堂々たる第一流の英国弁護士は、この事件の弁護人として、X夫人のために、有罪を自認する趣旨を、たった一言述べただけである。弁護人としては、何もしていない。

弁護人としては、何もしていないか、否、彼等は大きな仕事をしている。英国の公安のために、多大な貢献をしている。英国法曹の信条は、弁護人として、被告人の利益を図らなければならないが、同時に、国家の公益を重んじなければならぬ、と云うにある。私がこの事件を「愛国的事件」と私《ひそ》かに自ら名附けて、紀元節の当日に書いたゆえんもここに存する。

ひと度疑われかかった英国の正義は、更に又その光彩を回復した。

命を賭けた裁判の話

現行民事訴訟法の中に、攻撃方法、防禦方法と云う用語がある。いかにも殺伐な文字だが、実は外国語の直訳で、この外国語はその昔、ヨーロッパにおける決闘裁判、即ち決闘に依って、主張の正邪を決した裁判の行われていたことを、如実に物語る好個の資料である。

いわゆるオーディールの裁判、私は仮に天意裁判と訳しているが、天は正しい者を助けるという思想の下に、常人が常時に出来ないむずかしいことを、原被両造にやらせて、うまくやりおおせた者を勝者とする裁判、例えば、熱湯の中に手をつっ込ませるとか、灼熱した鉄棒を握らせるとか、誰も到底出来そうもないことを命ずる、その誰も到底出来そうもないことを立派にやりおおせた者は、畢竟するに天の助けを得た者である、天の助けを得た者は則ち正しい者であると云う裁判が、上代のヨーロッパに広く行われていたことは、史家の斉しく是認するところであるが、わが国往昔の「くかたち」（盟神探湯）もたしかにこのオーディールの一種に相違ない。

決闘裁判もオーディールの一種である。原被双方に決闘を命じて、決闘の勝者を以て訴訟の勝者とする裁判が、中古以前のヨーロッパに行われていたことは事実であって、それが則ち現行民事訴訟法に攻撃方法、防禦方法の文字が残されているゆえんである。

決闘裁判は云うまでもなく、極めて非文化的な制度であって、未開時代の蛮風の残骸に過ぎないが、英国では制度上一八一九年まで残っていたのであって、古風尊重もここまでくると、大変なものである。その前年の一八一八年に、決闘裁判の申立てをした者があった。それに対して、裁判所は申立てを受理する裁判を下した。勿論歓迎すべきことではないが、制度上現存しているのだから、申立ては正当だと云う裁判が言渡されたのである。幸いにして、申立人の方でその権利の行使を断念したけれども、流石に英国の朝野もこれには吃驚して、早速法律を作って、この制度を全廃したのであった。

しかしながら、一八一九年前の英国においても、決闘裁判の風習は事実上既に久しく死滅していたのであって、第十四世紀の末葉にはほとんど全くその影を失っていたのである。

実は私はしばしば他の機会において、過ぎし昔の夢の話として、決闘裁判の凄惨な実例を書いたが、ここには他の一つの実例を掲げる。それは英国における決闘裁判時代のほとんど最後のものであり、同時に、決闘裁判の典型的な一例である。

さて、この物語は英国プランタジネット王朝の最後の君主、リチャード二世の第四年、即ち一三八〇年の出来事で、国王親裁の下に行われたが、リチャード二世は当時ようやく十三歳の少年王で、万機は叔父のランカスター公が補翼していた。このランカスター公の子がヘンリー四世で、リチャード二世はヘンリー四世のために幽閉せられて、その最後はわからないが、気の毒なことには、餓死したのだろうと云うことである。

リチャード二世の前代はその祖父エドワード三世で、この時に英仏間の百年戦争が始まったのであって、エドワード三世の治世は対仏戦争の歴史であり、その長子たる黒太子（顔や髪の色で黒太子と云うのではない、黒い甲冑から来た名前である）の武勇伝の時代である。黒太子が仏王ジャン二世を擒にして、英軍の気勢の揚がっていた頃に、英軍の一武将サー・ジョン・チャンドスは功労に因って、仏国ノルマンディーのサン・サヴールの領土を賜り、ここにみずから堅城を築いて、サン・サヴール城と名づけ、留守居の家老にトーマス・カトリントンと云う武士を任命した。

然るに、英軍の勝利も永続はしなかった。黒太子薨ずるや、仏国における占領地はほとんど全部仏軍に奪還せられて、サン・サヴール城の如きは、わけもなくやすやすと仏軍の手に渡ってしまった。

サン・サヴールの城主は今は二代目で、サー・ジョン・アネスレイと云うが、これは英国にいる。このサー・ジョンが留守居の家老カトリントンの振舞に激昂した。彼は卑怯にも仏軍に降参した。何等やむを得ざる事情なきに拘らず、みだりに敵軍に城を明け渡した。今日の民法の流儀でいえば、彼は委任事務を誠実に履行しなかった――と云ったような理由で、カトリントンを訴えたが、エドワード三世の時代には、お取上げにならなかった。そこで、次のリチャード二世に決闘裁判の申立てをしたが、これはまもなく受理せられた。

いよいよ、一三八〇年六月の七日、今は議事堂の建物のあるウエストミンスターの広場に、矢来を作り、地ならしをして、立派な決闘場が設けられ、国王の親裁で、摂政以下文武の百官雲の如く集まり、矢来に沿って数千の軍隊が警戒している。勿論公開で、記録に依ると、人出は四年前の戴冠式の時よりも多かったという。

最初の呼出しで、原告のサー・ジョンが甲冑に身を固め、騎馬で粛々と出場する。第二の呼出しは被告のカトリントンに決闘に応ずるか否やの返答を求める。「おーい」とカトリントンが云う、これが応諾の合図である。第三声で、被告のカトリントンが登場する。同じく騎馬の武者姿である。

決闘は星の光の輝き初める時を以て終結する。従って、決闘に相当の時間を要するものと思われる場合には、朝から手続を開始する。文献上この日の決闘の開始の時刻は判明しないが、やはり午前中からだったものと推測する。

ウエストミンスターには、大きな樹が多い。ロンドンの初夏である、樹々の若葉は美しい日の光に輝いて、薫り来る風にも緑の色を宿したと思われる。西はすぐにテムスの河である。河は大きいが、あのあたりは潮が早い。深淵の趣を呈して、しかも早瀬の姿を見せる。落着いた決闘場に、刻々として殺気が襲って来た。

馬上で、両騎士は国王と摂政とに恭しく敬礼した。告訴状が朗読せられた。これに対して、カトリントンが苦情がましいことを云い立てたが、既に決闘の手続に入っている以上、口頭の弁明は許されない。摂政ランカスター公が激しい声で叱り付けたから、カトリントンも潔く決闘に依って総てを解決することを述べた。

そこで、武器が渡される。法律で許された武器は槍、長剣及び短剣の三つである。原被双方に、同じ長さ、同じ重さのものが渡される。その次は宣誓である。悪魔の力を借らず、地獄の助けを求めざることを誓うのであるが、この文句が、又凄愴なものである。「この世の外なる総ての力、たとい金石にもせよ、草木にもせよ、薬物にもせよ、およそ我が勝利を容易にすべき一切の魔法の呼吸の籠れるもの」は使わないと云う宣誓である。

宣誓が済むと、「神の御名において、戦え」という声が掛かる。原告のサー・ジョンと被告のカトリントンとは直に槍を合わせた。サー・ジョンは小さい男だった。独楽のように、馬を縦横に馳せて、水車の如く、長槍を操った。カトリントンは大兵肥満で、行動に軽俊を欠いたが、流石に攻城野戦の武人である。たやすく敵の槍に乗るような男ではなかった。

矢来の内は広い。それを騙け廻っているのだが、この日は殊に暑かった。甲冑も重いのだが、両騎士共に暑気のために、大分呼吸が苦しくなって来たようだった。やがて、二人共槍を棄てて長剣を手にした。幾ばくもなくして、互いに切尖が鈍って来たようだったが、二人はほとんど同時に馬から飛降りて、短剣を以て挑み合った。徒歩の勝負になると、どうしても太った方が損である。組討になって、サー・ジョンは見事にカトリントンを倒した。そして、カトリントンの短剣を奪ったから、今はカトリントンは全く無手で、死んだようになって仰向けになり、その上からサー・ジョンが押え付けた。

サー・ジョンが組伏せた敵の咽喉をひと突き突こうとした一瞬間、油のような汗がだらだらと額から目に流れ込んだので、思わずそれを拭おうとした時に、死んだようになっていたカトリントンが跳ね返って、今度は逆に、サー・ジョンの上にカトリントンが乗っ懸かった。上下全く顚倒したが、上になっているカトリントンは生気失せて、サー・ジョンの上で眠っているように見えた。

そこで、十三歳の少年王リチャード二世は決闘の中止を命じた。人々はまずカトリントンを扶けて休息せしめたが、サー・ジョンは組敷かれたままの姿勢で動かない。自分は下になっているけれども、負けたのではない、このままで勝負を続けるならば、自分はきっと勝つと叫んだが、とにかく、一度引分けて、更にサー・ジョンの嘆願に因って、国王は元の状態のままで試合を続けることを命じたが、カトリントンは最早ひと足も歩けなかった。

裁判はサー・ジョンの勝訴となった。カトリントンは翌朝その旅宿で息を引取った。

訟廷種々相

犯人に死刑や懲役刑を課するのは、その当人を改悛せしめるためであるか、或いは又、犯人を一般社会から隔離して、公共の安全を図るためであるか、換言すれば、犯人のためか、はた又、社会のためか、これに付いては、昔から議論の存するところで、殊に第十九世紀の初め頃から、いわゆるイタリア派の刑法論の擡頭して以来、刑政方面において、頻りに論争せられているのであるが、これに付いて、面白い話がある。

数十年前の刑罰は、今日に比べて、どこの国でも、甚だしく苛酷だった。英国も御多分には洩れない方で、例えば馬泥棒の如きは、当然に死刑に該当した。その頃の英国の法廷における実話だが、或る貧乏人が、隣家の馬を盗んで裁判になったが、その言渡しは勿論死刑だった。そこで、犯人は判事に哀願した。「貧に迫って、馬をたった一匹とっただけです。それで死刑になるとは、お情のうございます。」しかし、判事は云った。「お前の盗んだ馬はたった一匹だった。それは事実だが、そのためにお前を殺すのじゃない、これから世間の人がお前に馬を盗まれないように、そのためにお前を死刑にするのだ。」

勿論、これは今の話ではない、数十年前の昔話である。

＊

法律の字句は充分に推敲せられなければならないが、それでも時々はとんだ手抜かりの生ずるものである。勿論、解釈の妙用に依って、字句の欠陥を補充すべきであるが、法律の文句そのものとしては、途方もない間の抜けたものが、出来上がることもある。かつてドイツのシツットガルトで、丁度我が国の警犯処罰令に似た程度のものだが、シツットガルトの町だけに適用せられる警察法規を作ったが、そのなかに、「夜間帰宅スルニ当リ大声ヲ発シタル者ハ何々ノ刑ニ処ス」と云う規定があった。つまり、夜になって、酔っぱらいが路上でやたらに歌を唱ったり、大きな声を出すのを禁ずるためであった。丁度、その規定の実施の第一夜に、目抜きの大通りで、親不孝な声を張り上げている男があったから、巡査が早速その男を捕えると、「私は家へ帰るのじゃないので、へい、飲み足りないから、これから一杯引っかけに行くところなので、へい。」巡査がポケットから、新しい法文を出してよく見ると、「夜間帰宅スルニ当リ……」とある。いわゆる微苦笑で、その男は釈放。

＊

英国の刑事法廷で、或る事件の共犯人が二人、被告席で大喧嘩を始めた。共犯事件にはよくあることで、互いに罪をなすり合う。「いいえ、私は全くほんの手先に使われただけのことで、張本人は甲なのです。」「いいえ、乙の申すことは皆でたらめです。乙が悪事の発頭人で、私は何にも知らなかったのです」と云った工合で、被告人同士で口論が始まる。この時には、口論が嵩じて、なぐり合いの大喧嘩となった。森厳な英国の法廷では珍しいことで、看守も手の附けられない位の騒ぎだった。

法廷にいる者のうちで、この喧嘩に最も愕いた者は、被告人席のすぐ下にいた一人の老婆だった。「まあ、なんて怖ろしいことだろう、法廷と云う所は険呑な所だ。私は吃驚したよ、こんな険呑な所は真っ平御免だ。」老婆はこう云って、法廷を出ようとしたが、看守に制止せられた。

この老婆はこの日審理を受けるはずになっていた貰児殺しの事件の被告人で、例の喧嘩をした共犯人の事件の審理が済むと、この老婆の審理に移る順序になっていたのである。

共犯人の喧嘩も収まって、審理は無事に終了したが、次に審理せられた老婆の事件は、貰児殺しだから、勿論重大なもので、老婆は死刑を言渡された。なるほど「法廷と云う所は険呑」な所である。

＊

英国の判事は法廷で洒落を云う。余裕があって、のんびりしているところが英国の判事の特徴である。尤も、この洒落には駄洒落もあるが、上品なユーモアもある。上品な例を一つ挙げる。

英語の紳士「ゼントルマン」の略語に、「ゼント」と云う言葉がある。丁度、我が国で、「旦那」と云う言葉の略称を「旦」と云うような工合である。尤も、この「ゼントルマン」の略称の「ゼント」と云うのは、多く下等社会で使われる言葉である。或る時、法廷に顕れた証人が頻りにこの「ゼント」と云う言葉を使った。「あのゼントがこう申しました。そのゼントが……外のゼントが……内務省のゼントが……銀行にいたゼントが……」と云ったような調子だった。すっかりこの「ゼント」と云う言葉に悩まされたのは、ダーリング判事（数年前に退隠した人）で、突如として、証人に訊問の矢を放った。

「一寸訊ねるが、そのゼントと云うのは、ゼントルマンに少し足りないものかね。」

＊

今一つ判事のユーモアの例を挙げる。

或る虚栄の女が被告人になった。彼女は傲然として、「私は身分のある婦人です。私は閣下（判事）のお席の横に坐れる身分です」と云った。一寸説明するが、ロンドンの刑事法廷には、三種の傍聴席がある。第一種は通常の傍聴席、即ち公衆席、第二種は市長又は市役所の招待席、これは側面に小高くなっているから、シティー・ヒル（市の岡）と云う。ここで傍聴することは、大変名誉なことになっている。第三種は判事席の横で、これが最高の傍聴席であって、市長又は区長もここに式服姿厳然として控えている。さて、右の虚栄の女に対して、判事は云った。

「なるほどね、しかし、今日はお前はそこ（被告人席）にいた方がいいようだ。法廷で一番居心地のいいのはそこだ。そこはちっとも込み合わないからね。」

＊

レディング侯と云えば、検事次長、検事総長、大法官、遣米大使、インド総督等の顕要な地位にいた英国現代の法律界及び政治界の大立者だが、弁護士時代には随分苦労もしたもので、或る時、判事に小っぴどく皮肉を喰わされたことがある。レディング侯が若い弁護士時代、勿論、貴族に列せられる前で、ルーファス・アイザックスと云う本名で呼ばれていた時代のことである。或る馬泥棒の弁護人となったが、審理の途中で、被告人は自白した。しかし弁護人のルーファス・アイザックスは被告人の自白はその真意でないと云って無罪論を力説した。然るに判事の陪審員に対する説示は、簡にして要を得たもので、「陪審員諸君、本件において、被告人は馬を盗んだと云い、弁護人はそれを否定している。判断は諸君に任せるが、只一つ諸君に注意する。本件犯行の現場に被告人はいたのだが、ルーファス・アイザックス君はそこにいなかったのだ。これを諸君は忘れてはいけない」と云うのだった。陪審員が即決で有罪の答申をしたことは、勿論である。

＊

今から三十年も前の話だが、英国中世以来の名門、某侯爵の令息が或る犯罪で五年の懲役に処せられた。最初送られたのは、リューズの監獄だったが、この監獄の建っている地所が、父の某侯爵の領地の一部分だった。次にパークハーストの監獄に送られたが、ここで、或る日、病囚の世話係を命ぜられた。病囚は前科十数犯の老犯人だった。

「おい若いの、手前何てえ名だ。」

侯爵令息は率直に本名を告げた。

「はははは、侯爵の公達を世話係に使っているのだから、この乃公は王様だなあ。」

母ごころ

パリの西南、ロアール河の畔、都を遠く離れた片田舎に、村の人々の尊敬を一身に鍾《あつ》めた小学校の女先生で、ヴォロンさんと云う人がいた。

ヴォロン先生は親切で、熱心で、学問があって、信心深い。二十三、四の時に、夫に死別したが、その頃は、花のように綺麗な女だった。顔も姿も清く美しい女だった。しかし、この美人の寡婦には、浮いた噂は全くなかった。身を持すること極めて堅固で、尼僧のような戒行を守って、専ら育英の道に勤しむこと二十五年、この物語の当時は（今から数年前の事である）、四十八、九歳になる。ヴォロン先生と云うよりも、「女聖人」の尊称に依って、近郷近在に鳴り響いている。

ヴォロン先生の姑――ヴォロン先生の亡夫の実母――はたった一人で、近所に別居している。フランスでは珍しくないが、極端な節約家で、まず吝嗇に近い。従って、裕福である。金に不自由はないが、出費を嫌って、下女も下男も置かない、老婦人の一人世帯である。この姑に対して、ヴォロン先生は十分に孝養を尽している。自分の最愛の夫、この世の縁は薄くって、同棲わずかに数年に過ぎなかったけれども、千代かけての契りと思えばこそ、あらゆる誘惑を却けて、先立った人への誓いを固く守って来たのである。その最愛の人の生みの親だから、ヴォロン先生は姑を大切にしていたのであって、これが又、村の人々の尊敬の原因の一つだった。

ヴォロン先生には、ロージャーと云う一人の息子がある。亡夫の忘れがたみである。ヴォロン先生に似て、くっきりと恰好のいい鼻、ぱっちりと涼しい眼、殊に花の莟《つぼみ》のような可愛らしい唇を持った綺麗な青年で、二十五になる。

このロージャー青年は、顔や姿に、母の「女聖人」の面影を伝えているが、心はまるで正反対だった。母のヴォロン先生が物事に熱心で、いつも周到な注意を怠らないのに反して、ロージャーは万事が投遣りで、だらしがなくって、勉強が大嫌いだった。しかも、この母子の性格の最も極端に違っているのは、異性に対する素行上の点であって、母が寡居二十五年、持戒堅固な尼僧の如き清厳な日常を送って来たのに対して、息子のロージャーは二十になるかならない頃から、いつも忌まわしい浮名の主になっていた。

学徳の誉れの高いヴォロン先生も、ロージャーには、ほとほと閉口していた。村の人々もロージャーには愛憎《(ママ)》を尽かしたが、あのような立派な先生に、どうしてあのような馬鹿息子が出来たのだろう、親が聖人で、子が外道だ、全く以て、ヴォロン先生はお気の毒だと、ロージャーの取沙汰が悪くなればなる程村の人々のヴォロン先生に対する同情は、益々加わって行くのであった。

ヴォロン先生は「女聖人」だが、要するに、小学校の女教師である。その収入は勿論少ない。ヴォロン先生の姑、即ちロージャーの祖母は相当の金持だが、これは前にも書いた通り、握り屋で、孫も可愛いが、金の方が孫よりもまだ可愛い。されば、なまけ者のロージャーには、金の出処がない。これには、ロージャーも弱った。ヴォロン先生は既に閉口し切っている。そこで、ロージャーはパリへ行こうと云い出した。

ロージャーの考えでは、花の都には、なにか一攫千金の旨い仕事があるだろう、そして、華やかなシャンデリヤの下で、美しい女と芳しい酒の香に酔う——と云う位のことだったが、母のヴォロン先生は、これをロージャーの更生の好機だと考えた。そして、気の毒にも、苦しい算段をして、旅費を調達して、ロージャーをパリへ出立せしめた。

パリで何をしていたか、それはわからないが、好運がパリの町にもころがっていなかったことは事実で、ロージャーは無一文で、ぼんやりと、故郷へ帰って来た。

或る夜、ロージャーは祖母の家へ、強盗に押入った。祖母は吝嗇な金持で、たった一人で暮らしている。そこへ金の無心に行ったのである。金の無心と云ったところで、深夜、戸を叩き破って、しかも外に一人の共犯を誘って押入ったのだから、勿論強盗で、しかも、ロージャーはこの時祖母を締め殺したのである。祖母が声を立てたので、両手で祖母の頸を締めたのである。

ロージャーとその共犯（見張番をしていたのである）とは、その夜のうちに逮捕せられた。

ロージャーに対する罪名は強盗殺人、しかも尊属殺である。尊属殺は殺人のうちでも刑罪が最も重い。到底極刑を免れない事案である。

法廷の審理はすらすらと進捗した。何しろ、一点の疑惑の余地のない証跡明白な事件であり、しかも、実の祖母を締め殺した事実である。陪審員は既に尊属殺の被告人ロージャーを極度に憎んでいたのである。

審理が終って、陪審員が評議に移ろうとした刹那、真っ蒼な顔をして傍聴していたヴォロン先生が、ふらふらと立ち上った。裁判長は「女聖人」の評判を知っていた。そこで、同情に充ちた声で、

「何かおっしゃるのですか。寛大な処置を求めると云うのですか。それとも、何か新しい証拠でも……」と尋ねた。

ヴォロン先生は弱々しいが、しかしはっきりした口調で、

「いいえ、私は……私は懺悔したいのです。」

満廷愕然として、愁いに瘠せたヴォロン先生の寂しい立姿を凝視した。

殉教者のように気高い態度で、ヴォロン先生は述べる——

「すべて倅が悪いのです。敢えて私は嘆願は致しませぬ。しかし、本件が尊属殺だと云うこと、倅が祖母を殺したと云うことだけは間違いでございます。この二十五年の間、皆様は大変私をお褒め下さいました。貞女とか、節婦とか、有難い評判を、私は頂戴しておりました。それが、私には決して当らない勿体ない評判だったのです。私は世間を欺いていたのです。丁度今から満二十五年前、私の夫がまだ生きていました時に、私は或る男と不義の夢に耽っていました。私は不義の女だったのです。その不義の子が則ちこのロージャーで、被害者は決してロージャーの祖母ではないのです。この秘密はロージャーと私とだけが知っているのでありまして、私には決して当らない勿体ない評判を維持させるために、ロージャーは絶対にこの秘密を口外しませんでした。この不義の母に貞女節婦の名声をほしいままにさせるために、流石のロージャーもこれだけは固く秘密を守っていてくれたのです。しかし、私は敢えてロージャーのためではなく、広く世間にお詫びを申上げるために、ここに一切を懺悔するのであります。」

陪審員がこの懺悔を信用したか否や、それはわからないが、ヴォロン先生の苦衷は買った。そして、事件を尊属殺に非ざる強盗殺人と答申し、法廷は十四年の懲役刑を言渡した。

然るに、ロージャーの服役中に、かつて彼がパリに滞在していた当時、或る老人を強盗の目的で殺害した事件（この話の事件とは全く別な事件）が発覚し、その事件に依って、死刑を言渡された。

ヴォロン先生が二十五年の名声を賭した苦衷も、遂に結局は水泡に帰したのであった。

被告人の母と結婚した裁判長の話

テムスの上流レディングに近い丘の上の別荘で、X氏と私とは満目の新緑に映る初夏の色を、心ゆくばかりに眺めていた。X氏は十数年前に法曹界を退職した白髪の老人だが、今はこの清閑の境地に安住して、ギリシャの悲劇を翻訳している。尤も出版すると云ったような噂は聞かない。恐らくは、死ぬるまで、ソフォクレスと首引をしているのだろう。博覧強記と云う文字そのままの大家であって、殊に話の上手な先生である、昨夜は遅くまでケムブリッジ時代の話を面白く聴かせてくれられた。今朝は又、薫風渡り来って微涼を感ずる芝生の上で、例に依って、孫に教えるような調子で、得意の説法を始められたのである。

「君は英国の法廷は品が好いと云う、いかにも落着いていると云う、のんびりしていると云う、それを君の口から聴くのは嬉しい。実はそれが私達の自慢なのだ、よく了解してくれた、あり難い。しかし、前世紀と比べると、英国の法廷もこれで非常に散文的になったのだ、世智辛くなってしまったのだ、死に損ないの老い耄《ぼ》れが何を云うかと、君は笑うかも知れないが、四十年五十年の昔を追想すると、只々偏にその時代のことが恋しくなるね。一例を挙げると、こう云うことがある、つまり、のんびりしていた一例だ。尤もこれは僕の父が弁護士をしていた頃の出来事で、僕自身の経験談ではないがね。」

X氏がいわゆる一例として語り出した物語の大要は、即ちここに掲げるこの話である。

一八一一年の十二月十六日、ロンドン中央刑事裁判所で、当時の耳目を聳動した大事件が審理せられた。その事件の被告人は大貴族の若主人公で、大貴族が被告人として法廷に立つと云うことが、満都の視聴を惹いたのであった。

この被告人はアイルランドの大貴族で大地主のスライゴ侯、詳しく書けば、スライゴ侯爵の第二世、ウエストポートのバロンマウントイーグル、セントパリトックの騎士、メヨー郷のロードレウテナンと云う長い肩書の貴紳、当年二十二歳の青年である。

係判事はサー・ウィリヤム・スコット、それに当時の慣習として、事件が複雑である関係上、二名の補助判事が加わっていた。それはエレンボロウ卿とトムソン男とであった。

事案は随分紛糾したものであったが、その犯罪事件を紹介するのは、本篇の目的ではないから、一切省略するが、要するに、水兵を誘拐し遺棄したと云う案件である。大仕掛なヨット遊びは英国の貴族富豪に通有な娯楽であるが、若い大貴族の当主たるスライゴ侯もその例に洩れないで、贅沢なヨットを艤装して、地中海へ出掛けた。然るに、途中で人手が足りなくなって、マルタ島に碇泊中の英国軍艦から若干名の水兵を借入れた。幾分大貴族の権勢を濫用した傾きはあるが、この借入れには別に不法の廉もなかったけれども、何しろ世上の経験に浅い若殿様のことである、栄華に育った坊ちゃんのことである。手違いもあり、気ままも手伝って、万事が齟齬した。刑法上の遺棄に該当するような結果を招致して、水兵の一人はギリシャで死んだ。一人は行衛不明になった。他の数人は逃走罪の名目の下に軍法会議で刑の言渡しを受けた。そこで、当の本人スライゴ侯も法廷に引出されることになったのである。

事件の審理や弁論に十四時間かかった。これも当時の風習で、夜の更けるのもかまわないで、開廷を続けて行ったたから、陪審長が答申したのは、翌朝の二時頃だった。尤も周到な証拠調べで、事案は明瞭になったから、陪審の合議は瞬刻にして終った。答申は有罪である。

答申と共に法廷を閉じて、正午に言渡しがあった。

裁判長サー・ウィリヤム・スコットの言渡しは荘重にして厳粛を極めたものであった。刑は四箇月の禁錮及び五万円の罰金だった。

この事件の審理中、被告人スライゴ侯の母、即ち亡スライゴ侯の未亡人は終始熱心に傍聴していた。そして、小さい紙片に何かすらすらと書いて、それを、廷丁を通じて、裁判長に差出した。

裁判長スコット判事は法廷でそれを読んだ。紙片には、

「御親切なる判官諸公に依りて、愚息の裁断せらるることを、妾《わらわ》は深く光栄と存じ候」と書いてあった。

事件の終ると共に、裁判長スコット判事は直に現スライゴ侯の母、即ち亡きスライゴ侯未亡人に結婚を申込んだ。スコット判事はその時六十九歳、夫人に死別して以来独身でおったのであった。

スライゴ侯未亡人は喜んでそれを受諾した。

婚礼はスライゴ侯の出獄後、翌年四月の吉日、いとも盛大に行われた。

頽齢の新郎と姥桜の新婦とは、スライゴ侯被告事件の法廷において、始めて相見えたのであって、例の紙片が恋の媒となったのである。

ロンドンの社交界は流石にこの奇抜な結婚に愕いたが、スライゴ侯に対する審理及び裁判に付いては、何人も不満の念を抱かなかった。真にこの審理及び裁判は公平厳正であって、一の非議すべき余地がなかったのである。

前科者のスライゴ侯はその後立身して、ジャマイカ総督となり、枢密顧問官に挙げられた。

「どうだ、君、随分のんびりしたものだろう。尤も、今時この真似をされちゃ困るがね。」語り畢《おわ》って、X氏は静かに微笑んだ。

法廷のスポーツマンシップ

英国の判事にはスポーツマンが多い。学生時代に運動界の花形だった人も尠《すくな》くない。散歩のついでや食卓の間に、よくスポートの事が話題になったが、私はその方面には一向智識がないので、卑怯な次第だが、顧みて他を言うような態度に出る、そう云ったような場合には、きっと、「君はスポーティーではない」と甚だ以て手痛いお小言を頂戴したものである。しかし、裁判と運動とは別物だ。なるほど、運動をすれば、身体は丈夫になるだろうが、法廷は国技館とは違うのだ――と少しは反抗的の弁解も試みたこともあるが、今思い出すと恥ずかしい。

英国人殊に英国の法曹が正義を自家の相伝の秘法と心得ているように、彼等はスポーツマンシップの精神を以て、やはり彼等の専売特許だと確信している。

このスポーツマンシップと云うのは勿論「スポート」から出て来た言葉ではあるが、英国の法曹、少なくとも私の教えを受け知をかたじけなくした人々の観念の下においては、スポーツマンシップは決して運動や競技に関するものではない。敵を敗《やぶ》るとか、記録を作るとか、健康を増すとか云う事は、スポーツマンシップではない。スポーツマンシップは公明正大な男子の道である、朗々乎たる人間の道である、自己の人格を完全に発揚して、同じく完全に発揚せられた相手の人格に直面し正視することである、相互に自己を遺漏なく、腹蔵なく、展開し、提示して、その人格を尊重することを以て第一義とする。スポーツマンシップは善戦健闘を高調して、退嬰苟合を嫌忌する。しかし、それは相手を敗るためではない。相手が既にその全人格を提げて立っているのだから、自分も全人格を挙げてこれに対するものである。もとよりそこに竜攘虎搏の角逐を生ずるが、優劣を決する殺伐の目的ではなくして、それはむしろ礼儀である。

要するに、勝敗の念を心頭から滅却し去って、全人格と全人格とが真っ正面から向い合う、これがスポーツマンシップである。されば、技術の熟達、健康の増進の如きは、甚だ低級な副産物であって、それに膠着し守柱することは、むしろスポーツマンシップの異端外道である。技術の熟達、健康の増進、それはもとより結構なことではあるが、それよりも遥かに大きな生命もあれば、貴い使命もある。もし子弟訓育の道を徳育、智育、体育の三つに別けることが、合理的の分類であるならば、スポーツマンシップは徳育に位するものであって、体育に属するものではない。体操の教師が教えてはならぬと云うのではないが、修身の先生が忘れてはならぬものである。かつて神宮競技の主管に付いて、文部省は学校衛生の見地から、内務省は公衆衛生の立場から、互いにその権限を主張したことを新聞の記事で読んだことがある。私は勿論その真偽を知らないが、もしそれが事実だったとすると、競技問題だから、自然競争になったのかも知れないが、スポーツマンシップの第二義以下の事項を以て、監督権限の基礎を定むる標準としたものであって、甚だ望ましからざるところである。

今でこそかく云うものの、私は最初は彼等のスポーツマンシップを捕捉し得なかったから、運動と裁判とは別物だなどと、下等な皮肉を弄んでいたが、彼等の教えがようやくにして身に沁み込むにつれて、運動家が判事になるゆえんが判明して来た。スポーツマンシップは朗々乎たる人間道だが、これを体得するには、運動が捷径である、直接の本道である。彼等は学校の運動場で人間道を習って、それを法廷で操っているのである。ここにおいてか、正義の殿堂も校庭の延長である。

英国の裁判の実例を観ると、恐喝罪に対しては甚だ重い刑罰が課せられる。恐喝罪は大抵被害者の弱点に乗じて、金品を捲き上げるものである。金品をくれなければ、弱点を曝露すると云って、脅すのである。それがいかにも卑怯だ。凡そ犯罪に公正なものはないが、恐喝罪のように不公正なものもまた稀である。その卑怯な点、不公正な点がスポーツマンシップに背くものとして、重い罪になるのである。

殺人既遂は英国では必ず死刑になるが、その中で、毒殺は最も嫌われる。従って、最も重大視せられて、出来得る限り、検事総長が法廷の検察側に立つことになっている。それは毒殺は卑怯だからである。正面から斬り付けるのならば、相手に防衛の機会も与えるし、悪い事でも、堂々乎たる悪い事だとも云えようが、毒殺と来ては、こっそり一服盛るのだから、安全な殺人方法だが、極めて卑怯な手段である。やはりスポーツマンシップの大賊と観られるのである。曽我兄弟が敵工藤の祐経を斬る時に、眠っているのを殺すのは卑怯だと云うので、一旦起して、それから斬り付けた、それと期せずして趣を同じくする。

動物虐待防止法に依って、自分の驢馬を三度殴打して、三箇月の懲役になると云ったような事例がある。人間を三度位殴打したのでは、特に傷害でも生じない限り、大抵は説諭か罰金位だから、驢馬が万物の霊長に栄転した観があるが、これは決して驢馬を貴重視するためではない。人間を打てば反抗する、驢馬にはそれが出来ない。反抗の力なきものを打つことが卑怯だ、スポーツマンシップに反くと云うのが、この重刑の理由である。

婦人に対する犯罪も重く罰せられる。しかし、それはどこかの国のように、漠然と婦人が男子よりも貴いと云う観念から出て来るのではなく、弱い者に対する罪を卑怯だと信ずるからである。

敢えて犯罪の事例の末節に亘るまでもなく、英国の法廷における法曹相互の襟度礼節に、真のスポーツマンシップの流露を見ることは、ここに改めて書くまでもない。

彼等はスポーツマンシップを自家の専売特許と心得て、これに背くものを形容して、“unenglish”と云う。知をかたじけなくすること暫時の後、その一人が莞爾として私に云った、「君はいくらかわかるようだね。」

わかるはずである、彼等のスポーツマンシップは我等の武士道である。

司訟三種

決闘裁判

決闘裁判のことは、他にも書いたから（二二四頁「命を賭けた裁判の話」参照）、反覆を避けるが、一つドイツの古い決闘裁判の例を掲げる。

九七九年、ドイツ皇帝オットー二世の治下の裁判物語だが、ワルドと云う男がゲロ伯に対して、或るつまらない小物件の引渡を請求した。貴族に対する訴訟だから、その頃の制度として、帝室の法廷で裁判することになっていた。即ち、形式においては、皇帝親裁である。然るに、この事件は引渡請求の目的はくだらないものだったけれども、事情が余程紛糾していて、帝室の法廷でも大分手古摺った。そこで、大僧正アデルベルトとディートリッヒ侯とがこれは例の決闘をやらせるに限ると奏上した。皇帝も持て余していたところだったから、早速この献策を嘉納した。

決闘の場所はマグデブルグに近いエルベの流れの中の小島と定められた。皇帝を始めとして、大官諸侯の環視の裡に、原被両造は長剣を抜きはなった。最初はゲロ伯が優勢で、ワルドは肩に二箇所の重い手傷を負わされた。全身血に塗れたワルドは傷つけられた野猪のように、真っ正面からゲロ伯に肉迫した。自暴自棄の兇刃はゲロ伯の頸部を貫いて、ゲロ伯は河辺の若草の上に倒れた。「どうだ、参ったか」とワルドは唸る。「参った、たしかに敗けた」とゲロ伯はかすかに呻いた。勝ったワルドも重傷を負っている。水を飲もうとして、ひょろひょろと歩き出したが、腰が崩れて、奔流の中へ落ちて、死んでしまった。ゲロ伯はまだ生きていた。しかし、星の光の輝き初める頃に、皇帝の命に因って、首を断られた。決闘は星の光の輝き初める時を以て終結すべきことが、当時の規定だったのである。

決闘被告事件

決闘裁判ではないが、決闘に依って、人を殺した者に対する裁判、通常の殺人被告事件だが、決闘で殺した場合の裁判は、勿論その手続は通常の事件と変ってはいなかったけれども、今から百年程前までは、英国を初めとして、欧洲諸国では、一般に無罪の言渡しをする風習だったようである。決闘は名誉の維持のためには必要なものだと云う観念から、斯様な被告は法廷で同情を受けたのであったが、或る場合には更に進んで、決闘は男らしいことだと云う思想から、堂々乎と法廷でそれを賞揚した判事もあったのである。或る統計に依ると一七六〇年から一八二〇年まで六十年間における英国の決闘被告事件が百七十で、そのうち一方の殺されたのが、七十件だが、その七十件の殺人被告は、わずかに数件を除いてことごとく無罪の言渡しを受けている。今から考えると、不思議なことだが、我が国でも徳川時代には、仇討を奨励した。少なくとも、大目に見た。それと似た心理である。右の如く決闘は是認せられていたが、その当時においても武器にごまかしのあった場合、即ち、相手よりも自分の方が勝れた武器を使った場合には、刑罰は容赦なく言渡された。これはさもあるべきことである。

調　停

裁判ではないが、当事者双方に示談を勧めて、それで争訟を解決せしめると云うことは、古いローマの昔から行われていた。この当事者間の示談でなく、勿論裁判でもないが、第三者の調停に依って、事件を終了せしめることは、近頃諸国で大分盛んになって来た。調停機関の性質に種々の相違はあるが、調停の流行は近時の法律生活の一大趨勢と云うことが出来る。

調停の元祖は私はわからないが、一三〇五年にドイツのリップの郷士ジモンとオスナブルックの僧正ルドルフとの締結した契約は、調停の方では余程古いものだろう。その契約証書に依ると、将来二人の間に争訟を生じた場合には、双方から四人ずつの仲裁人を出して、甲の町で協定せしめる。そこで十四日内に片が付かなければ、右合計八人の仲裁人をこの町へやって相談せしめる。それでも十四日内に事済みにならなければ、丙の町へやる、つまり、十四日毎に場所を変えて談合せしめる。居は気を易すと云う筆法を利用したもので、悠長なものだが、古風なところが面白い。

高山と法律

夏になると、誰でも山を思うが、高い山が裁判上の問題となったことがある。法律上高山の定義如何、と云うことが、問題となったのである。自然科学の上ならばいざ知らず、法廷において、法律家に依って、高山の定義が論議せられたのだから、面白い。しかも、それが高山国のスイスで問題となったのだから、ひとしお面白い。

或るスイス人が、スイスの保険会社と生命保険の契約をした。このスイス人は登山クラブの会員で、道楽か、本職か、とにかくよく山へ登る。そこで、その保険約款に依って、高山における事故に因って死んだ場合には、保険金は支払わないと云うことにした。保険金を支払うべき保険事故を、制限的に定めるのは、よくあることで、火災保険で、地震に因る火災を除外するようなものである。つまり、このスイス人はよく高山に登る、高山は勿論平地よりは危険が多いから、特別に高率な保険料を徴収しない限り、高山における事故に因る死亡を除外することにしたのは、まず以て合理的である。当の本人もこの約款は承諾していたから、かかる約款の存否に付いては、当事者の間に争いがない。

然るに、被保険者たる当の本人は、スイスに隣接する仏国サヴォア州のロング山に登った時に、岩の砕片に当って、死んだ。能く泳ぐ者は能く溺れると云う類か、登山の名人も、遂に屍を山の一角に横たえたのである。保険会社では果せるかなと思ったことだろう。

死亡者の相続人は保険会社を相手取って、ジュネーヴの地方法院に、保険金請求の訴えを提起したが、保険会社は例の約款を引用して、保険金を支払うべきものに非ずとの抗弁を提出した。

約款のことは前に書いたが、約款には、ただ「高山」とあるだけで、高山の定義は示していない。そこで、ロング山が約款にいわゆる高山に該当するか否や、即ち、この約款に関する限りにおいて、吾人の常識と条理とは、高山に如何なる定義を与うべきものであるか、これが、この事件における唯一の争点となった。

さて、問題のロング山は、海抜七千八百五十尺である。

最初の裁判所では、ロング山を高山だと判定して、原告に保険金請求の権利なしとの裁判を下したが、原告はこれには不服で、事件は遂にロザンヌの最高法院に持ち出された。

ロザンヌの最高法院は、下級審の判決を破毀して、みずから高山の意義を確定した。それに依ると、高山たるには、万年雪と氷河との二要件を具備していなければならないと云うのである。然るに、ロング山には、万年雪もなければ、氷河もない、従って、高山ではない。被保険者は高山に非ざる山で死んだのだから、保険会社は保険金を支払わなければならない。これが、その判決理由の要領である。

この判決の下ったのは、大正十三年〔1924〕の秋である。

この判決の当不当は別問題として、流石に高山国の法廷だけあって、高山の法律上の意義を闡明するに当って、その要件を万年雪と氷河とに求めたことは、真に壮烈である。標準がいかにも高い。私も丁度この事件が法廷の問題となっていた頃、スイスにしばらく滞在していたのであるが、天を摩する連峰が眉に迫るあの国では、なるほど七千八百尺位のロング山は高山に非ずと認めるのが、相当かも知れない。

しかし、スイス最高法院の下した高山の定義に依ると、スイス以外には、高山と云うものがいくらもないことになる。日本にはあるまい。私はかつて台湾へ旅行して、中央山脈を麓から見上げた時に、随分高いと思ったが、それもどうも不合格らしい。法理に国境なしと云われるが、それは真理であるかも知れないけれども、裁判には、たしかに国境がある。あって然るべきものである。

羊訴訟

百年ばかり前のことである。

アイルランドの片田舎の寒村に、甲と乙との二人の百姓がいて、この二人で百一頭の羊を共有していた。何しろ、貧乏村のことだから、二人で百一頭の羊を持っていると云うことは、村民の羨望の的で、この二人が村一番の財産家だったのである。

然るに、何かの理由で、甲乙両人の仲が悪くなって、これまでの共有関係を持続することが出来なくなって、共有の羊を分けることになった。即ちいわゆる共有物の分割である。ところが、羊の数は百一頭だから、まず、五十頭ずつ分けたけれども、最後の一頭は分けられない。仕方がないので、最後の一頭はそのままにして、半分ずつの所有権が両人に属することに、きめて置いた。

しばらくして、甲は例の最後の一頭の羊の毛を刈ろうと云ったが、乙はそれに反対した。甲と乙とはいがみ合っているのだから、とても、相談はまとまらない。そこで、甲はその羊の半分だけ、毛を刈った。即ち、半裸半毛の羊が出来てしまったのであった。

然るに、或る日、この半裸半毛の羊が溝に落っこちて、死んだ。そこで、仲の悪い甲乙両人の間に、厄介な紛争が持上った。半分毛を残して置いたものだから、体重の釣合がとれなくって、羊は溝に落っこちたのだ、即ち羊の死亡に付いては、乙に責任がある――と甲は主張した。いや、半分だけ毛を刈ったから、羊は風邪に罹って、それが死因となったのだ、即ち甲に責任がある――と乙は頑張った。お互いに、相手方に責任をなすり附けて、損害賠償を要求した。何しろ、仲の悪い両人だから、妥協の途はない。双方から、それぞれ訴訟を提起した。

さて、この羊訴訟はどうなったか。いや、どうなったかじゃない。訴訟には勿論費用がかかる。お互いに訴訟に熱中して、その費用のために、遂にさきに分けた五十頭ずつの羊を皆売払ってしまった。訴訟の片付くまでに、二人とも無一文になって、夜逃げをした。羊半分のことから、羊五十頭の全財産を棒に振ってしまったのである。

濫訴はたしかに弊害を伴う。近頃諸国で調停制度が高唱せられるのは、結構なことである。

マグナ・カルタ

ロンドンの夏は晴れやかである。草花の五月《メイ・フラワー》、木の華の六月《ジューン・ブロッサムズ》から、空が真っ青に、日光は微笑んで、七月、八月も、ひどい暑さではない。

ロンドンの人は、機嫌の好い時には、いつでも、「夏のようだ」と云う。実際イギリスでは、夏が良い季節である。その良い季節の夏に、裁判所では、ゆっくりと長い休暇をとる。あまり暑くはないのだから、仕事をするのに、一向差支えはないはずで、夏の間に長い休暇をとる理由がわからない。かような良い季節に長い休暇をとるのは、どう云う訳だと、或る判事に訊ねると、季節が良いから休むのだ、仕事が苦しいから休むのじゃない、良い季節にうんと遊ぶために、ゆっくり休むのだと云う。なるほど、イギリスの裁判官は、落着いたものである。

休暇の有無如何に拘らず、ロンドンの夏は愉快だが、この愉快な夏の或る日に、イギリスの誇りとするマグナ・カルタが出来たのである。マグナ・カルタは云うまでもなく、イギリス憲法の基礎で、或る意味においては、近世諸国の立憲制度の母胎だが、その出来たのは、一二一五年の六月十五日、場所はロンドンの西十里、ウィンゾアに近いテムスの中の小島で、ジョン王がそれを裁可したのである。晴れやかな夏の日に、晴れやかな境地で、この不磨の大典は成立したのである。夏になると、私はロンドンを思い出し、マグナ・カルタを想い起す。

マグナ・カルタの正本の出来たのは、その月の十九日だが、今もその一通はブリティッシュ博物館に残っている。何しろ、七百余年を経ているのだから、どす黒く、煤びてはいるが、丹念に眺めていると、拾い読みは出来る。

マグナ・カルタの内容は雑然としている。しかも、多くはウィリヤム一世以来、特にヘンリー一世以後の特許を列掲したものではあるが、「何人といえども、貴族の裁判又は国法に依るに非ざれば、逮捕、監禁、没収、追放その他の不利益を受くることなし」「何人といえども、その権利又は正義を売られ、拒まれ、又は、阻まるることなし」と云う雄渾な章句が、この鉄則に九鼎の重みを加えている。

その外にも、証拠に依らず、流言に基いて、処罰することなしと云う原則や、巡回裁判の制度等も確立せられ、裁判に関する事項が、このマグナ・カルタの重大な要素となっているのであって、千古ゆるぎなき司法の礎は、この大典に依って樹立せられたのである。この意味において、イギリス憲法の骨子は司法権の尊重と云うことに存するもの、と云って宜い。

私がマグナ・カルタの遺蹟を訪れたのは、やはり、夏の日だったが、河はゆるやかに流れて、柔かな真昼の日の光に、木々の緑は輝いていた。

付録　講演

英国法廷の感想

司法省における司法官会同の際の講演速記

何か私に御話を申上げろと云う御命令でありまして、貴重な御時間の御割きを願ったのでございますが、御承知の通り、私はむつかしいことは何も心得ておりませぬ。従って唯々外遊中に感心を致しましたことの二、三を、何等の系統もなしに、秩序もなしに、座談的に御話を申上げまして、後で御叱りを蒙りたい、斯様に考えるのでございます。愚者の常と致しまして、見るもの、聞くもの、ことごとく感心をして参ったのでありますが、勿論その中には感心する必要のないこともあるに相違ない、或いは又感心してはならぬことがあるかも知れないのでありますが、とにかくその二、三を掻摘んで申上げたいのであります。

先ず第一に、法廷に出入を致しまして、感心を致しましたことは、弁護士の態度の立派なことでありま す。御承知の如くにイギリスにおきましては、弁護士は第一流の紳士と云うことになっているのでありま す。勿論日本でもそうでありますが、とにかく弁護士と云うものは一世の師表であると云う覚悟を持ちまして、自ら重んじ、又他からも重んぜられている実情のようであります。それに付いて一、二の例を申上げたいと思うのでありますが、弁護士養成所と云うのがロンドンの中に三、四箇所ありまして、大学を卒業した者、もしくは一定の条件の下に在学中の者がそこで講習をするのでありますが、その講習課目の中には勿論実体法や手続法もありますが、私共から考えまして甚だ異様に感じましたのは、「ライヴス・オヴ・ロードチャンセラース」、即ち大法官列伝と申しましょうか、つまり大法官の伝記を習いますことが弁護士になる資格の一つになっているのであります。日本で申しますと玉乃世履さんの伝記であるとか、児島惟謙さんの伝記であるとかと云うものを覚えなければならぬ、又その試験も受けなければならぬ。日本では大岡越前守の講談本を読めば宜いのだと云うことになるかも知れませぬけれども、とにかくそう云った大法官たりし法曹界の偉人のやった事、考えた事、それ等を欽仰しつつ勉強をすると云うことは、一面においては無駄のようにも見えますけれども、他面において非常に深い意味があるものと思うのであります。それから弁護士養成所でやります一つの重要な仕事は、そこで飯を食う事であります。一定の期間そこで飯を食いませぬと弁護士になれない訳であります。大いに飯を食って働くと云う意味ではなく、そこで品位を見習う、先輩諸氏と卓子を同じくして、そこで食事をするのでありますから、自然に風儀を覚える、一流の紳士たる土台を食卓の談笑の間で覚え込む、こう云う仕組になっているのだそうでありますす。その弁護士養成所の大きいのがテムプルと云う所に二つありますが、これはロンドンの高等法院の直ぐ前に当っておりまして、私は法院にしばしば出入致しました関係上、テムプルへも度々入って見たのでありますが、これは非常に由緒のある土地であり、建物でありまして、例の十字軍の初めにテムプラー、つまり武士の階級の中で宗教のために特に大いに働くと云う立派な団体があったのでありますが、元はその人達の住居であった。それが後に弁護士養成所に当てられたのであります。それから今より二百年余り前にウィリヤム三世となった例のオレンジ公ウィリヤムがオランダから来まして、イギリスの王位に即いた、その王様が非常にこの養成所に力を注がれました関係上、オランダ風の建物が残っておりまして、素朴ではありまするが、非常に古雅なものが尠《すくな》いのであります。そのテムプルの中に小さい池がありまして、吾々から見るとほとんど池と云う程の値打もないような、セメントで拵えた小さいもので、金魚の五十尾も入れますと満員になってしまいそうな池があります。その池が又非常にイギリス人には由緒のあるものとされておりまして、その池を眺めては喜んでいると云ったような次第でありますが、その池に就いて一つ面白い事があります。数十年前のことだそうであります、或る弁護士が白昼余り暑かったものだから、その池で素っ裸になって水浴をした。勿論公衆の通り得る所でありますけれども、一つの区画の中でありますまあ本郷の大学の構内、あんなに広くありませぬが、そう云った性質の所であります。とにかく他の所とは限られているけれども、要するに公衆の通り得る所で裸体になって水浴をした。これは弁護士の品位を甚だしく害するものであると云うので、その弁護士は早速弁護士たる資格を剥奪されたそうであります。次に尚一例を申上げますと、十数年前のことだそうでありますが、或るロンドンの非常に有名な第一流の弁護士が、巡回裁判に附きまして或る田舎の町に出張した。そうするとその町の人がその弁護士に対して職務の執行を拒絶した。お前のような弁護士に職務を行ってもらうと、町の名折れになるから、絶対に止めてもらいたいと云う大変な攻撃を試みた。その理由は吾々から見ますと、面白いのであります。その理由は三箇条あるのであります。第一条はその弁護士がかつて狐を射殺したことがある。第二条は酒らしくない酒で、つまり余り立派な酒でない、普通以下の酒で国王陛下の健康を祝した。乾盃に用いた酒が少々下等であった。それから第三条は死んだ女房の妹と結婚をした、こう云う箇条であります。これは少しく説明を致しまするが、言うまでもなく、イギリスの国民は非常に猟の好きな国民でありまして、先祖が「ゲルマン」の狩猟の民であったためでもありましょう、親の因果で今も猟ばかりやっている。閑さえあれば遊猟しているようでありますが、その遊猟にもやはり何か自然の規則が大分あるそうであります。例えば猪を打ちまするのに、寝ているのを打ってはいかぬ、それは男子の本分に背く、スポーツマンシップに違反する、必ず歩いているもしくは走っているのでなければならぬ、だから折角猪を見ましても、寝ている猪ならば起きるまで待っていなければならぬ、曽我の兄弟は工藤祐経を討ちます時に、寝ているのを殺したのでは卑怯であると云うので、叩き起して討取ったと云う話でありますが、その筆法でありましょう。それから狐の如きものに対しては紳士自ら手を下さない。狐狩りと云うものは非常に大仕掛に行われるのでありますけれども、これは犬に噛ませる。数十頭もしくは数百頭の犬を狩出しまして、その犬が狐を追馳ける、それを指揮監督するのが面白い。惨酷な事から言えば、その方が遥かに惨酷でありましょうが、とにかく左様なものには手を下さない、渇しても盗泉の水を飲まずと言いますか、とにかく狐の如きものは紳士の相手にすべきものでないと云うことになっている。ところがどう云う間違いでありますか、その弁護士がかつてたった一度狐を自ら手を下して射殺したことがあった。狐を射殺したと云うことは、何でもないのでありますけれども、彼は男性味を欠く、男子に非ず、こう云う結論になったのでありまして、これが則ち弁護士たる職務執行の拒絶の理由になったのであります。それから第二の点でありますが、イギリスの歴史を通覧致しますと、先ず吾々の気の付きますことは、イギリスの国民が上下千年を通じて常にその王朝に忠順であったと云うことであります。勿論朝廷に忠順であると云うことは、これは我が国民の最大特色のその最大なるものであって、幾らイギリス人が忠順であると申しましても、吾々日本人には及びませぬけれども、もし日本人を除くならば、少なくとも第二位の栄冠はイギリス人に戴かせなければならぬと思うのであります。と申しますのは、ヨーロッパ大陸や支那等に起りました例のように、臣下自ら王を退けて自分が王位に即くと云う例はないのであります。或る王様が不当のことをなさる、これでは困るからして御退位を願って、王様の叔父様なり、もしくは弟様なり、もしくは従兄弟の方なり、直近の系統の方を迎えて来る、こう云う例はイギリスにありますけれども、臣下自ら南面して王と称した例は少しもないようであります。尤もクロムウェルがチャールス一世を却けた一例外はありますが、これとてもクロムウェルが王位に即いたのではありませぬ。従って今の王位はイギリスがイギリスらしい国として、歴史と伝説とが分解致しまして以来、即ちエグベルト王が八百二年に即位してから、先ず第九世紀の始めから連綿として今日まで系統が正しく続いているそうであります。なるほど御承知の通りに王朝はしばしば変りましたけれども、やはりこれが叔父様とか甥とかと云う方で続いているのでありまして、王位はやはり連綿として続いている。一例を申上げますと、先頃御亡くなりになりましたアレキサンドラ皇太后はデンマークからイギリスに御出《い》でになった大変美人の聞えの高い方であります。このアレキサンドラ皇太后がやはり元のイギリス王朝の血を引いておられるので、丁度本家に帰られたような形になる訳である。その方が二百数十年前にあの薄命な死を遂げた所のスコットランドの女王メーリーに非常に能く似ておられたそうであります。勿論それは油絵と比較するのでありまするけれども、メーリー女王の綺麗であったことは歴史にしばしば書かれているのでありまして、大変長い嫋《しなや》かな頸を持っておったそうであります。非常に綺麗な細長い頸で、葡萄酒を飲むと葡萄酒の通るのが外から見えたと云う位だそうであります。アレキサンドラ皇太后が自動車で御逍遥の節に、私も蔭ながら拝した事がありますけれども、やはり細長い頸を持っていられたのであります。そう云ったような工合でありますから、イギリスの国民は王朝には実に至誠の念を懐いている、従って公私の宴会で少し正式のものになりますと、必ず国王のために乾盃するのであります。法曹会の閣下並びに各位に対する歓迎の宴であるとか、或いは又朝野法曹の大合同の懇親会であるとか、そう云う時には必ず国王のために乾盃をするのであります。そうして国王の乾盃が済まなければ、それまでは煙草は喫えない。乾盃が済むと始めて煙草が喫えると云う慣例になっているようであります。そしてその乾盃は酒らしい酒でしなければならぬ。飲む飲まないに拘らず、サイダーであるとか、濁酒のような酒で乾盃することは甚だしき無礼になる。ところがやはりこの弁護士が或る時に何と申す酒であるか知りませぬけれども、つまらない酒で乾盃をした。これが愛国心を欠いている証拠である、即ち彼に愛国心なしと云う結論にされてしまったのであります。第三は別に申上げる程でもありませぬが、イギリスでは従前死んだ女房の妹もしくは姉と結婚することは、宗教上の理由から厳禁されておったのであります。それが後に法律を以て禁を解いて、丁度日本の民法通りに自由に結婚することが出来るようになったのであります。しかしその解禁当時に一部の宗教家が非常にこれに攻撃を致しまして、例のカンタベリー大僧正の如きは絶体に反対だ、もし亡妻の姉妹と結婚する者があれば、吾々は決してその結婚式を司らないと云う宣言までした位であります。今日は宗教家の方も異論なく行われているのでありますす。この弁護士の結婚はその解禁後のことでありましたけれども、やはり一部の人の忌憚に触れて、彼に宗教心なしと云うことに論断されてしまったのであります。ですからこの三箇条の中には私共から考えて見ますと、大したことでないような点もありますけれども、その結論はいずれも空恐ろしきもので、彼男子に非ず、彼愛国心なし、しかも彼信仰の念なしと云うのでありますから、この弁護士何とも致し方がなくて、遂に無条件で職務の執行を止めたそうであります。とにかく斯様な例がある。勿論特例ではありましょうが、如何に社会が弁護士と云うものに期待しいるか、又如何に弁護士が社会から余儀なくされている次第であるかも知れませぬけれども、自ら重んぜざるを得ぬ立場にいると云うことが、御了解になったかと思うのであります。

御承知の如くに、イングランドの刑事法廷においては、日本のような検事と云う官職はありませぬ。だからその時々に弁護士に頼んで、弁護士に検察官の事務を法廷においてやってもらうのであります。だから検事が法廷において執る職務は弁護士が国家の依頼を受けて執る、こう云うことになるのであります。私共その事を聞いておりまして、実際に見ます前は、弁護士が検事の職務を執るのだから、いくらか宜い加減なものでありはしないか、余り熱心じゃないだろう、余り熱心にやると後で自分の仕事に障ることがありはしないかと思っておったのでありますが、その実際の行動を見ますと、格段の相違でありまして、検事以上にと云うと語弊がありましょうけれども、とにかく本職の検事のように詳細なる事実の陳述をする、又剴切なる論告も試みる。しかして証人被告人の訊問に付いては余程手厳しく激烈な程度にやるのでありまして、弁護士と云うと何だか在野限りのもののように思いますけれども、国家の依頼を受けて検事の職務に立ちまする弁護士は、非常に峻厳に壮烈に職務を執っているのであります。そうしてその弁護士が次の事件になると、今度は本当の弁護人になることがあります。ですから或る事件には甲が検事になり、乙が弁護人になる、次の事件には乙が検事になり、甲が弁護人になっていると云うようなことで、しかも何等の支障なく行われていると云う点は、私非常に美しく感じたのでありました。

次に判事のことでありますが、申すまでもなく、イギリスの判事は弁護士の中から徳望識見の高い人を選んで採用するのでありますから、弁護士既に社会上の地位が高い。その地位の高い中から、更にその弥《いや》高きものを採るのでありますから、判事自身の風格は非常に立派であることは申すまでもないのであります。かつてイギリスの新聞に面白い事が書いてありまして、私は喫驚致したのでありました。それを見ますと、フランスでは判事が電車に乗って裁判所に通うそうだ。その電車には検事も乗っていれば、その日法廷に呼ばれるべき証人も乗っているのだ、時に依ると被告人も乗っているのだ、それと同じ電車に判事が乗っている。或る時にその判事がポケットから紙に包んだ豚の腸詰を出して、電車の中で食っておったと云うことが、非常に不思議な事のように書いてあったのであります。なるほど吾々は腸詰を電車の中では食べませぬが、殊に満員続きですからその余地もありませぬけれども、電車には勿論乗る、乗らざるを得ないのであります。それを非常に不思議にイギリス人は思っている。そんなことで裁判が出来るのだろうか、又判事と云う本来地位の高かるべき人を社会がそんなに遇して、自ら恥としないのであろうか、こう云って驚いているのであります。イギリスの判事は決して電車に乗らぬ、散歩や何かの時には乗るが、出庁退庁の時には左様な下等なものは使用しないと云うのです。

判事が出廷致します時には、勿論法服を着けるのでありますが、その法服は非常に厚味のもので、実に厳かなものであります。刑事の方は緋の色を主とした大きなものを着ております。民事の方は黒を土台としたものであります。大抵は大きな体格の人でありますが、その大きな人が厳かな法服に非常に能く似合って、これに対しますると、自然に頭が下るような工合に見られるのであります。かつてアメリカの判事の一団がイギリスへ視察に参りまして、どうも法服と云うものは、考えて見ると結構なものである、自分の国でもやりたいが、自分の国風ではどうもそれを採用しそうもないと深く慨嘆しておりましたが、イギリスの法服はなるほど見た目には立派なものであります。形式的の点にのみ立脚して司法権の伸張を図ると云うことは、愚かなことであるとのお話もありましたが、勿論それに相違ございませぬ。しかし内実が満ちております上に、しかも立派な形式を整えると云うことは、錦上花を添えると申しましょうか、宜いが上にも宜いと云ったような気が致すのであります。私共法廷で判事の出廷を見まして、何だか非常に有難いような、勿体ないような、厳かな気に打たれたのであります。その判事は直接に訊問は致しませぬ。時々口を入れて冷かしたり、皮肉を云ったり、洒落を言ったりは致しますけれども、一貫して訊問すると云うことはないのであります。時々法廷で眠っているような人もありますけれども、あの判事が眠っておったと云うことは決して人が口に出さないようであります。眠れる獅子の如く厳かに考えているのでありましょう。その眠れる獅子も常に眠っている訳ではないのであります。一旦事が法廷の威厳に関しますると、たちまち大声を挙げて、何事も仮借せず、呶鳴りつけるのであります。この時にはまことに乳虎の如く猛くなりまして、法廷の威信の前には何等容赦しないと云う所の意気込みがありありと見えるのであります。或る時に弁護士が遅刻を致しまして、しかもそれが検事の役目を勤める弁護士でありました。判事が法廷に入りましても検事が見えていない。そこでその判事が非常に怒りまして、自分は王権を代表して来ているのである、法廷において王権のかくまで侮辱せられたことは、かつて自分は聞かない所であると言って、憤然として自分の部屋に帰ってしまったのであります。この判事はサー・アーネスト・ワイルドと云う人でありまして、私が極めて懇切に願った人であります。非常に温厚な人であります。その温厚な人の口からあんな啖呵が切れるものかと思って、非常に驚いたのでありますが、それで廷丁が恐れ入りまして、検事を何処からか探して来て、そうして法廷に着く。この検事、これは役人ではない、弁護士、やがて判事が出廷しましたが、検事は平あやまりにあやまりました。判事は検事を叱り付けて、斯様なことが再びあると承知をしないが、この度は許して置くと申しました。それから常時の通り和気靄々たる法廷振りを見せておりました。又法廷の中は勿論のこと、法廷に参ります廊下でも喫煙することは厳禁してあるのであります。或る日若い弁護士がその規則を忘れたのか、知らなかったのか、廊下で煙草を吹かしておった、そうして不幸にしてそれが少し暑い日であったものでありますから、戸が幾らか細目に開いておった。煙が判事の方に来た。私は一向鈍感の方で分りませぬでしたが、判事の鼻が余程宜かったものと見えて、煙草の香を感じたのであります。そうすると判事がそこに誰か煙草を吸っている者がある、ここへ連れて来いと云いました。連れて来られたのは弁護士であります。それに判事が真赤になって呶鳴り付けました。そうしますとその弁護士がどうもまことに恐れ入りましたと、非常に鞠躬如《きっきゅうじょ》として御詫を致したのであります。そうすると、謝るならば今回限りは差許す、今後はきっと注意をしろと云うことを言っておりました。尚この例は私新聞で見まして、目撃をした訳ではありませぬけれども、或る判事が非常に背の高い人で、学生時代にケムブリッジか、オックスフォードの運動選手であったそうであります。六尺何寸かある非常に大兵の人で、その人がロンドンの外の或る法廷で、椅子が余り立派なものでなかったのを見て、斯様な椅子に判事を坐らせると云うことは、司法権を侮辱するものである、斯様な椅子には絶体に坐ることは出来ないと云って、それは民事の判事だそうでありますが、事件が沢山ありますのに事件をやらないで、そのまま帰ってしまった。そこで国立営繕局と申しましょうか、一切の官庁の器物を取扱う所で大急ぎで以て大きな椅子を拵えて、三日目にようやく出来まして、初めて執務をしてもらったと云うことを新聞で読みました。しかしその時にも新聞には決して判事が非常識である、生意気であると云うことは、少しも書いていない、むしろその憤慨を是認するものの如き筆法であったように見受けました。

でありますから、自ら左様に高く持し、もとより社会からは更にそれ以上に尊敬されております判事、この判事が事件の終結に当りまして、説示を試みます時には、これは実に懇切丁寧を極め、滔々数千言、内実形容共に具って、これを速記に致しますれば、確かに立派な美文であります。それを聞くだけでも楽しみでありまして、私は説示を聞くのが楽しみで、丁度芝居か何かを見に行きますように、楽しんでしばしば法廷へ通ったものでありましたが、短い簡単な事件でも大抵三、四十分間は説示をするようであります。大きな事件になりますと三時間、五時間或いは六時間、八時間と云うように長い説示を試みるのであります。その態度は如何にも落着いて、如何にも厳かで、しかも嚙んで含めるようで、どうしたらあんなに旨く言えるようになるだろうかと、私は自ら顧みて、且つ恥じ、且つ驚いていたのでありました。その説示は勿論陪審員に教えてはいけない、陪審員に指図してはいけないと云うのが、根本の原則でありますけれども、どうも聞いておりますと、幾らか指図とまで行かないでも、陪審員に何かの考えを注ぎ込む位の程度まで行っていはしないかと思われる節もしばしばあるのであります。承ります所に依れば、アメリカ〔元の表記は亜不利加〕におきましては説示が少し立入りますと、弁護士や民衆が非常に怒って、それがために完全な説示が出来ないとのことであります。ところがイギリスにおきましては、もとより深く判事を信任していることでありますから、判事の説示に対して小言を言うと云うことは、けだし恐らくは絶無のことでありましょう。一例を簡単に申上げますると、私傍聴しました事件の中に、堕胎事件がありました。或る産婆が三人の女から頼まれて堕胎をやったと云うのが事案であります。ところがこの三人が証人として出廷しましたが、その中で一人だけ立派に、綺麗にその点を申述べている。この人に頼んで堕胎をしてもらったと云うことを明らさまに述べておったのであります。後の二人は自分が証言をした結果自分が訴追を受ける虞れがある場合には証言をしなくても宜いと云うことになっておりますから、その根拠に基いて証言を拒絶したのであります。この時にも判事は拒絶をしても宜いと云うことを噛んで含めるように言って、その女が拒絶をしたのであります。何故一人拒絶をしなかったかと申しますと、余り褒めた話ではありませぬけれども、イギリスでは時々行政的にそう云うことをする。或る証人に、お前は決して起訴しないから、本当のことを法廷で述べて見ろ、起訴しないと云うことを約束して、そうして述べさせることがあるのでございます。この場合もそう云った工合であったのかも知れませぬ。余談に渉りますが、イギリスでは被告人を訊問すると云うことは、被告人に対する強制ではないのであります。被告人は訊問を受ける義務はない、唯自分が訊問に答えて、そうしてそれを有利な証拠として提出せんとする場合に、自己の利益のために、自己の利益になる証拠の一つとして、陳述をすることが出来ると云うのでありますから、検事側からこれを見ますと、被告人が陳述に応ずるか、応じないか、全然分らないのであります。この事件に就いても、今云ったような証言をざっくばらんに云わせるのには、起訴をしないと云う条件で、因果を含めて、法廷に立たせると云うことは止むを得ないようであります。そこで一人は綺麗に申した、二人は言葉を濁した、少なくとも明白には言わなかったのであります。その説示の際に、判事が甲乙丙の証人の内、甲乙は完全には言わなくて、丙が言った、甲乙二人の証言では未だ十分に被告人が堕胎をやったと云うことは分らない、或いは諸君は推察は出来るだろうけれども、左様な危険な根拠の下における推察は決して合理的の判断ではない、そう云う危険な判断を下して答申することは、イギリスの正義が許さないのである、従って諸君は甲乙二人に関する分に付いては、速やかに被告人の無罪たることを答申すべきものである、これに反して丙の分に付いてはこうも言っている、ああも言っている、この点を能く考慮して、そうして答申をしなければいかぬ、こう云う説示をしたのであります。この説示を聴きまするると、どんな素人でも、どんな無智文盲な連中でも、甲乙の分に対しては無罪とし、丙の分に対しては有罪とすると云うことは自明の理であります。果せる哉、陪審員は一、二分をも合議に費さずして、ほとんど同時に、甲乙に対する分は無罪として、丙に対する分を有罪として、答申したのであります。更に他の例を申しますと、或いは御承知でありましょうが、一昨年ホッブス事件と云うのがありました。かつてインドの王族がイギリスに参りまして、かなり派手な生活をしておった。その際に或る有夫の女と情を通じておりまして、それに附け込んでホッブスと云う三百代言が他の一、二の人と語らいまして、恐喝をしたのであります。何でも百五十万円の小切手を書かせたのでありまして、大変大きな事件、これが偶々民事事件で発覚を致しまして、刑事の事件になったのであります。その時に、判事が例の起訴陪審員に対して、事件の説明をしている。いわゆる起訴の説示を致しております際でありました。斯様な事件は誠に明白で、起訴すべきことは疑いの余地がないことで、自分は左様に信ずる、しかしこれは諸君が考えれば宜いのである。自分はこう考えるが、諸君の自由にした方が宜いと云うておりました。これは勿論起訴になったのであります。唯々この事件に付いては余りに説示が進み過ぎておったと云うことで、ホッブス側の弁護士がその説示を詳細に掲載した新聞を相手取って、新聞が法廷侮辱の罪を犯した、つまり陪審員の判断に曇りを付けるような記事を掲げた新聞は法廷侮辱罪になるのでありますから、その法廷侮辱として訴追をした、それは新聞をいじめるのが本旨でないのであります。その説示が余りに酷いから、被告人が後に公判において不利益を受けやしないかと云うことを慮って、訴追したのであります。その時には流石に高等法院の判決はなるほどこの説示は少しく行き過ぎている、斯様な説示のあったことは面白くないと云うような内容で言渡されました。そうして法廷侮辱罪に就いては新聞は無罪になりました。しかしその後私はしばしばその判事に会いまして、色々教えを受けましたが、別にそれがために改めると云ったような模様は見受けませぬでした。

それからこの法廷の威信と云うことに付きまして、もう一つ例を申述べますが、定めし皆様の御手許に差上げたことと考えますが、英国共産党事件、これが昨年の十一月に法廷の問題になりましたが、何分大問題で、私も非常に興味を感じまして、連日傍聴に参ったのであります。丁度係事件のサー・リグビー・スウィストと云う人、検事側に立った検事総長のサー・ド・グラス・ホッグと云う人、それから弁護士と致しまして前内閣、即ちマクドナルド内閣の検察次長サー・ヘンリー・スレッサー、この三人は現時イギリスの法曹界の大立物で、この事件に付いて或いは判事となり、或いは検事になり、或いは弁護士となって奮闘を試みたのであります。幸いに私はこの三人の方に共に知をかたじけのう致しておった関係上、誰がどんなにやるだろうと云うことが、非常に私自身の興味を惹きまして、連日傍聴したのであります。丁度七日か八日続いた大事件でありました、私がこの裁判事件に付いて興味を惹いたのは、その三人の大立物に世話になっておったと云う以外に、いわゆる共産党の連中が法廷に対して如何なる態度を執るであろうか、勿論私は共産党の何ものたるかを存じませぬ、又問題となれる被告人のいわゆる共産主義が如何なる共産主義であるかも知りませぬ、又近時しばしば日本に現れまする共産主義者とこのイギリスの共産主義者とに一路脈絡相通ずるものがあるかないかも知りませぬが、とにかく我国の新聞で見ますと、我国における共産主義者の法廷における態度は好もしきものではない。或いは法廷で胡坐をかくとか、或いは判事に対して不遜の言葉を放つ。本当ではないのでありましょうけれども、私は新聞で当時見ておりまして、心私《ひそ》かに顰蹙していたのでありますが、イギリスの共産主義者は如何なる態度を執るものであろうか、それが私の興味の中心であったのであります。この問題となりました共産主義者は十二人でありまして、イギリスの青年共産党の幹部の者でありました。しかもその一人はかつて労働党内閣顚覆の一原因をも作った男でありました、つまりその男を一旦起訴を致しまして、後に内閣の方針が変更したがために、起訴の撤回をやった、これが反対党の総攻撃の的となりまして、内閣が顚覆をすることになったのでありましたが、当時私がやはり由々しき問題と考えまして、この問題を中心として、或る法律雑誌に「起訴の公正」と題して、つまらぬものを書いたことがありました。要するに、その男も入っておったのでありまして、イギリスにおける共産主義者中の本尊達が入っておった次第であります。然るにその連中がどう云う態度を執ったか、その連中が判事に対する態度は如何にも神妙を極め、実に鞠躬如《きっきゅうじょ》として恐縮しておったのでありました。判事がものを言う時には必ず起立をする、判事からもしくは他の者から注意をされるまでもなく、自ら起立をする、そうして判事に対しては非常に高い尊称でありまするミロードと云う言葉を使っておりました。左様な連中でありますからして言論文章いずれもまた達者な連中であります。辻演説などの名人でありますから、法廷でもとかく致しますと何か演説らしいことを云うのであります。そうすると判事が直にそれを差止める。差止められまするとまことに恐れ入りました、恐縮致しましたと言って、判事の命は一言一句ことごとく従うのであります。最後の日に、彼等は保釈中でありましたが、流石に彼等も判決を予想致しましたものか、赤薔薇を全部胸に飾って参りまして、今日こそは何か一騒動起るのじゃないかと思っておりましたが、やはり神妙に判決を受けておりました。法廷の中に特に許されました被告人の親族友人等の者がおりましたが、これ等も決して騒擾の気分を起させなかったのであります。唯第一日に傍聴席からこの裁判は道化芝居だと云うことを言った者がありましたが、これは後で聞くとアメリカ人であって、その連中には一向関係のないものであると云うことがわかりました。勿論その者は即刻摘み出されたのであります。でありますから、私がその実状を見て甚だ羨ましく感じたのでありまして、今申上げる通りに、その問題となりました共産主義者は国家の司法権を否認するものであるか、ないか、そう云うことは私心得ておりませぬけれども、要するに、彼等の態度は実に司法権の前には慴伏しておったようであります。私が帰朝致しましてから、或る通信でその時の被告人の態度が傲慢であったと云う記事を見ましたが、これは真赤な嘘であります。私が連日自ら目撃をしたのでありまして、不遜の態度の如きものは毛頭もなかったのであります。私は決して彼等を賞揚せんがために云うのではないのであります。イギリスの法廷がかくの如き人々からすらも、共産主義者と呼ばれる人からすらも、尊敬せられていると云う点を力説したいのであります。その後この事件が議会の問題になりました。これは労働党が事件を起訴した政府の態度が宜しくない、従来思想の自由を尊んだイギリスの大伝統を害するものだと言って、内閣の弾劾を試みたのであります。マクドナルドと云う労働党の総裁が自ら陣頭に立って、不信任の説明をしたのでありますが、勿論裁判には言及していないのであります。次にこれに対して立ちました同じく野党の自由党の旗頭のサイモンと云う人が起訴の態度は余り褒めたものではないと云うことは認めている。しかしながら不信任案には反対を致しておりました。その言葉の中に起訴は多少問題になるとしても、この事件の裁判はすこぶる公正なものであった、正に英国の誇りであった、彼等共産主義者がその理想とするロシアにおいてすら、彼等自身が英国において受けたような親切な公平な裁判を受けることは出来ないだろうと言って、裁判を非常に賞揚しておりました。賞揚せらるる価値のある裁判はもとより敬服すべきものでありますが、その価値ある裁判に対して賞揚の辞を惜しまない一般民衆の態度も実に健羨に堪えない所だと思うのであります。

判事は今も申上げました如く、弁護士からその有数の人を採るのでありますが、判事は大抵父子相伝のようであります。たとい判事でないにしても、弁護士の子であるとか、その祖父さんが判事をしておったと云うようでありまして、子供の時から判事と云うものは偉いものである、司法権と云うものは大切なものであると云うことを、頭に入れておりますから、自然自分もその司法権の擁護者になろうと云う覚悟が、幼《いと》けない時から力強く植え附けられているのであります。でありますから、判事の職が尊いものであると云うことは、子供の時から知っている、それを大きくなって実現するのでありますから、判事自身の満足はもとより、司法権の尊重と云う念慮が平面的でなく、立体的に、継続的に、涵養されて、英国の司法権に益々九鼎大呂の重味を加える次第であります。そうして判事はもとより法律の大家でありますけれども、中には随分立派な詩を作る人もいる、文章家もいる、又政治家としてかつて代議士となって議政壇上に覇を称えた人もあるのでありまして、従って判事の中に詩集を自ら公けにした人もある、又文芸の評論をする人もある、左様な工合で、説示を致しますに際しても、まことに垢抜けのした、しかも用意周到な、立派な説明が出来るのだと思うのであります。

次に法廷の一般の空気と申しますか、法廷内におきましてはいわゆる男らしく争う、フェイヤ・プレーと云いスポーツマンシップと云うようなことが、信条になっているようであります。ですから法廷を正義の殿堂と心得、権利擁護の大伽藍と心得て、ここにおいて争うのは紳士の争いである、男子の争いである、卑怯なことは言いもしなければ、行いもしないと云う観念が行渡っているようであります。一体この風は敢えて法曹に止まらず、一般に広く行渡っているのでないかと思います。例えて申しますと、毒殺事件は殺人事件の中で最も悪いものと考えられているのであります。刑は殺人既遂はいずれも死刑であって、死刑になることは敢えて毒殺に限りませぬけれども、毒殺はその中でも一番卑しい、汚い卑怯なものだと云うので、毒殺を最も忌む、従って伝統的に毒殺事件には検事総長自ら法廷に立つと云う習慣を持っているようであります。それから恐喝事件、これも非常に卑怯なことである、悪中の悪だと言われているのであります。つまり人の弱点に付込んで、そうして自分の利慾をほしいままにしようと云うのでありますから、卑怯未練の業である。従ってこれは刑も我刑法よりは重くなっているのでありまするが、恐喝事件に付いて実際に言渡す刑も、私共から考えて見まするると、非常に重いと思いますのみならず、その言渡しに当っては、非常に被告人を憎むようでありまして、貴様のような悪い奴にはもっと重い刑を科したいけれども、遺憾ながら法律はこれ以上の刑は科せられないことになっている。甚だ残念だと云うようなことを、法廷で堂々と宣告しているのをしばしば聞いたことがあります。

それからイギリス人は正義と云うことを非常に重く考えている。重く考えるのは当り前のことでありますが、非常に尊重している。イギリス人はことごとく正義であるか、ないか、それは分りませぬ、中には随分非正義の人もなくはないようであります、けれどもとにかく自ら正義を自己の専売特許なりと信じてこれを人に吹聴するだけの自覚はあるのであります。ですから正義はイギリスの専売特許である、他の国には正義などと云うことは決して求められないと云う確信は彼等に強く植付けられているのであります。

ですから自分の正義非正義は別と致しましても、とにかく正義を誇って恥じざるだけの覚悟なり、態度を持っているのであります。御承知の如く自由党の首領で総理大臣になったことのあるアスクィス、今度オックスフォード・エンド・アスクィス伯になった人、このアスクィス卿の夫人がしばしば本を書いております。噂に依ると余り本を出したから御主人の評判までも悪くしたとか云われる夫人でありますが、とにかくその夫人の書いた本の中に、一つの面白いことがあるのであります。それに依りますると、世界戦争中に或るイギリス人がメソポタミヤの方へ旅行した。そうしていわゆる商隊、そう云うものの一団に混って、砂漠から砂漠へ旅行して廻ったのであります。その連中が知りもしない癖に、世界の大勢を頻りに論じている。丁度その時恰もドイツ軍が優勢な時でありまして、皆ドイツが勝つだろうと信じておったのであります。そうすると一人がそうさドイツが勝つさ、もしドイツが負ける位ならば、世界の科学と云うものはおしまいだ、つまりドイツが科学万能の国でありまして、もしドイツが負けると云うようなことになれば、科学の値打も知れたものだ、しかし科学は有力なものだから、ドイツはきっと勝つ、こう云う意味であります。次に一人の男がこれはトルコ人だったそうであります。そうだ勿論ドイツが勝つ、そうしてドイツと結託したトルコが大いに世界に雄飛するのである、吾々トルコ人が負けると云うようなことになれば、世界の勇気はおしまいであると云った。由来トルコ人は勇気絶倫であると云うことを自らも許し、人にも言われているのであります。そうするとその中の一人が、しかしもしイギリスが負けるならば、世界の正義はおしまいになりはしまいか、こう云った時に、その中での年長者がなるほど考えて見ればそうだ、正義がおしまいになると大変だから、神様はきっとイギリスに味方をされるに違いないと云ったそうであります。それをイギリス人が聞いて、アスクィス夫人に告げた、そしてアスクィス夫人がそれを本に書いた次第であります。そう云う工合に、正義は自分のものである、自分の正義であると云う考えを持っておりますから、自然に自分達が司法権を尊重するのだ、正義の殿堂は自分達に依って擁護せられるのだと云うことになって、相競って司法権を伸張することになるのだと思います。

次にイギリスの法廷におきまして非常に異様に感じましたのは、甚だしく旧式の儀礼を尊重し、維持していることであります。ロンドンの中央刑事裁判所はいわゆるロンドンに対する巡回裁判でありまして、実は巡回と申しますけれども、ロンドンのは常設であります。常設でありますけれども、巡回の性質になっているのでありまして、従ってロンドン中央刑事裁判所はロンドン市の裁判所であると云うことになっているのであります。ロンドン市の裁判所であって、ロンドン市自ら、即ち市長が裁きをなすべきものであるけれども、ロンドン市長は不幸にして法律を弁えないから、国王陛下に御願をして、国王陛下がロンドン市長の請求に依って判事を差向ける、即ち判事は一面国王の命令に依って王権を代表して裁判に来るのでありますが、他面から申しますとロンドン市長の請求に依って出張をすると云う風習になっているのであります。このロンドン市が自分自ら裁判をすると云うことは、ロンドン市の自治権の最も重き内容となっているのであります。このロンドン市自身が裁判権を持っていると云うことは非常に古い来歴を持っているのでありまして、イギリス人は御承知の通りに王権には勿論服従し、忠誠を捧げまするけれども、自分の得ました所の権利は決してこれを失わないように努める、既得権は何処までも維持する、既得権を維持しつつ何処までも王権に服従すると云うのが、イギリス人の本来の気分のようであります。でありますから、ロンドン市はしばしば王からチャーター即ち特許を得まして、種々の権利を与えてもらい、又既に与えてもらった権利を確保してもらっているのであります。御承知の有名なマグナ・カルタ即ちジョン王が出しました大憲章と申しますか、大特許と申しますか、それにはロンドン市に対してその既得の権利を尊重することを約すると云う箇条があるのでありますが、とにかくロンドン市そのものは自己の自治権、特にその最も大なる内容をなす所の裁判権を維持して来たのであります。ところが中央集権の実の挙がっております際に帝都と申しますか、御膝元と申しますか、とにかくイギリスの中枢たるロンドンに王権の裁判権が及ばないと云うことは想像出来ないことであって、この点に関して、多年の間にイギリス一流の非常に円満なる調和を見るに至りまして、結局ロンドンの裁判所であって、ロンドン市長の主宰に属するのであるが、やはり同時に王様の裁判権に服するのであって、従って国王に属する判事が王権を代表してここに来ると云うことになっているのであります。でありますから、ロンドン市長はその市長たる間は判事の職を持っているのであります。ロンドン市長の制服は写真で御覧でありましょうが、あの立派な制服は法服です。市長が判事たる職を持っているからして、それがために当然持っている服、即ち法服を市長の第一の儀礼の時に着て出る。でありますから、市長が開廷期の初日には先ず自ら出廷して、そうして法廷の主宰をする、他の日は市長は出ませぬけれども、必ず助役であるとか、市参与であるとか云う人が出て、判事を法廷に送り込み、又法廷から迎え出す形式を執っているのであります。つまり判事に来てもらっているのでありますから、どうか法廷に御入り下さい、おしまいになれば私共御供致しましょう、こう云う形式を執っているのであります。私共から見ますと甚だ無駄なことであって、無意味なことのように思われますけれども、やはりイギリス人が古風な儀礼を今も尚維持しますのは、そこに何等かの意義、何等かの価値があるのではないかと思うのであります。イギリス人決して馬鹿ではないのでありますからして、無意味な無価値な儀礼を只々漫然と維持して行くはずはないと思います。やはりそこに捨つべからざる理由がありはしないか、要するにこれ司法権を維持し、尊重し、伸張する一つの手段方法ではないかと私は考えるのであります。古い例を追って見ますと、一例と致しまして、面白い話があるのでありますが、御承知の巡回裁判であります。巡回裁判は判事が市や町に巡回をして、出張先でその事件を裁判して廻るのであります。これに付いては色々利益もあり、弊害もありましょう。利益から申しますと、如何なる津々浦々においても国王に直属する立派な判事の裁判が受けられると云うのでありますから、この点は確かに長所中の長所には違いないのであります。又短所を考えて見ますと、年に二回もしくは四回巡回するのでありますから、事件が判事の来るのを待っていなければならぬのであります。丁度私共が大掃除が済みましても、検査の御役人の来られるまでは何とも出来ない、待っていなければならぬと云うような訳で、事件がちゃんと整理が付いても、判事の見えるまではこれを終了することが出来ないのでありますから、多少の遅延はそこに生ずる、こう云う弊害もありますけれども、今申しました立派な大判事の裁判を天離《さか》る鄙の境においても受けられると云うことが、失うべからざる大長所である。先程もロンドン市に付いて一寸申しました通り、市長自ら裁判権を持っている、自治の裁判であるが、しかしながらそれは出来ない相談であるから、王様に御願いして、王様の代理人の御派遣を御願い申した、こう云う沿革とこの二つの理由から致しまして、巡回裁判は今も尚これを存続するのみならず、イギリスの裁判の特色の一つとしてどこまでも維持して行くようであります。この巡回裁判に判事が参りまして、ニューカッスル・オン・タインと云うイングランドとスコットランドとの境に近い処、即ちイングランドから見ますと北東の海岸の処であります。御承知の通りこれは鉄工業の盛んな所であります。アームストロングと云う大きな造船所がその附近にあります。そして石炭場の中心でありまして、そう云った方面に名高い町であります。判事がこの町に参りますと、その町から判事に対して十円金貨一枚捧げる例になっている、これはどう云う沿革から来たかと申しますと、ニューカッスル・オン・タインを済ませますと、今度は反対の北西のカーライルと云う所に巡回する順序になっているのであります。ですからニューカッスル・オン・タインからカーライルまで行かなければならぬ、丁度これはイングランドとスコットランドの国境を沿って通ることになるのであります。然るにイングランドとスコットランドとが併合します以前は、随分両国の間に苦しい惨憺たる激戦を交えていたのであります。喧嘩を仕続けて数百年両国が睨み合ったのであります。でありますから、ニューカッスル・オン・タインからカーライルに行きます間に、スコットランドの軍隊が判事を掠奪したのであります。そうしてイングランドの政府に難題をふっかける。判事は自分の方で御預りをしている、これを返して欲しければこの条約に署名をしろと云う、又は大変な賠償問題を突付けて、そうして強硬な談判を試みるのでありまして、つまりその判事を人質に取る。その判事の地位は非常に高いことは縷々《るる》申上げたことでありますから、イングランドの方では捨てて置けない。そこで厭々ながら不利な条約にサインをする、賠償金を出すと云うことになるのであります。それからスコットランドとイングランドとが合併を致しまして、その憂いがなくなりました後も、この地方は大変追剥ぎの出る所でありまして、追剥ぎと言いますと今のイギリスにおいて可笑しいようでありますが、六、七十年前にはロンドンの真中においてすら追剥ぎが出たそうであります。でありますから、その当時この地方では勿論追剥ぎが出る、そうして判事を人質にして政府を恐喝する、こう云うことがしばしばあったそうであります。ですからニューカッスル・オン・タインの町の義務として、判事を三百人の軍隊で護衛させて、そうしてカーライルに送ると云うことになったそうであります。ところが巡回毎に三百人の護衛兵を町の費用で付けると云うことは勿論非常に面倒である。ニューカッスル・オン・タインの町の方でも非常に困ったそうであります。それから段々と軽くなって来て、判事に一定の金を渡す、千円とか二千円とか云う金を渡す、三百名の護衛兵を付ける代りに、判事がその千円か二千円をもらって、自ら兵隊を雇うて、つまり判事自身の雇兵で以て護衛されて行くと云うことになったそうであります。その後は更に一変致しまして、護衛兵を付けないでも判事が馬車か何かで行く。泥棒が来ればニューカッスル・オン・タインの町からもらった金を身代金として渡す。追剥ぎは何とも言わずに金だけもらって帰ると云う訳です。初めは護衛兵、その次は護衛兵雇入の金、その次には判事の身代金、これが今日形式だけ残って、十円金貨一枚を判事に渡す。今日は寝台車か何かで眠っていれば宜いのでありますから、護衛兵は勿論、身代金の問題は起りませぬけれども、尚その旧慣を墨守して、金額こそ少なくなっておりますけれども、とにかく町からもらうと云うことになっている。それからケムブリッジの町に行きますと、御承知の大学のある町で、そこに参りますと、そこで刑事事件のない時には、ケムブリッジ大学と町から御祝として判事に白の手袋を一対ずつ差上げると云う例になっているそうであります。ケムブリッジは学生町で、割合に小さい所でありますから、巡回の度毎に刑事事件があると云う訳ではない、むしろ刑事事件のない方が多いのだそうであります。そうするとそこに巡回に参りました判事は都合二対の手袋をもらう、即ち大学と町からもらう、だから巡回に参ります判事は白い手袋が殖えて仕方がないという話であります。

今申上げました通り、イギリス人が司法権を尊重すると云うことに付いては、種々の根拠から、色々の沿革から起っておりまして、例えば裁判は自治の裁判から発達した、自治の裁判と云うものは自分達の裁判である、他人に漫然とやってもらっているのでない、元々自分達のものであると云うこの意気込みから、司法権を尊重し、擁護する、こう云う工合でございます。又イギリス人伝来の風習でありまする自己の既得権は固くこれを維持して喪失しないようにする、こう云う念慮もたしかに手伝ったのでありましょう。又しばしば或いは武士の特権であるとか或いは僧侶の特権であるとか、そう云った種々の階級に対抗するために、司法権と云うものを押立てて、正義の旗の下に自分の地位を擁護したと云うこともありましょう。要するに、種々の来歴から来ておりましょうけれども、私共はその来歴を抜きに致しまして、客観的の結果として、民衆が裁判所と合一を致しまして、自ら裁判所の延長である、自ら裁判所の擁護者であると云うことを、自覚致しまして、裁判に親しみを持ち、司法権に対して熱心なる敬虔の至情を捧げていると云うことは、ひたすら敬服に堪えず、健羨に耐えなかったところであります。

尤も物は宜いばかりでもないのでありまして、弊害も伴うのであります。極度に裁判に熱中しまする余りに、大きな事件などになりますと、誰も彼も傍聴に行きたがる、従って裁判所から交付致します傍聴券が五十円に取引される、六十円に取引されると云うようなことになるのであります。でありますから、私はしばしば裁判所の経験家から注意を受けましたが、陪審裁判所を拵えるならば、敢えて陪審裁判だけの問題でありませぬが、要するに法廷を造るならば、成るべく小さい法廷を造れ、大きい法廷ではかえって芝居染みた結果になるだろう、幾らイギリスの事が尊敬されておっても、又幾ら有能であっても、大きい法廷であるととかく緊張味を欠く、とかく真剣味を傷つける、要するに公開であれば足りるのである。多数の民衆をそこに容れて裁判をするまでもないことであるから、法廷は小さくすべしと云うことをしばしば聞きました。それに法廷が大きいと無駄な声を出さなければならぬ、それで判事や弁護士の能力を殺ぐ訳になる、そうして声を大きく致しますと、自然内容も誇大に傾く、いわゆる侃々諤々の言辞を吐かなければならぬことになって、しんみりと落着いて、法律を考究しつつ、審理をすると云うことは出来なくなる、即ち出来得る限り法廷は小さくしろと云うことを注意されました。ロンドンの刑事裁判所の第一号法廷は最大の法廷でありまするが、定員は百八十七人、定員と申しますとその座席の数、判事、陪審員、傍聴人等ことごとく関係者を入れて計算をした数であります。表面は二百人と申しておりますけれども、実際は百八十七人、しかして係の人に聞きますと、その百八十七人の法廷すら尚少し大き過ぎる、声を出す時に少しく無駄をしなければならぬ、もう少し小さい方が宜かったと云うことを申しておりました。敢えて私は法廷を小さくしろと云う意味で申すのでありませぬが、法廷を小さくしなければ遣り繰りが付かないまでに、イギリス人は裁判に興味を持っていると云う点を申上げたいのであります。それからやはりそれに関連したことでありますが、イギリスには特赦請願と申すことがかなり多いのであります。御承知の通り法律は殺人既遂をことごとく死刑に致しております。つまり選択刑と云うものがなく、必然的に死刑になるのでありますから、随分気の毒なものでもやはり死刑の言渡しを受けなければならぬことになるのであります。例えて申しますと、食うに困って生活難に悶え悩んだ結果、赤ん坊を背負って自分が河に飛込む、赤ん坊は死んでしまったが、自分は幸か不幸か助かった、こう云う場合にやはり殺人既遂となりまして死刑の宣告を受けるのであります。こう云うようなものの首を絞めるのは可哀相であることは言うまでもないのでありますが、そう云う場合に特赦請願運動と云うのが起る、国王陛下に特赦を御願いするのであります。特赦の管轄は内務省でありまして、内務省を経由して王様に捧げることになっておりますのであります。特赦の管轄は内務省でありまして、内務省を経由して王様に捧げることになっております。であります。ですから、裁判の結果を行政庁が変更をすると云う結果になりますけれども、尤も審理の際に必ず係判事を審査員に加えることに習慣上はなっているようであります。ところが或る死刑事件があって、その死刑事件が偶々法廷の少し大きい問題であったと致しますと、必ず特赦請願運動が起るのであります。そうして甚だしきに至りますと、特赦の請願書を持って、公園とか、遊覧地とか、人集りの多い所に行って、通行人にことごとく署名してもらうのであります。ですから何の某に対する特赦請願運動の署名者が五万人ある、七万人あると云うことは、あまり珍しくないのであります。私も二、三回署名を迫られましたが、それは御断りを致しましたけれども、そんなに請願が起るのであります。この種類の請願が左様に、大仕掛に、殊に芝居染みて行われるのは決して褒めたことではありませぬけれども、やはり前申した裁判尊重の一半面として、裁判に興味を持つと云うことの事例の一端になりはしないかと思うのであります。

甚だ長くなりまして恐縮でありますが、要するに今申上げました趣旨は種々の点に分れておりますけれども、イギリス人はすこぶる司法権を尊重すると云うことに尽きるのであります。私が三年有半の間イギリスにおりまして、何に最も感心したかと申しますと、民衆が裁判を大切にすると云う一事であります。今になってようやくそれに気が付いて感心したのかとお叱りを受けるかも知りませぬが、要するに私としてこれ以上に感心すべきものは、恐らくは他にないだろうと思うのであります。司法の重きことはこれは言うまでもないことであります。私幸いにして司法の末班に伍しまして、司法の大旗の下に、これを擁護し、尊重し、維持する所の一個の奴隷となり、一個の走卒となって働きますることは、男子と生まれて、生きて甲斐ある光栄ではないかと、自ら私《ひそ》かに喜んでいる次第であります。貴重な御時間を奪いまして、しかも連日厳粛なる気分の下に諸種の重要事項を審議せられまする会議の席上において、斯様な蕪雑なことを申上げましたことを深く恥入ります。御清聴を感謝して、これで御免を蒙ります。

裁判より観たる英国人

信託協会主催講習会における講演速記

只今御鄭重なる御紹介を頂きました大森でございます。先程御紹介の御言葉にありましたように、私は先年英国にしばらく滞在を致しておりましたので、その当時見聞いたしましたことの一、二を申上げまして、後でお叱りを蒙りたいと斯様に思うのであります。

先ず最初ロンドンに参りまして、目に附きましたのは、ロンドンの町に樹の甚だ多いことでありました。最初ロンドンに参りますまでは、大きな建物ばかり建って如何にも無趣味殺風景な所だろうと、予想をしておったのであります。御承知のドイツの詩人のハイネがロンドンを評して、大きな石の塊だ、宛然として一個の無風流な石の大塊だと云う批評を書いているのを見ました、恐らくはそうだろうと思っていたのでございます。尤もこのハイネはナポレオン崇拝家でありまして、ナポレオンを倒した英国人が癪に障って堪らない、それでことごとく英国を罵倒したのでありますが、しかしそのロンドン評だけは当っているだろうと思って行って見ると、豈図《あに》らんや、樹木が非常に多い。石の塊どころではない、むしろ大きな一座の森であって、この森を点綴して町が続いていると云った方が宜いかも知れないのであります。町の中に樹木が沢山ある位ですから、郊外になりますると、非常に大きな樹木が到る所に鬱蒼として繁っているのであります。私は重に郊外に住んでおりましたから、自然樹木に接近する機会が多かったのでありますが、この樹を見ておりますると、実に馬鹿馬鹿しい樹でありまして、一本といえども、一枝といえども、役に立つ樹はないのであります。つまり自然のままに生い繁らせてありますから、材木にはなりませぬ。用材には適しませぬ。屈曲蜿蜒として延びておりますから、鋸や鑿には掛らないのであります。然らば伐って薪と致しましたり、焼いて炭と致しますれば、それは役に立ちましょうけれども、御承知の石炭国でありますから、炭や薪を拵えていたのでは、かえって手間に掛って損をする、結局何にも役に立たぬ樹です。ひと度足を転じまして、ドイツへ参りますると、趣が非常に変りまして、北ドイツ、殊にベルリンの近くになりますると、満目の樹がことごとく用材林であります。並樹までが果樹林、少しも無駄のない仕組になっております。ですから利用厚生と云う点から申しますると、ドイツの樹木の方が遥かに優っております。ロンドン近郊の樹の如きは少しも役に立たない、無用の大長物であります。これは如何にも馬鹿馬鹿しいことだと最初は思っておりましたところが、私自身に取りますると、知らぬ遠方に来ておりますするから苦労もあります。殊に受持っておりました仕事が甚だうるさい仕事でありまして、これがために心配なことも多ければ、癪に障ることも実は尠《すくな》くなかったのであります。そう云う場合にどうも致し方がないものですから、ぶらりと外へ出て、何となく樹を眺めていました。そうしますると、何しろ大きな樹である、自然のままに生い繁った樹で、人工を少しも加えていないのびのびとした樹でありますから、これを眺めておりまする間に、いつかこちらも幾らかのんびりした気持になりまして、まあ自然と同化するとでも云うのでありましょうか、子供の時に母の乳房にくっ附いていたような、大自然に抱擁されると云ったような気持になるのであります。従っておのずから心配も忘れ、癪にも障らなくなるような感じを抱くに至ったのであります。そうすると、一向役に立たないと思った樹が、非常に有難くなって来たのでありまして、最初無用の長物と思ったのは、これは申訳のないことだと考え始めたのであります。即ち物質上の計算から申しまするると、無益でありましょうけれども、心の上に無限の慰めを与えてくれるのが、この樹木だと思うに至ったのであります。

樹から思い附いた話でありまするが、英国人と云うものもやはりこの樹のようなものじゃないかと思い出して来たのであります。一寸見ると如何にも役に立たぬ大まかなものであるけれども、そこに何か云い知れぬのんびりした、裕《ゆと》りのある、味わいのある国民性があるのじゃないか——とまず漠然ながら、斯様に思い出して来たのであります。丁度今申した樹のような工合で、役には一寸立たないけれども、如何にもゆったりとしている、のどかであると云う点はたしかにあるようであります。

一七五九年に、英国がスペインと戦争をするか否やと云う大問題に差迫った当時、英国の議会でスペインと戦端を開くべきか否やと云う重大問題を議せようと云う下院の会議の当日に、或る議員が緊急動議を提出した。それはドルウリーレーン・シアターに『オセロ』が掛かるそうだから、今日の会議は延期して見物に行こうじゃないかと云い出した。国家の一大事を議する当日に芝居見物をしようじゃないかと云うので、随分乱暴な話ですが、いやそれは宜かろうと云うので、皆が賛成した。ドルウリーレーン・シアターと云うものは今でもありますが、これがその由緒の一つになっています。歴史でこの話を見ました時には、如何に何でもそんなことはあるまい、如何にも馬鹿らしいことですから、信用が出来ませぬでしたが、英国人を観ておりまするると、時と場合に依っては、その位のことは仕兼ねまじき国民だと思って来たのであります。

余裕がありますから、鈍重であります。少々馬鹿に見えるようであります。たしかフランスのギゾーの言葉だと記憶しております。英国人とフランス人との性格を比較した面白い話がある。それに依ると、英国人とフランス人とが手を携えて野を散歩したところが、行手の方に大きな穴がある。フランス人は非常に敏感で、これは日本人位、或いは日本人以上かも知れない。かんが好い、あそこに穴があると云うことに気が附きましたから、直ぐ逸れて横へ行った。然るに英国人は今申した通り、鈍感で、足の下に穴がある位のことには気が附かぬ。ぽとりと落ちた。第二に来たフランス人も横に逸れた、第二の英国人も依然として鈍感で穴に落ちた。こう申しまするると、英国人が馬鹿でいつも損をするようでありまするけれども、かくして第三第四の英国人が穴に落ち込んでおりまする間に、さしもの大きな穴が英国人で埋まってしまいました。今度は英国人は自国人で埋まった穴の上を、即ち坦々たる大道を真直に行くが、フランス人はやはりどうもあそこは怪しいと思って横へ逸れるから、目的地に着くのは英国人の方が早い。これはフランス人の批評で、如何にもそう云うことがありそうである。斯様な馬鹿は結局甚だ結構なる馬鹿でありまして、有益なる馬鹿である。むしろ賢明なる馬鹿じゃないかと思って来たのであります。

　つまり余裕がある。そして鈍重であります。その結果でありまするか、或いは原因であるかは存じませぬが、極めて堅実なるようであります。底力がある、余裕がある。鈍重でありまする。これは堅実になるのは当然の話でありましょう。世界戦争の始まる際に、ドイツが英国の参戦を予期してあの行為に出《い》でたかどうか、これは今日尚疑問になっているようであります。所詮カイゼルに聴いて見るより仕方がないでありましょうけれども、もしドイツが英国の参戦を予期しながらあの戦争行為を敢えてしたものとするならば、たしかにドイツは英国の力を誤算していた。医者で申せば誤診であります。吾々で申せば申訳のない話でありまするけれども誤判であります。と云うのは、英国人の生活程度がどの位になっているか、軍備がどの位あるか、財産がどの位あるかと云ったような物質上直ぐわかる尺度、即ち目に見え鼻で嗅げる様な基準に依ってのみ測定したのでは、あの底力は到底批判が出来ないだろうと思うのであります。そしてこの底力を閑却しては、英国の真の力を知ることは、全然不可能だろうと思うのであります。しかして、彼の底力、即ち真の英国の強味を知ったならば、あの戦争行為は或いは差控えることが相当でなかったかとも思われます。英国には陸軍の常備兵は原則としてありませぬ。ドイツの軍閥にとってはこれが大変な強味であったでありましょう。然るに戦争が始まるや否や、例の義勇兵を募集致しまするると、当時流行した言葉に Sons of Dukes and Gutter と云うことがありますが、公爵の令息も泥溝の子供も、即ち貴族の公達も貧家の子弟も一緒になって参戦した。これが英国の底力をなしている。つまり英国の国民そのものには余裕がある。極めて鈍重である。しかして甚だ堅実である。これは先ず動かない定評だろうと思います。

大正十四年〔1925〕の秋でありました。英国に共産党事件と云うのがありました。青年共産党と云う、その幹部の十二名の者が不穏な宣伝をしたと云うので、丁度日本の治安維持法と云ったような法律に引掛かって、法廷の人となったのでございます。この事件はよほどの大公判で、前後八日に亘った大事件でありまして、その時の係判事がサー・ラグビー・スウィフトで、検事総長のサー・ドクラス・ホッグが自ら検事として立ちましたが、この人は後に大法官となった人で、弁護人はサー・ヘンリー・スレッサー、これはその時の内閣の前内閣即ち第一次労働内閣の時の検事次長で、今日は判事になっていますが、その時は弁護人で、丁度私がこの三人の人いずれにも知をかたじけのうしておりましたから、この人々が法廷でどう云う活躍をするかと思って、興味を以て終始傍聴に参りました。もう一つ傍聴しました謂われがあります。その頃日本の情報の一端は友人等の手紙に依ってほぼ知っておりましたが、日本でもちょいちょい共産党事件が裁判所の問題となる。そこで一番手古摺るのは被告人の態度である。ともすれば法廷を攪乱することを目的としている。審理を妨げる、或いは法廷で非常なぶざまな態度を執る。こう云うことを聞い等は如何なる態度を執るかと云うことを知りたかったのであります。然るに傍聴しておりまするると、この英国の共産党の青年の幹部と称せられる者の法廷における態度は、極めて鞠躬如《きっきゅうじょ》たるものであったのでありまず。非常に静粛にしている。判事に対しましてはミロード、最高の敬称でありましょう、それを用いている。尤も彼等は雄弁家で演説するのは得意の方でありますから、訊問に答える際に、ともすれば演説口調になる。日本の法廷における最も慎ましき被告の態度と同様の態度を維持しておりました。これは皆保釈になっておりました。判事がそれを制止すると、どうも相済みませんと非常に恐縮して、粛然と慎ましやかに答弁する。それで家から出て来るのであります。最後には彼等も有罪判決を受けることを予期したのでありましょう。一斉に胸に赤薔薇を付けて参りました。今日こそ何かあるのじゃないかと思っておりました。しかし何にもない。唯々判事がその主義を捨てるならば宣告を猶予にしてやるがと説諭しましたが、それは出来ませぬと皆答えました。これも唯々問いに対して答えたと云うだけの程度で、決してぶざまな態度ではなかったのであります。私は勿論共産党と云うものを知りませんから、彼等の共産主義と称するものと日本の共産党の連中の共産主義と称するものと、脈絡相通ずるものがあるかないかそれは私は存じませぬ。彼等の思想がいかなるものであるか、それをここに申し述べる次第ではないのですが、法廷における彼等の態度は立派なものでありました。然るに外国の実情を聴きまするると、彼等の法廷における態度は誠に宜しくない。何故に英国だけ、斯様に宜いのだろうと思って、判事に伺いを立てて見たのでありまず。ところが判事の云うのには、それは当り前の話だ、彼等はなるほど今日の国家制度と相れざる思想を持っているが、彼等の父も祖父も英国人である。国家の正義と云うものを尊重してこれを維持して行かなければならぬと云う英国人伝来の気風は彼等先祖代々の血に漲っていたのであって、それを受継いている彼等だから、遺伝的に、無意識的に正義尊重と云う頭はあるだろう、別に吾々は不思議には思っていない、と云うのであります。この答えを聴きました時に、わかったようなわからないような、まあ禅問答のようだけれども、なるほどその言葉には真理があるかも知れないと思いました。これに真理があるかないかは別として、甚だ結構なことであるとひそかに羨んだのであります。斯様な次第でありまして、非常に落着きがある。それが法廷にも現れております。

斯様な落着きは如何にして出て来るのであろうか。いわゆる落着きの来歴如何と云うことに、私がやや頭を悩ましたのでありますけれども、勿論何もわかりませぬ。私のことでありますから、左様な難しい故事来歴がわかりそうなはずがない。結局その結論を得ることが出来ませぬでしたけれども、しかし先ず朧ろ気ながら推察を致しますと、彼等英国民の落着きと云うものは、英国そのものの落着きと終始しているものである。国も落着いていれば人間も落着いている。何方が原因か結果か存じませぬけれども、とにかく国、人共に渾然として落着き味を普遍的に共有しているものです。この落着きは彼等国民が国を正義の上に置こう、国を正義の上に置いて、それと共に自ら楽しみ安んじようと云う気慨がある。これがあずかって大いに力を成しているのじゃないかと思ったのであります。

元来英国人ほど正義正義と云う人間はありませぬ。イングリッシュ・ジャスティース、これは英国の専売特許である。正義は英国人を離れては存在しない。英国人以外に正義を云々する資格はないと、固く信じているようであります。御承知のように英語にアイングリッシュと云う言葉がある。直訳すれば非英人的、非英国的と云うのでありましょうけれども、その本当の意味は公明正大でないと云うことです。そう致しますると、英国人と云うものは公明正大だ。従ってその反面においては、英国人以外は公明正大でないと云うことになる。甚だ以て言語道断、傍若無人な考えであるけれども、少なくとも彼等はこう云う言葉を用いて恬として恥じざるだけの自信があるようです。英国人にも正義に合せざる者が多々ありましょうけれども、英国の正義としてこれを熱愛することにおいては、たしかに彼等の独得の擅場《せんじょう》のようでありますです。ですから、英国の正義を強くする、大きくする、深くする、高くする、これが英国人に非常に熱烈なる特徴であるように思うのであります。第一子供に教えまする事から致しまして、この英国の正義と云うことを非常に強調いたしているのであります。

英国の子供に教えまする色々な面白い話の特に私共の耳に聞きまするのは、ガスコイン判事の話でありますます。これは十五世紀の初頭の話であります。ヘンリー五世の皇太子の時分のことであります。ヘンリー五世は皇太子時代には随分乱暴だったそうであります。追剥ぎはする、酒は飲む、甚だ悪い話でありまするけれども、人の細君まで盗んだ、途方もない皇太子であったそうであります。その一端はシェークスピヤの『ヘンリー五世』にも現れておりますから、御承知でございましょうけれども、大変無鉄砲な皇太子であった。この皇太子が或る時に法廷へ怒鳴込んだ。それは皇太子のお気に入りの臣下が他人から金を借りて返さなかった、これは裁判所では勿論敗訴の言渡しを受ける、それに憤慨して己の友人を負かしたのは怪しからぬと云う訳で、剣を抜いて法廷に飛び込んだと云う話である。丁度その時の係判事がガスコイン判事で、抜剣位には驚かない。皇太子を法廷侮辱罪として監獄にぶち込んでしまった。この法廷侮辱罪と云うのは今日尚厳存している立派な英国特有の不文法であります。これには皇太子も驚きました。然るにその後まもなく国王が崩御になったので、監獄から即位式に行かれた。そしてヘンリー五世となられた。然るに国王となられましてから翻然として悔悟して、大いに国政の伸張を図られたのでありますが、その時に三人の賢臣を抜擢せられて一切の国政を委ねられたが、その三人の中で首席として最も信任せられたのは、自分を監獄にぶち込んだガスコイン判事であったと云う物語であります。かくの如く正義と云うものは尊いものだ、司法権と云うものは大切なものだと云うことが、この話に依って、云い伝えられ書き伝えられている訳であります。ところが、この話は実は嘘だそうであります。全然ないことだそうです。勿論ガスコイン判事はあった。大変立派な判事であったそうです。教会の裁判権の問題に対して政府と非常に争ったと云うことが歴史上確かな事実として残っておりますが、ヘンリー五世を監獄にぶち込んだと云うことはないそうです。しかしこの話は恰も実在したかの如く今日伝えられている。事実なかったかも知れない。しかし英国人の理想として、恐らく将来長く伝えられる話でありましょう。

又もう一つはベケットの話であります。これは御承知のカンタベリーの大僧正で、第十二世紀の終頃の話で大分古い。当時の国王はヘンリー二世、この王様の大法官をベケットが最初勤めていたのであります。ベケットは天才で、偉人で、何でも出来る、詩も、音楽も、文学も、武術も、学問も、何でも第一流で、殊に眼の力、耳の力が非常に強かった。何処までも見える。他人に聴こえざる事までも聞こえる。物質上の力も精神上の力も余程強かったらしい。ヘンリー二世の大法官としてヘンリー二世を非常に助けておったのでありますが、当時ヘンリー二世の困っておったのは、王権と教権との軋轢で、御承知の通り当時の裁判権は二つに分れて、国王に直属する裁判所と寺院に直属する裁判所とがありました。それが互いに権利を主張して、相譲らなかったのであります。寺院の裁判所は最初の頃には寺院内部の問題及び僧侶と俗人との係争問題を取扱ったのであります。それ以外に指を染めることが出来なかったのでありますけれども、寺院の勢力が強くなればなるほどこの権限が外へも延びて行く。国王直属の裁判権を侵犯する。又国王の権力が強くなりまするど、国王の直属裁判権が寺院の中にも及び、ここに軋轢を生ずると云う関係である。権勢の強いヘンリー二世がこの際寺院の裁判権を減殺しようとしたので、寺院と非常に軋轢しておったのであります。そこでヘンリー二世がベケットを大僧正に任じて、寺院の統領にするならば、自分の思う通りになるだろうと思って、大法官ベケットを大僧正に任じた。然るに、ベケットが大僧正になりまするや、たちまち態度を改めて、これまでは豪奢の生活を送っておったのでありまするけれども、一変して、痛ましきまでに質素な清僧の生活を営みました。そして寺院の裁判権のために、国王に拮抗して戦った。これにはヘンリー二世も非常に困ったのであります。いわゆる飼犬に手を咬まれた、しかもその飼犬たるや、実に強烈なる飼犬で、ヘンリー二世も大いに持て余した。かくして国王と大僧正とが九年間軋轢を続けておりました。国王は中々勝てないものだから、最後に最も卑怯な手段に訴えた、即ち四人の武士をカンタベリー寺院に遣わして、ベケットを暗殺せしめた。こうなりますと、大僧正に対する同情、尊敬、景慕の念が国民の間に高まりまして、勿論寺院裁判も正義の府でありますから、正義を愛する国民は挙ってヘンリー二世に反抗した。そこで、致し方がないので、寒い冬の日、ロンドンからカンタベリーまで、シャツ一枚で歩いて、ベケットの墓前に跪いて罪を謝した。それでようやく国民の反感が薄らいだと云うのです。今日でもロンドン・カンタベリー間は急行で先ず二時間掛かる。二十四、五里はありましょう。そこを裸で行ったと云うのは、大袈裟な話でありますが、幾らか質素な行列で行ったのでありましょう。これからベケットの墓に詣でるのが、英国の貴賤老若の慣習になりました。いわゆるカンタベリー巡礼がこれから始まった。英国の詩人の元祖チョーサーの『カンタベリー巡礼』はこの巡礼の行列の人々の言葉に筆を藉りて、自分の詩想を現したと云うことは、御承知の通りであります。こう云う工合にガスコイン判事の話、これは嘘でしょうが、ベケットの話は本当であるけれども、勿論余程潤色を加えて、それをことごとく本当の話として、若き子弟に教える。そして国民自らこれを誇りとして、理想として、永く伝えていると云うことは、彼等の正義に対する念慮の一端を明らかに現すものだと、私は思うのであります。

英国人の信念を以てすれば、国家の土台は正義である。正義を離れては国家は存在し得ない。しかもその正義は誰が一体維持して行く、それは俺達が維持して行く、正義は俺達のものだと云う念が強いのであります。国家の正義は俺達が維持する。国家の土台たる正義を維持する。俺達自身は国家と同時に終始する。国家と生死を共にする。かかる考えから、国家と国民とが正に密着している。この観念が英国を大きくし強くし、同時に国民を大きくし強くしたのではあるまいか。正義を愛する念を以て国家を大きくする、国家に自分も一緒にくっ附いている。それで自分もゆっくりしている。つまり国家を大磐石の重きに置くことは、自分自身をも大磐石の礎に立てるゆえんである。こう云うことになるのじゃないかと思います。

近世立憲思想の元祖はマグナ・カルタであることは、誰でも云う所であります。これは一二一五年六月十五日、ロンドンの西、ウィンヅア宮殿に近いところで、テムスの河の畔に、小さい島があります、その小さい島の木蔭で、ジョン王が署名したもので、元来臣民に権利を賦与するものがチャーターで、その中で一番大きいから、グレート・チャーター即ちマグナ・カルタと云うのであります。チャーター即ち特許は珍しいものではなく、しばしば与えられている。一〇六六年ウィリヤム一世がロンドン市民に与えた特許がチャーターの先祖で、それに依ってロンドン市民は親の財産を相続することが出来るようになった。今日ではむしろ馬鹿馬鹿しい位当り前のことですが、これが有名な最初の特許で、これに依ってロンドン市民の私権が確立された。そしてロンドン市の自治はこの特許に始まると云う。それ以来国王は一代に一度或いは一代にしばしば、特許を与えている。内容に依ってつまらぬものもあれば、又非常に重大なるものもあります。中にはロンドン市民はその近郊で狩猟しても宜しいと云うようなものもある。それまでは国王だけが狩猟が出来て、その上国王は国民の飼ってある牛や豚を撃つ事が出来た。非常に楽な狩猟であります。そう云う有様の下にあったロンドン市民がミドルセックスとエセックスとの二郡で狩猟が出来ると云う特許を与えられた。会社の設立も特許主義で、商工業奨励のために会社の設立を特許する。結構なことでありますけれども、これには特許料を納めしめる。これが目的で頻りに特許された場合もある。外国と戦争するとか、内親王様が外国の皇室へ御婚礼になるとか、つまり内帑が乏しくなって来た場合に、会社の設立を頻りにやっておられる。そうして見ると、やはりお勝手許の理由もあったろうと思われる会社の特許もあります。かく特許には種々ありまするが、このジョン王の与えた特許が非常に重大なので、グレート・チャーターと申します。これもジョン王が初めて与えたのではなく、前代前々代に与えた特許を裏書して、更新して、正に間違なく与えると云うもので、新しく裏書された特許です。この原本は今も尚大英博物館に残っておりますが、何しろ第十三世紀の初めのものですから、黒ずんで文字はほとんどわかりませぬ。しかし文字を辿れば、微かに読めます。この中に極めて雄渾なる文字があるのでありまして、何人といえども、裁判に依るにあらざれば、逮捕・監禁・没収その他の不利を受くることなし、又、何人といえども、裁判を受くるの権利を奪わるる事なし、この二箇条がマグナ・カルタの骨子であります。これには今申した如く、前々代以来の種々の特許を網羅しておりまするから、大小内容を異にする特許が雑然としております。けれども、この二箇条はその根本をなしているのであります。これが近世立憲制度の基である。それから数百年経て、フランスがあの大革命、あの悲劇喜劇を重ねまして、やっと学んだのが、このマグナ・カルタ流の思想でありますから、マグナ・カルタは近世憲政思想の本元で、その根本が何処にあるかと云うと、裁判にある。裁判は正義で、正義を離れては国家はない。これでもわかりまするように、その考えは英国では数百年来、恐らくはその国初以来維持し来たったるものであろうと考えられます。

彼等英国人は正義を愛するが故に、甚だしく自由を愛します。ところで、この自由のことですが、例のドイツの詩人ハイネが各国民の自由に対する態度を批評致しました。それに依りますると、フランス人は恋人の如く自由を愛す、故に非常に熱狂する場合がある、心中も仕兼ねまじき熱力を持つけれども、冷めればけろりと忘れてしまう。そこへ行くと英国人は落着いたもので、女房を愛するように自由を愛する。熱烈ではないが、決して捨てはしない。中々しんみりしたものである。ゆっくりと落着いて自由を愛している。しかして、我がドイツ人はお祖母さんを愛するように自由を愛している。この批評が当れりや否や、私は存じませぬが、ハイネの言葉を借り用うるならば、英国人こそ恋人のように又女房のように同時にお祖母さんのように自由を愛する国民だろうと思われるのであります。熱もあり落着きもあり又尊敬もあるですけれども、彼等の云う自由は決して勝手気ままな事ではない。いわゆる奔放なる自由ではないのであります。秩序あり節制ある自由であります。彼等の理想と致しまするところは、ラヴ・フォア・ロウ・オーダー・エンド・リバーティー、法律と秩序と同時に自由を愛する。これが彼等のモットーです。決して自由だけを愛するのではない。法律及び秩序と協調を保つ自由、これを愛するのであります。やはり正義の観念から来ております。

かく正義を熱愛する国民でありまして、正義の観念に依って国家と深く結び附いて、国家とその生命を共にする大きな性格を持っている英国人でありまするから、正義の土台と申しまするか、正義の殿堂と申しまするか、裁判所に対する尊敬及び愛着の念慮は非常に強いものであります。その意味におきまして、英国人が裁判及び裁判所を如何に取扱っているか。如何に観察しているか。その点を二、三私の見聞いたしました実例に依って申上げて見たいと思うのであります。

先ず英国の法廷に入りまして、最初に気の附きまするのは、極めて古式を尊重することであります。非常に総てが古い、我々から申しまするとと実に馬鹿馬鹿しい位まで古風を維持している。例えば判事も弁護士も書記も鬘《かつら》を冠っている。この鬘が又御丁寧に正式、副式、第一号様式、第二号様式種々あります。この起源に付いて種々説があるようでありますが、結局何も来歴はない。これは第十六世紀から第十七世紀にかけて、一般の装身具であった。我々がネクタイを締め、カラーを嵌めると同じように、男女老若鬘を附ける事が装身の道具として普通に用いられた。スコットランドの女王でエリザベス女王のために頸を刎ねられたメーリー、この女王様が種々の鬘を持っていられた。朝は緑の黒髪、昼は金髪、夜は雪白の鬘を附けて、見る人をして変幻の妙に恍惚たらしめたと云う事は、記録に今尚残っております。とにかく鬘は一般の装身具であったのです。ところが何しろ鬘を冠るのは中々面倒で、頭が重い、頭痛がする。今日では女でもぷつりと髪を斬りまして、辣韮《らっきょう》のような頭を振り立てて喜んでいる位ですから、この鬘の残っているのは法廷と議会の議長、これだけが鬘を冠っている。ですから、古式の尊重以外に何の意味もない。別に裁判をするためにそれが必要だと云う訳ではない。旧来の風習で、鬘を冠っている。それから法廷に備えてありまする鵞ペン、今日では万年筆もありまするし、エヴァーシャープの鉛筆も発明されて手軽になっておりますが、依然として鵞ペンがある。鵞ペンを用いている判事が多い。見た目は宜いが、使うとギチギチとして書き悪い。非常に変なものですが、今尚それを捨てずにいる。それから英国には巡回裁判と云う風習が今尚あります。これは英国の自慢の裁判制度で、一〇六六年にウィリヤム一世がノルマンから入って英国に君臨して以来、数代の君主がノルマンの風習を頻りに英国に輸入致しました。元来ノルマン人は法律尊重の民族で、六法全書の化物のような国民でありましたが、その法律過重の風習と英国人伝来の正義自由に対する愛とが巧く調和して、今日の裁判制度になった次第ですが、この巡回裁判はノルマン固有の制度であります。クーリア・レギス、国王の法廷と云う名が示すように、裁判所と王冠とは常に所在を同じくして、王様のおられる所が裁判所で、王様が大演習に行かれれば、裁判所がそこに移る。王様が大演習に行かれました時分に訴訟をしようと云う時には、やはり大演習の場所へ出訴しなければならなかった。その遺風が巡回裁判所として残っている。つまり津々浦々にまで王様直属の判事を差向けて裁判する。本来は王様自身が行かれて裁判する訳であるが、それが出来ないから、王様が自分の信任した判事を派遣して裁判せしむる。東京から京都、京都から大阪と云う風に、判事が出張して事件を裁判して廻る。しかし、これには種々長短があります。事件の用意がちゃんと出来ているけれども、判事の出張して来るまでは待っていなければならぬ。事件は延びます。大掃除が出来てしまっても、警察官の検査に来られるまでは手を控えて待っていなければならぬ。まず左様な案配で、刑事事件の如きに至っては、被告人は未決監で待たなければならぬ。これが短所ですが、僻遠の地でも第一流の裁判官が来て裁判してくれるのですから、これは立派な長所です。さて、巡回裁判所で、判事がニューカッスル・オン・タインと云う町へ行きますと、十円金貨一枚もらうことになっている。これは決して賄賂でもお礼でもない。このニューカッスル・オン・タインは英国の東海岸でスコットランド境に近い所にあります。大変商工業の発達した町で、このニューカッスル・オン・タインの巡回裁判所を済ましますると、今度は反対の西北の海岸に近いカーライルと云う町に行く訳です。ニューカッスル・オン・タインからカーライルに行くには、英国を東西に横断する訳です。それが丁度スコットランドの国境に沿って行く。ところが昔はスコットランドと英国とが併合になっていない、両国相拮抗して争っていたのであります。ですから、判事を略奪する。スコットランドの土民が判事を人質に取って、英国に対して強硬なる談判をする。今日支那の馬賊のやるあの手です。それで判事がニューカッスルを出立する時には、途中を護衛する軍隊を附けなければならぬ。これはニューカッスル・オン・タインの町の負担です。然るに、スコットランドと和睦後は略奪される恐れはなくなったが、この途中にはよく強盗が出て来るので、やはりニューカッスル・オン・タインの町では全く手ぶらで判事を送る訳にはいかぬから、一定の金を判事に与えて、判事が自分の金で護衛兵を附けるが、強盗が出て来た時には、その金を渡す、つまり身代金ですね、とにかく、斯様な風習でありました。

今日では寝台車で寝て行けば宜いが、古風尊重の意味から、判事に十円金貨を必ず捧げる。つまらない無駄な事でありますが、やはり古風として維持している。それからケムブリッジの町に参りますと、ここで刑事事件がなければ大学の総長とケムブリッジの市長とが白い手袋を一対ずつ判事に差上げることになっている。あそこは学生町でそう刑事事件があるものじゃない。刑事事件がなければ合計二対の白い手袋をもらう。これでは手袋が溜って仕様がない。無駄な話ですけれども旧来やっておったことは決して改めない。

それから謀叛罪に付いての刑罰規定、トリーズン・アクト、これは古代ノルマン語で書いてある。今から七百何十年前に出来たもので、これは現行法です。今でも謀叛人があったならば、それで刑罰に処せられる。然らば、英国は七百年も前の謀叛法で通用している位だから、謀叛人は尠《すくな》かったかと云うと、そうではない。英国の歴史は政争の歴史で、トリーズン・アクトで貫通している国だと云って宜い。世界戦争中にアイルランドの人で総領事をやった退職官吏ですが、ドイツで俘虜になっているアイルランド人を唆かして、アイルランドへ帰ってから反乱を起させると云う計画を立てた。謀叛は謀反ですけれども、外国で計画して、実行は内国でやろうと云う。ところがこのトリーズン・アクトは外国で計画した犯罪に触れておらぬそうです。七百年前にはそう云う事例は想像も及ばなかったからです。即ちこの法律に現れている犯罪は内国で計画して内国で実行することだけであるらしい。かかる不完全な法律ですが、例のアイルランド人は無罪にはならなかった。不備な法律を巧く解釈して有罪にした。しかし決してこの法律を改めない。

それから中古以前に決闘裁判と云うのがあります。英国のみならずヨーロッパ全部に行われておったようです。その頃は証拠裁判の制度がないから、裁判の仕様がない。そこで誰が考えたか巧いことを考えた。

天意に依って裁判すると云う。天は正しき者を助くと云う思想から、極めて難しいことを原告被告にやらせて見て、やりおおせた者が勝ちだ。つまりその者は天の助けを受けた。天の助けがなければ到底なしおおせない事をなしおおせたから、天の助けを受けたのである。その者には勝訴の判決を下さなければならぬと云う制度です。鉄の棒の両端を真赤に焼いて原告被告に握らせて、握りおおせた者が勝ちとなる。又煮湯の中へ手をつっ込んだ者が勝ち、或いはそれを三日経ってから検査して、爛れの痕のない者が勝ちとなる。その一種に決闘裁判と云うものがあります。天意裁判はオーディールと申しますが、今日のドイツ語のウルタイル、オランダ語のオールデールと語源が同一だそうです。決闘裁判もオーディールの一種です。原告被告斬合をして殺された方が勿論負けで、殺した方に勝訴の判決が下される。これは勿論野蛮時代の遺風であります。余談になりますが、英国で陪審制度が繁昌いたしましたのは、一つはかかる野蛮なオーディールの裁判があって、証拠裁判がまだ確立されておらぬと云う欠陥に対して、ノルマン地方から新たに入って来た陪審制度が英国に歓迎されたと云うことであります。とにかく決闘裁判と云うのは実に惨酷な、しかも無智蒙昧な裁判方法である。これが英国では形式上一八一九年まで残っている。その前年の一八一八年決闘裁判の申出《い》でをした者がある。裁判所では非常に困った。決闘裁判が制度上現存しているかどうかを色々調べた末に、まだ廃されておらぬから、決闘裁判の申出《い》でを受理しなければならぬと云うことになって、それを受理した。この決闘裁判は実際には行われませんでしたけれども、即ち決闘裁判の方式は先ず一方が手袋を捨てて床の上に投げつける。それを相手方が拾う。これが決闘裁判開始の形式です。ところが、一方が投げたが相手方が拾わなかったので、決闘裁判にならなかった。しかし決闘裁判は正規の裁判手続の一種だと云うので、流石の英国人も驚いて、翌年廃止した。それがなかったならば、今日までも続いているかも知れぬ。如何に何でも今日それをやろうと云うのではないけれども、昔のことに恋々たる思いを掛けている英国人の考えの一端がこれでもおわかりになることと思います。

斯様な工合で先ず英国の法廷に立入りまして私の驚かされましたことは、極めて古式を尊重する、新しいことも率先して行います。新しいことを迎えるのに吝かではないが、同時に古いことは何処までも維持し、我々から見まして極端な古いことまで守っている。これが先ず眼に着きました第一の特徴であります。

次に英国法廷においては、スポーツマンシップと云う事が頻りに主張されるのであります。私はスポートは丸切り不案内でありまして、学生時代には姑息且つ虚弱でありました。運動競技には一向熱心になれなかったのであります。ところが、英国に参りまして、判事の人々に御世話になり、色々話を承ると、俺は大学時代にはボートの選手であった、ランニングのチャムピオンだった、フートボールの方は俺は占めたものだったと云うようなことを頻りに云っております。私共の在学時代には今とは様子が無論違いまするし、古い話でありますが、運動をやりまする人は多くは学問を勉強しなかった。運動と落第とは親類同志のように思われていました。然るに、英国では運動をする人が立派な学者になっているが、どうもこれは見当が違うと思ったのであります。しかし、彼等のスポーツマンシップと申しまするのは、運動競技のことではないようであります。勿論申すまでもなく、スポーツマンシップと云う文字はスポートと云う文字から出て来たのでありますけれども、彼等のスポーツマンシップとして高調しまするところは、公明正大と云う意味であって、運動には直接関係のないことのようであります。運動から出て来た言葉でありまするけれども、今日彼等の使用しまする意義においては公明正大、つまり自他の人格を重んずると云うことに外ならぬようであります。全人格を提げて相手方に対する。相手方も全人格を挙げてやって来る。正面からお互いにぶつかり合うけれども、勿論相互の人格は尊敬し合う。お互いに総てを提げて相対する。これがスポーツマンシップの意味のように思います。そして、こう云う途は何に依って学ぶか。勿論読書でも宜いでしょう、思索でも勿論宜いでしょうが、運動が捷径である。運動場裡においてこの精神を養うことは少なくとも近道である。従って、彼等のスポーツ熱は別にレコードを取るとか、体重を増すとか、健康を好くすると云うことは目的ではありませぬ。今申した意味におけるスポーツマンシップの精神を養うことを理想としているのです。スポーツマンシップ、競技道と先ず訳しているようですが、彼等の用例から申しますれば、男子道、しかし男子道と申すと、御婦人の方で御異存があるかも知れませぬが、それならば、人間道、朗々乎たる人間の心事と云うのが、スポーツマンシップの真義であります。勿論健康は貴い、又勝つことも宜いでありましょうけれども、それは第二義以下の副産物で、第一の主たる目的は今申した意味におけるスポーツマンシップの養成にあるらしいのであります。かく考えますると、法廷も運動場の延長に過ぎないのであります。運動に従事する者がやはり今のような精神を以てするのですから、人間が立派に出来るし、又学問も自然に出来る。運動家と落第は親類同志と考えておったのは途方もない間違いで、甚だ慚愧に感じた次第であります。そう云う訳で公明正大である。立派なる心事を尚ぶ。卑怯でない。これが法廷において頻りに高調されるのであります。その一例と致しまして、恐喝罪と云うものが甚だしく卑しめられる。最も卑怯な犯罪で、犯罪に善い犯罪は勿論ありませぬけれども、その中で最も卑しい性質の悪いのが恐喝罪だと云うことになっております。ブラックメール、恐喝罪と云うのは、御承知の通り、人の弱点を捉えて、もし金を寄越さなければ、貴様の弱点を曝露してやると云う。弱点を悪用して金品を捲き上げるのが恐喝罪です。会社などで少々不手際がある。そこを附け込んで一万円寄越せ二万円寄越せと云うのが近頃尠《すくな》くないようであります。それが甚だ卑しい、同じやるにしても正面からぶつかって堂々とやるのは、これは男らしい所がまだあるけれども、人の弱点を捉えて、締めつ緩めつ、金を取ろうと云う、これは甚だ卑しいと云う観念であります。英国では恐喝罪に対する刑罰は非常に重いのであります。これに対する法定刑も日本の刑法よりは重いのでありまして、二十年以下となっております。初犯でも六年七年と云うような重い実刑を課せられる実例をしばしば見聞したことがあります。これも即ちスポーツマンシップの思想の現れの一端であります。それから、同じ殺人でも毒殺が非常に悪く見られている。これはこっそりと一服盛るのですから、殺す方から云えば、極めて安全な殺人方法です。大変都合が好いようですが、これが又卑しい。つまり真正面からぶつかって行くならば、相手方に防衛の機会を与える。そこで正々堂々と云うと語弊があるが、とにかく勝負が出来る。相手方に防衛の機会を与えずして秘かに一服盛るのは卑怯である、陋劣である。この意味において、毒殺が殺人の中で最も悪く取扱われている。但し殺人既遂に付いては、法定刑は死刑より外にありませんから、毒殺でもそれ以外の殺人でも刑に軽重の差はありませぬが、この殺人事件に付いては、特に差支のない限り、検事総長が自ら検事として立会う慣例になっております。検事総長が第一審の法廷に検事として現れる。つまり毒殺を最罪悪視したゆえんであります。次に婦人に対する犯罪でありますが、羨ましいことには、英国の寂しい田舎道を妙齢の婦人が一人で歩いていても、恐らく危険は絶対にないでありましょう。そして、もし婦人に対して何等かの犯罪がありますならば、刑罰は極めて重いのであります。欧米では一般に婦人に対する犯罪が重いのでありますが、国に依って考えが違うようであります。単純にアメリカ風に申しますると、女は貴重なものである、豪いものだ、だから、女に対する犯罪は重く取扱わなければならぬと云う漠然たる考え方のようであります。つまり我々男子よりも婦人の方が一枚上なんです、一種高等な人類だと思っているようであります。少なくとも刑罰に関する限りにおいては……。婦人を我々男子よりも下のものと考えるのは不都合だと思いまするけれども、我々よりも大分上だと考えることも、我々から見れば少々異存がある。冀《こいねがわ》くは同等位に取扱ってもらいたいのであります。とにかくアメリカでは左様な漠然たる考えで婦人に対する犯罪を重く取扱っている。然るに、英国の法廷ではそうは見ていない。婦人は弱い、弱い者に対して犯罪を加えることが卑怯だと云うのである。婦人が弱いと云うと、婦人から又苦情が来るかも知れませんけれども、とにかく弱い。弱い者に対して罪を加えようと云うのであるから、これは卑怯だ。同じ悪いことをするならば、男に対してやったら宜いじゃないかと云う思想でありまして、やはりスポーツマンシップの精神から出ているのであります。それから、動物虐待の問題ですが、動物虐待防止法と云うものが出来ておりまするが、その法律の適用に依りまして、街の真中で自分の飼っておりまする驢馬を三つぶった、それで懲役三箇月になった、こう云う例がある。あまり珍しいことではない。懲役三箇月と云うのがこの法律の最長刑になっている。加重は出来まするけれども、単純なる最長刑が三箇月となっている。自分の驢馬を三つぶったら懲役三箇月に処せられた。人間を三つ位ぶった所で、怪我でもさせれば別問題ですけれども、滅多に三箇月の懲役にはなりませぬ。まあ説諭、さもなければ罰金位の所かも知れませぬ。ところが、驢馬の方はそうはいかぬ。驢馬の方が万物の霊長かと云うと、そう云う意味では勿論ない。人間ならばアッピールする、苦情を訴えることが出来る、しかし驢馬にはそれが出来ない。しかも自分の飼っている動物で、同じ驢馬でも主人以外の者ならば、苦情の代弁者があるでしょうが、自分の活殺自在の下にある動物をぶつのは極めて卑怯な行為だと云うので、懲役に行かなければならぬことになるのです。これが善いか悪いかは別問題でありますが、スポーツマンシップの一端には相違ないのであります。

次に云うまでもなく、英国の法廷においては、常識と云うことが頻りに高調されます。英国人は常識の国民であると云うことをよく云いますが、その常識の本元は法廷です。英国の常識と云うのは、英国法廷の常識から湧いて来たものだと、私は考えております。ところで、常識とは何であるか、これは私には申上げられませぬ。私が非常識なるゆえんでありましょうが、一寸どう云うものだと云うことはわかりませぬ。ですから、皆様の前に常識を説く資格は私にありませぬ。又それは釈迦に説法で、甚だ恐れ入ったことでありますから、勿論差控えまするが、唯々私がこう云ったことが常識じゃないかと思うような事例にぶつかったことはしばしばあります。つまらない話でありますが、私が滞在中に日本から友人が訪ねて参りまして、ウイスキーを御馳走してもらいたいと云う註文です。云うまでもなく、ウイスキーは英国が本場でありまするから、ロンドンへ来てウイスキーを御馳走しろと云うのは御尤もな註文です。しかし生憎私は持っておりませんでしたから、それではここで待っていてくれ、私は外へ行って買って来るからと申して、買いに参りました、ところが、英国には酒の販売の制限と云うことが近年行われております。英国は禁酒国には恐らくは絶対になり得ますまい。酒の好きな国民です。又酒をよく飲む国民であります。禁酒は不可能でありましょうが制限はやっている。しかもその成績は極めて良いと云われております。そのために犯罪が減少したと云われております。それには時間と場所との制限があります。時間は朝何時から何時まで、昼は何時から何時まで、夜は何時から何時までに売ると定めまして、つまり昼の間でも一定の時間、夜更けてからは勿論、酒を売ることを絶対に致しませぬ。又場所の制限と申しますと、酒屋に三通りありまして、第一種の酒屋はそこで飲ませもする、又売捌きもすると云う店で、第二種はそこで飲ませるけれども、売捌きは出来ぬ、まあバーと云ったようなものであります。第三種はそこで売捌きはするけれども、飲ましてはならぬ。これが別々の許可を得ておりまして、互いに犯す事が出来ぬ事になっております。ところが、私がその日飛び込みましたのは、第二種の酒屋で、看板が大きいものですから、ここで売捌くと思いましたが、それが出来ないと云う。瓶で持って行くのは絶対にお断りすると云う。私も法律家の端くれでありますが、英国の法律ならば多少犯しても差支はあるまいと云う甚だスポーツマンシップに反する了見ですが、何とかならぬかと主人に嘆願したが、絶対にいかぬ、法律に違反することは御免被ると云う。主人は峻拒する理由がある。うっかり売ると許可を取消されるから、中々以て頑強です。しかしこちらも頻りに嘆願いたしました。そうすると、主人は実は法律の方で薬用にするならば、この範囲内で許されていると云う。それはフィンガー・ボットル、小指位の大きさの瓶であります。御承知の通り、ウイスキーは気附けになる、又熱さましや毒消しになる。衛生上の必要までも制限することが出来ないから、今申した小さい瓶ならば、宜しいことになっているのであります。それを聴いて、それは結構だ、私も薬用にするのだから、それを十五本ばかり頂戴したいと云うと、主人は笑って、それならば差上げると申しまして、例の小さい瓶を十五本並べました。そして大きな瓶から一々酌んでくれる。幾ら小さい瓶でも十五本ですから、大瓶一本では足りない。又大瓶を抜いてそれへ注ぐ、私がそれを十五本もらいまして、両方のポケットに入れた。何しろガラガラ云うものですから、運搬に非常に困難でありましたが、とにかく持って帰りまして、その事を話を致しましたところが、友人は大変喜んで、薬用に供した訳であります。[笑声]この話は観かたに依っては、善くも聞こえましょうし、悪くも聞こえましょう。耳を掩うて鈴を盗む類かも知れませぬが、観かたに依りましては、法律の違反と法律の励行との間を巧みに調和しているようにも考えられます。私は勿論これを常識的だとは申しませぬけれども、先ず常識的に近きものじゃないかと秘かに感心をしたのでありました。今一つ、私一個のことを申上げては恐縮でありまするが、私は滞在中に大変な病気に罹ったのでありまして、猩紅熱に罹ったのであります。ロンドンでは猩紅熱は子供だけの病気ではない、大人が頻りに罹りまして、又沢山死ぬるようであります。死亡率が随分高いようです。チフスもペストもコレラも赤痢もないのでありまして、伝染病と云えば猩紅熱、フィーヴァーと云いますと、スカーレット・フィーヴァのことで、猩紅熱だけが熱病であり、伝染病であるようです。ですから、この取扱いが非常に喧しいのです。それに罹ったのでありまして、四十二度位になったこともありますし、四十度の熱は大分続きました。この時に勿論医者にかかりましたが、この医者に最初病名が何でありましょうと云うことを尋ねますると、この病名は非常に難しい、お前の良心、つまり真心が聞くならば、猩紅熱と答えろ、他人が聞くならば、何とか彼とか学名を申しましたが、とにかくこれこれと云う病気で、これは猩紅熱のようだが実は猩紅熱じゃないと答えろと、何だか難しい禅問答のようなことを申しました。猩紅熱と云うと非常に取扱いが面倒になる、猩紅熱に似て非なる何とか云う病気だとそんなに難しくない、これで助かりました。取扱いが余程寛大になる。かく申しますると、この医者が衛生取締の違反をしているようでありますけれども、実はそうではない。直ぐ附近を飛び廻って、日本から来た変な奴がこう云う病気になった。猩紅熱に違いないが、勝手を知らぬ不慣な奴だから、寛大な取扱いをしたいと思う、しかし、私は全責任を以て警戒はする、御迷惑のないようにする、その条件で以て、寛大な取扱いをする事を承諾してくれるかどうかと云うことを、皆に尋ねて廻っている。これに対して、隣近所の連中がそれは宜かろう、君に任せたから然るべくやってくれ、敢えて苦情は云わぬと云う承諾を得まして、私には何とか彼とか難しい病名で猩紅熱じゃないと云えと云う。好い加減な与太を飛ばして、寛大な取扱いをしてくれました。近所へ交渉したことは全快後に私は知ったのです。そしてその医者は一日に一度二度来るのであります。来た時に、私はこの病気は治りましょうか、幾日位かかりましょうか、一体猩紅熱と云うものはどんなものでしょうなどと問うと、大変機嫌が悪い。それを聞いて何にする、講義が聴きたいのならば、一時間でも二時間でも教えてやるが、君はそれを聞いて猩紅熱が治ると思うのか、殊にいつになったら治るものか、そんなことはわかるはずがないのだと云う。大変機嫌が悪い、叱り飛ばすのです。私は癪に障りまして、知らぬ他国で重い病気に罹っているので、甚だ手頼りないから、これは死ぬるに違いないと思った。死んだら第一番にあの医者のところへ化けて出てやろう［笑］と思いました。それで病気のことは一切申しませぬが、外の話は実によくする。話好きで、最初私に君は何か好きなものはないかと云う。法律と云いまするど本職ですから、下手な議論をして負けては日本の国辱にもなる。そこで好い加減に歴史が好きだと云った。これが間違いの元で、いつも二時間位坐り込みまして、四十度以上の熱病の患者を捕えて、こう云う時における英国政府の態度が好かったかどうか、何年に何の王様が執った方針がこう云う工合であるが、その影響はどうであったか、答えることが出来るかと云う。私は勿論知らぬことばかりで知らぬと云うと、それ見ろと云わぬばかりに手を叩いて喜ぶ。非常に難しい口述試験を毎日受けている様な工合で、病気のことは云わない。歴史になると大いに論ずるが、要するに威丈高になって私をへこますだけです。甚だ心許ない。しかし、何しろ寂しい病人、手頼りない病人でありまするから、その医者が参りましてまあ愚にもつかぬ古い話をしてくれるのが、大変に嬉しい。医者が来ますと、なるべく長く話していてくれれば宜いと思う。又医者が帰りまする時には、この次には早く来てもらいたいと云う気になりました。その歴史の話を聞きまする毎に、私が快くなったような気がするのであります。甚だ非科学的な申し分でありますけれども、私の猩紅熱はたしかに歴史の講義が治してくれた。実は薬はくれませぬ。薬としてくれましたのは、パーミ・ストーン、軽石です。それで出来るだけ皮を擦る、そこへ油薬を塗って置く。これは私の治療のためではない、なるべく皮を取って、外界に飛ばぬために油を塗って置く。それは一般外部の人のためであって、私のための恩沢ではない。外に伝染しないようにする。薬のためでは断然治ったのじゃない、歴史の話が私を治してくれたと、今日尚確信しております。よくよく私に同情してくれたものと見えまして、私が治りましてから後も、しばしば訪ねて来てくれました。全快後のことです。今は私は何も医者に阿る必要がないものですから、これまでは英国の歴史の話で負かされたが、英国人と英国の歴史を討論して負けるのは、当り前な話だ。今度は一つ日本の歴史をやろうじゃないか、貴君の所の歴史はざっと千年位のものであるが、日本の歴史は三千年ないし五千年の立派なものだ。これに付いて討論しようじゃないか、これはフェーヤじゃないかと申しましたところが、いや俺は帰ると、ついぞ怒ったことのない人が怒って帰りました。恩人に対して相済まぬことをしたと後悔しましたが、丁度その翌朝が日曜で、私は朝寝をしておりました。その枕許まで入って来て、幾ら懇意で、男ばかりであっても、枕許へ来るのは随分無鉄砲でありまするが、しかし例のお医者様でありまするから、着物を着換えて、顔を洗って、面会致しまするると、今日は日本の歴史、先ず俺から題を出すが、日本海海戦からやろうじゃないかと云う。ところが日本海の海戦の事で私の知っているのは、例のこの日天気晴朗なれども波浪高しの一句位の事ですが、お医者様は非常に精細です。又もや大失敗で、私は重ね重ねまた兜をぬぎました。しかし私も只々負けてはいませぬでした。先生夕べ読んで来たのでしょうと云うと［笑声］からからと大いに笑って、そうだと云う。英語で書いてある日本海海戦に関する書物で信頼すべきものと思われるものが三種ある。それを夕べ徹夜で読んだ。［笑声］ところが、実に困ったのは日本人の固有名詞で、これを覚えるのは非常に骨が折れた。まあこう云う話です。この医者が今申しました通り一向薬はくれませぬ。又病気の事を云うと甚だ不機嫌でありました。けれども私を治した。医は仁術なりと云う言葉を子供の時から聞いておりますが、この時位医は仁術なりと云う言葉の本当さを感じたことはありませんでした。ドイツ流の学問で固めまするると、猩紅熱と云うものの由来はどうだ、経過はどうだ、徴候はどうだ、治療方法はどうだと云うことは明確になりましょうが、それを知って、病気が治るか否や、それは別箇の問題でありまして、医者は病気を治すものである。この点においては、この先生はたしかに立派な成績を見せた。こう云ったことも、或いは常識と云い得べくんば云い得るものじゃないかと、私は思いました。

次に例の陪審員、御承知の陪審制度の国でありますから、刑事は陪審に附けることに原則はなっている。

民事でも或る種類のものには陪審が附く。ところが陪審員に字を知らぬ連中が大分あります。と云うのは、簡単な宣誓書を陪審を構成しまする前に読むことになっております。これが読めない連中がある。甚だしいのは十二人の中で、三人四人五人までこう云うのがいるのを実見いたしました。しかし彼等も流石に読めないとは云えない。実は今日は眼鏡を忘れましたと云う。どんな老眼でも読めるような大きな字で書いてある。［笑声］裁判所の書記が眼鏡を貸してやろうとは勿論云いません。代って読んでやるのです。ところが、この無学な陪審員がどんな判断をするだろうと思って聴いていますると、その判断はたしかに立派であります。健全なる堅実なる判断を致します。裁判に掛けましては、私も経験はありまするが、その私になるほどかかる判断を与えなければならぬと思わせるほどの極めて的確な判断を与えております。彼等は無学でありますけれども、物の判断はたしかに出来るようであります。御承知の通り、ドイツは陪審制度を廃しました。ドイツの今日五十歳以下の人間で文字の読めないと云う者はけだし稀有でありましょう。英国はドイツ程は普通教育が普及しておりませぬ。しかし文字を知っているドイツ人が陪審制度を巧く操ったか、これはどうも疑問のようであります。ですから、英国の陪審員は字は知らぬが、物の道理がわかっている。これが常識の発達しているゆえんだろうと思われます。この常識と云う言葉は大分誤解をされているようでありまして、何も知らぬと云うことを甚だ非常識だと云う。何でも彼でも知っているエンサイクロペディヤの出来損ない見たいな知識を持っていることを常識的だと思う人があるようです。しかし彼等は少なくとも左様に考えておりませぬ。コンモンセンスはコンモン・ナレッジではない、知る知らぬの問題ではない、物の道理がわかるかわからぬかが常識のあるかないかの分れ目だろうと思います。よく判事が非常識だと云う事が云われまするが、判事にして非常識なのは申訳ない話で、甚だ以て悪い話でありまするが、その例として判事が世間的の事柄を知らなかった、無知無識であったと云うことを非常識と云う人がありますが、これは私は当らないと考えております。知る知らぬの問題じゃない。知らぬことを云えば、英国の判事は随分知らない人が多い。現代において活動写真を見たことがないと云う判事がおりました。丁度版権侵害の問題で、小説家の書いた小説を無断で活動写真の台本にした。この侵害の問題です。原告被告が非常にやり合っておりまするが、判事が活動写真を見たことがないから、どうも判事の頭に映らない。［笑声］原告が閣下は活動写真と云うようなものはまだ御覧になったことがないでありましょうがと、非常に鄭重に云った。いやまだ見たことはないと済ましている。私共から思うと馬鹿馬鹿しいと思うけれども、こう云うことは決して非常識と云わぬ。それでは御経験のために今晩如何でございましょうか、御案内致しましょうと云うので、その日に原被告に連れられて、判事が活動写真を観に行ったようであります。ドイツ語では非常識をウェルトフレムドハイト「世間を知らぬ」と云う字を以て現している。この言葉で非常識を現そうとするようでは、ドイツ人も常識に暗いのじゃないかと思う。

判事は勿論法律家であります。これは云うまでもない、法律に依って裁判を行うことになっている。英国でも日本でも法律家でなければならぬことは勿論であります。ところが、この法律家と云う言葉は、随分これまで誤解されているようです。敢えて外界から誤解されておりまするばかりでなく、法律家自身も大分誤解しておったようであります。ですから、法律家と云うと、法律の条章の末に趨って、三段論法の曲芸を演じていれば宜い、屁理窟を云っていれば宜いと云う。これは甚だ以て間違いである。そう云うのが法律家ではない。やはり英国でも法律家に向ってそう云う悪評を云う。英国の諺に、法律家はグッド・アドヴァイサーだが、バッド・フレンドだ、顧問としては宜いけれども、友達としてはいかぬと云う。私が滞在中に聞いたことですが、スコットランドの或るお墓に変な銘が刻んである。何でもそれは兄弟か親子か二人の墓であるそうです。その銘に、二人共法律家であった、しかし善い人々であった、しかしと云法律家だけれども善い人だった。これは神様の奇蹟だ。今日でも尚時々奇蹟を示し給うのであると書いてある。法律家だけれども善い人だった。これは神様の奇蹟だ。今日でも奇蹟をお示しになったと云う文句が書いてあるそうであります。こう云うように、法律家が誤解されては堪らぬので、こう云う誤解を受けるような法律家では又堪らないのであります。そう云う法律家は勿論歓迎すべからざるものであると思うのであります。云うまでもなく、法律家はこの世の中に現れまする一切の事柄に付いて判断をする者であります。故に物の道理がわからぬ人では勿論いけない、事物の判断が正当に出来る人でなければいけない、これが法律家の第一要件だろうと思います。物を判断するには、先ず以てよく物を見る必要があります。物をよく見まするには素直な心、清き心で見なければならぬ。これが常識の源であります。私は仏教の事は何にも存じませんが、近頃承りました所に依りますると、お釈迦様の教えに八道と云うのがあって、その最初が正見と云うのだそうであります。物を正しく見る。物をよく見る。これが則ち常識の出発点じゃないかと思うのです。そこで、物事の判断を致しますには、常識と条理とを以て規矩準縄とすべきは云うまでもない。条理は万人の履み行わなければならぬ所の道理であります。何人も拒否する事の出来ない理法であります。この常識と条理とを以て物を判断すると云うことが最も必要であろうと思います。古いお話でありまするが、第十七世紀の頃ドイツのジギスムンド皇帝がローマ法皇に対抗するために、バーゼルで大会議を開いた。その時にジギスムンド皇帝が右を貴族席とし、左を学者席とした。その当時有名な法律学者のフェゼールスが丁度その前に貴族に列せられた。皇帝が入御せられると、フェゼールスが済まして貴族席に腰を掛けている。これを見て皇帝が非常に癪に障った。あの男は法律家たる名誉よりも貴族たる栄誉を重く見ているのだろうか。貴族は一日に百人でも出来る。辞令一本で一人出来るのだ。しかし立派な法律家は百年に一人出来るかどうか、その位貴いものだ。然るにフェゼールスは貴族の方を得意としている不埒な男だと云って、怒られたそうであります。又第十七世紀にジェームス二世と云う甚だ暴戻な英国の君主があった。裁判官を籠絡して、圧服して、自分の思う通りの専制的の裁判をさせようとした。先ず高等法院のジョーンスを招んで、俺の云う通りにやれと云う。勿論御辞退申した。ジェームス二世は非常に怒った。癇癪を立てて、それではお前に廃めてもらおう、自分は腹心の判事を十二人拵える積りだと云う。この時ジョーンスは粛然として、陛下が陛下のお気に入りの判事を十二人お拵えになりまするのは、それは御容易なことでございましょう、しかし、左様な法律家を一人得られるのは、随分御困難かと拝察致しますと答えた、と云う事であります。このジギスムンド皇帝の考えておったような法律家、ジョーンスの考えておったような法律家、これがものの道理のわかった法律家。常識と条理とを兼ね備えると云うのは、これがやはり英国の法律家の理想になっているように見受けたのであります。何事も人本位で人を離れて制度を善くすることは勿論出来ない。人を善くする、いわんや法廷を善くするには、先ず以て善い判事を得、それを更に善くしなければならぬ。善い判事を得てそれを更に善くするような制度が出来上りませぬ限りは、司法制度の向上改善は決して望むべからざるものだと、私は考えております。

それから次に感心したのは、判事は勿論でありまするが、弁護士の気品の非常に高い事でありました。判事は弁護士の中から、学識経験に富みまして、そして風格高き人を採りますからこれは申すまでもない。弁護士一般に非常に風儀が正しいのであります。英国で弁護士になりまするには、例のインス・オヴ・コート、弁護士養成所と申しましょうか、これは大学の卒業生及び在学生にして一定の条件を具備したもの、これがインス・オヴ・コートに入学致します。三、四箇所あります。一定の年限勉強もし試験もする。そこを卒業すれば当然弁護士になる。日本のように国家試験はない。唯々変則的に試験を受けて弁護士になる者もございますが、これは極めて少ない。原則として、インス・オヴ・コートを卒業すれば、必ず弁護士になる。この修習中に食事をすると云う事がある。先輩と寄って一定の期間は飯を食わなければならぬ、大いに腹を拵えて社会に雄飛すると云う意味ではないようでありまして、つまり先輩を相手にして食事をして談笑の間に気品を学ぶ、紳士の道を体得すると云うのが、その理想の様であります。このインス・オヴ・コートの試験課目でありますが、勿論今日日本の法律学校でやっておりまする通り、民法や商法や刑法もありますが、特に我々が奇異に感じましたのは、大法官列伝と云うのが課目の一つになっている事です。大法官と申しますと大審院長で同時に司法大臣、同時に貴族院議長であります。三権分立どころではない、三権を一人で兼ねている。しかも閣員です。政党員で同時に司法官です。金のことを云うと甚だ卑しいのでありますが、英国政府から俸給をもらっている者の中で第二位の高給者で、第一位はカンタベリーの大僧正、これは年俸十二万円、その次が今云った大法官で十万円、その次が検事総長、その次が高等法院長及び検事次長、それから、総理大臣や普通の判事は五万円と云うことになっております。大法官は判事としては最高の地位にある人で、過去におけるえらい判事の伝記を勉強することが、やはり必修課目の重要なものの一つになっております。日本でそう云う試験課目を作ろうと云ったところで、そんな学問は出来ておりませぬ。大岡越前守の伝記は講談にあるかも知れませぬが、学問として出来ておりませぬ。要するに、品位を非常に高めると云うことに注意致しております。かつてこう云う話があります。或る有名な弁護士が例の巡回裁判にくっ付いて巡回致しました。これは裁判所が移動するので、判事も弁護士も書記も皆参ります。つまり裁判所全体の出張です。その弁護士も巡回裁判所について弁護士として出張いたしました。ところが出張先の町で、その弁護士の執務を拒否して、この町ではあの弁護士を認めぬと云うことが、三箇条の理由に依って起った。第一条は、その弁護士が或る時に国王陛下の御健康を祝する乾杯をするに当って、つまらぬ酒を用いた。英国では芝居でも活動写真でも閉める時は必ず国歌を奏する。

活動写真では陛下の御真影を映す。それに対して恭しく脱帽してから出て行くと云ぅ訳であります。宴会でも少し重立った宴会になりまするると、必ず陛下のために乾杯する。勿論陛下の御臨場のないことを申上げているのでありますが、キング・キング・キングと申しまして、陛下のために乾杯する。それから寛いで座談が出来ると云ぅ慣習になっております。この陛下のために乾杯致しまする時には、酒らしい酒を用いることになっております。どんな酒かわかりませぬが、敢えて値段の高等と云ぅ意味ではない。要するに酒の資格のある酒と云ぅ意味でありましょうが、この弁護士が或る時酒に非ざる酒を用いて乾杯したことがあると見えて、それが排斥の一理由になっております。第二条は、これは我々としては変な理由です。この弁護士が死んだ細君の妹と結婚した。これが理由になっている。御承知でもありましょうが、英国では従前は死んだ細君の姉又は妹と結婚することを禁じておりました。同時に、死んだ亭主の兄又は弟と結婚することも禁じておりました。これが後に法律に依りまして許されました。長い名前の法律です。死んだ妻のシスターと結婚するの法律、死んだ夫のブラザーと結婚するの法律と云ぅ、これに依って許されましたが、法律発布の当時、教会側では大分反対いたしましたけれども、今日は法律の上においては勿論、教会においてもこれを是認しております。何人も怪しまぬのでありまして、怪しまぬことになってから、この弁護士が結婚したのであるが、今尚古風な人々の間において、弁護士ともあろう者が死んだ細君の妹と結婚するのはけしからぬと思われた。そこでこの弁護士を排斥すると云ぅ、これが第二条で、第三条が面白い。この弁護士がかつて遊猟の際に狐を鉄砲で撃った。英国は随分猟が盛んでありまして、富豪貴族は随分贅沢な遊猟をするようであります。この狩猟が又例のスポーツマンシップとして、中々色々な難しい規則があるようです。例えば寝ている獣を撃ってはいかぬ、睡っていればそっと起きるまで待っている、起きてから撃たなければならぬ。寝ている者を撃つのは卑怯だと云ぅのです。曽我兄弟が仇の工藤祐経を殺すのに、寝ている者を殺した方が安全で、殺される方も楽でありましょうけれども、一旦叩き起して殺した。これが武士道である。英国にもそれがある。その中にも紳士は狐の如きものを撃つべきではない。渇しても盗泉の水を飲まず、狐は犬に狩出さす。それで犬の餌食です。惨酷のことから云えば、その方が惨酷でありましょうが、紳士は狐の如きものに手を出すものじゃないと云う。ところがこの弁護士がどう間違えたか、一発やったものと見えまして、以上のために弁護士たることを排斥する。彼は第一に忠誠の心を欠いている。第二に英国伝来の風習を無視している。第三にスポーツマンシップの念慮がないと云うので、結論から申せば誠に由々しきことで、この弁護士が職務の執行が出来なかったと云う次第であります。

それから前に別の話で一寸申しましたニューカッスル・オン・タインの町、英国北東海岸にある商工業上有名な町です。この町に不思議な名所が一つあります。駆落ちの記念碑と云うのです。駆落ちをした所に記念の標識を掛けまして、ここは駆落ちの遺跡だと云って、それを保存しております。私はわざわざそれを御丁寧にも見に参りました。大きな古い家です。その当時は銀行家の家で、今では非常に汚い古風なものでありますけれども、昔は立派なものでありましたでしょう。その家の正面に大変高い所に窓があって、そこに銅標を掛けまして、何年何月何日、ここの令嬢のサーティース嬢が駆落ちのために飛び降りたのはこの窓だと云う。駆落ちを千載に伝えている。駆落ちを奨励するようなものでありますが、これは奨励の意味ではない。このサーティース嬢の相手になった男が非常にえらかった。ジョン・エルドンと云う人で、後に大法官になって、エルドン伯となった。この人は法律家として有名で、サーティース嬢とも非常に艶福家でありまして五十九年添い遂げたと云う。このエルドン伯もこの町の人ですが、ニューカッスル・オン・タインの町がこの立派な人を表彰する記念碑を造ろう、何を記念したら好かろう、それは駆落ちが好かろうと云うことになった。［笑声］エルドン伯頌徳の記念碑、郷党からかかる人を出したと云う記念碑で、これを以てしても、かくの如く如何に法律家なり法廷を尊んでいるか、重んじているかと云う一つの証拠にも十分なると思います。

色々取止めもない話を致しまして甚だ恐縮でありますが、私は単に私が滞在中に見聞いたしました一、二を申上げたのであって、何等結論的の事を申上げるべき材料はないのであります。彼等が正義を尚び、正義を尚ぶがために法廷を重んじている、法廷を輔翼する、法廷の権限を伸張するのが彼等自身の双肩にかかる光栄ある責務だと考えている次第であります。彼等がかく国家を大きくする、国家が大きくなるが故に、彼等もまた大きくなる、と云う確信の下に、最初申上げましたような個人としての余裕味、鈍重味及び堅実味が出来て来るのじゃないかと思います。御批評を後に、私の拙きお話はこれを以て終りと致します。

大森洪太（おおもり・こうた／1887-1946）

1912年東京帝国大学法科大学卒。東京地方裁判所判事、東京地方裁判所検事、東京控訴院判事、東京控訴院検事、大審院判事、司法省民事局長、名古屋控訴院長、大審院部長、司法次官等を歴任。1922年から1926年にかけて英国滞在。

異譚綺聞 **裁判夜話**　裁判夜話／裁判異譚／裁判綺聞　抄（１）裁判篇

刊　行　2024年9月
著　者　大森 洪太
刊行者　清 藤　洋
刊行所　書 肆 心 水

東京都渋谷区道玄坂 1-10-8-2F-C
https://shoshi-shinsui.com

ISBN978-4-910213-53-8 C0032

—既刊書—

近代日本判例批評集

新編　判例百話／有閑法学／続有閑法学

穂積重遠［著］

人の争い、法の白黒。各話読み切りの裁判エッセー集。「日本家族法の父」の平易な名著三冊を再編。法学の素養なしに読める語り口の、庶民向け実践的法学入門。争われている「それ」は誰のもの／権利／罪なのか。人情と法の正義と慣習と、各々の論理、そしてその動揺。人生の重大事について事実と法律が矛盾してはいけないという根本問題を踏まえて論じられる法規と判例。本体6900円＋税

末弘厳太郎評論新集

資本主義・法治・人情・デモクラシー

末弘厳太郎［著］

「嘘の効用」の末弘厳太郎、『法窓閑話』『法窓雑話』『法窓漫筆』『法窓雑記』からの新集。資本主義化、法治近代化の来し方であり、あるいは今なお行く末の課題でもあり、また深く張られた禍根でもある世の諸事情。時代が変わっても変わらない、法治現代化のための考え方を、法社会学の先駆者末弘厳太郎が末弘一流の視点で語る。

本体5900円＋税

刑罰・法学・歴史性

瀧川幸辰［著］

刑法の歴史性を具体的な人物と事情から明らかにする、歴史的視点による教養の刑法入門。死刑廃止と犯罪抑止の法学的歴史。哲学思想と批判精神が法学と法治の進化を駆動してきた歴史の実例。日本の刑法学の基礎を築いた瀧川幸辰の刑法の歴史面に関する論考集。

本体6300円＋税

カール・シュミット入門

思想・状況・人物像

ラインハルト・メーリング［著］藤崎剛人［訳］

生けるシュミット、思想と人物、その脱神話化へ。進化を続けるシュミット研究の最先端を行く総合的概説書。積年の研究成果からシュミットの理論の発展を一つの時系列として説明、その本質と人物像に迫り、流行言説への安易な援用に再考を促す。自由主義法治国家の解体を分析したシュミットから今日の問いへ。

本体1800円＋税